ANTROPOLOGIA ESTRUTURAL ZERO

LÉVI-STRAUSS
ANTROPOLOGIA ESTRUTURAL ZERO

Tradução
Ivone Benedetti

Prefácio e edição de Vincent Debaene

1ª edição

Rio de Janeiro | 2022

CIP-BRASIL. CATALOGAÇÃO NA PUBLICAÇÃO
SINDICATO NACIONAL DOS EDITORES DE LIVROS, RJ

L646a   Lévi-Strauss, Claude, 1908-2009.
    Antropologia estrutural zero / Claude Lévi-Strauss ; tradução Ivone Benedetti. - 1. ed. - Rio de Janeiro : Bertrand Brasil, 2022.

    Prefácio e edição de Vicent Debaene.
    Tradução de: Anthropologie structurale zéro.
    ISBN 978-65-5838-122-8

    1. Sociologia. 2. Antropologia. I. Benedetti, Ivone. II. Debaene, Vicent. III. Título.

22-78336   CDD: 301.01
                        CDU: 316

Gabriela Faray Ferreira Lopes - Bibliotecária - CRB-7/6643

Copyright © Éditions du Seuil, 2019
Coleção La Librairie du XXIe siècle, sob a direção de Maurice Olender.

Foto de capa © Sebastião Salgado

Título original: *Anthropologie structurale zéro*

Texto revisado segundo o novo Acordo Ortográfico da Língua Portuguesa.

Todos os direitos reservados.
Não é permitida a reprodução total ou parcial desta obra, por quaisquer meios, sem a prévia autorização por escrito da Editora.

Direitos exclusivos de publicação em língua portuguesa somente para o Brasil adquiridos pela:
EDITORA BERTRAND BRASIL LTDA.
Rua Argentina, 171 — 3º andar — São Cristóvão
20921-380 — Rio de Janeiro — RJ
Tel.: (21) 2585-2000,
que se reserva a propriedade literária desta tradução.

Seja um leitor preferencial. Cadastre-se no site www.record.com.br e receba informações sobre nossos lançamentos e nossas promoções.

Atendimento e venda direta ao leitor:
sac@record.com.br

SUMÁRIO

Prefácio, Vincent Debaene 7
   Uma pré-história da antropologia estrutural 11
   Nova York, 1941-1947 16
   Tabula rasa 26
   Estado-providência e colaboração internacional 32
   "A soberania nacional não é um bem em si" 37
   Genocídio dos índios da América e destruição
      dos judeus da Europa 45

Nota sobre esta edição 54

ANTROPOLOGIA ESTRUTURAL ZERO
História e método

I. A sociologia francesa 61
II. À memória de Malinowski 105
III. A obra de Edward Westermarck 107
IV. O nome dos nhambiquaras 124

Indivíduo e sociedade

V. Cinco resenhas...131
VI. A técnica da felicidade... 143

Reciprocidade e hierarquia

VII. Guerra e comércio entre os índios da América do Sul 157
VIII. A teoria do poder numa sociedade primitiva......................... 177
IX. Reciprocidade e hierarquia 198
X. A política exterior de uma sociedade primitiva............... 203

Arte

XI. *Indian Cosmetics*... 223
XII. A arte da Costa Noroeste da América do Norte no American Museum of Natural History... 229

Etnografia sul-americana

XIII. O uso social dos termos de parentesco entre os índios do Brasil... 243
XIV. Sobre a organização dualista na América do Sul.................. 262
XV. Índios tupis-cauaíbes.. 275
XVI. Índios nhambiquaras... 287
XVII. Tribos da margem direita do rio Guaporé 303
Fontes 315

PREFÁCIO

"Seu pensamento não está maduro." Segundo Claude Lévi-Strauss, com essas palavras Brice Parain, então secretário e conselheiro editorial de Gaston Gallimard, teria justificado sua recusa de publicar a coletânea *Anthropologie structurale*.* Quando conta o caso, Lévi-Strauss não menciona data, mas deixa claro que foi "antes de escrever *Tristes tropiques*",** ou seja, certamente por volta de 1953 ou 1954[1]. Sem se deter no motivo apresentado por Parain, que Lévi-Strauss logo descreverá como um "adversário da etnologia"[2], pode-se apostar que para essa recusa também contribuiu certa desconfiança em relação a coletâneas

---

* Ed. bras.: *Antropologia estrutural*, Ubu editora, São Paulo, 2017, trad. Beatriz Perrone-Moisés. [N.T.]

** Ed. bras.: *Tristes trópicos*, Companhia das Letras, São Paulo, 1996, trad. Rosa Freire Aguiar. [N.T.]

1 Claude Lévi-Strauss e Didier Éribon, *De près et de loin. Suivi d'un entretien inédit "Deux ans après"*, Paris, Seuil, "Points", 1991, p. 100. [Ed. bras.: *De perto e de longe*, Cosac-Naify, São Paulo, 2005, trad. Lea Mello e Julieta Leite – N.T.]

2 Claude Lévi-Strauss, *Anthropologie structurale*, Paris, Plon, 1958, p. 357. [Ed. bras.: *Antropologia estrutural*, Cosac-Naify, São Paulo, 2008, trad. Beatriz Perrone-Moisés – N.T.]

de artigos que, sabe-se bem, por serem excessivamente heterogêneas ou repetitivas, raramente dão bons livros. Contudo, quando entrega à Plon o manuscrito de *Antropologia estrutural*, que finalmente será publicado em 1958, três anos depois de *Tristes trópicos*, Lévi-Strauss não se limita a reunir textos antigos, precedidos por um prefácio *ad hoc*. Ao contrário, apresenta uma coletânea robustamente construída, que, em vez de seguir preguiçosamente a ordem cronológica das publicações passadas, organiza as reflexões em cinco partes e dezessete capítulos. Essas partes progridem desde o nível mais fundamental em que se manifesta a organização estrutural dos fatos sociais ("Linguagem e parentesco"), para depois tratar da "Organização social", das manifestações concretas das estruturas subjacentes, detectáveis no nível do rito e do mito ("Magia e religião") e da criação plástica ("Arte"); a obra termina com uma seção que reflete sobre o lugar da etnologia tanto dentro das ciências sociais, quanto no ensino moderno ("Problemas de método e de ensino"). Tudo isso é antecedido por uma ambiciosa introdução que situa os respectivos papéis da etnologia e da história, quando esta última era vista como a disciplina mais proeminente e inovadora de todas as ciências sociais; testemunho disso é sua importância no âmbito da novíssima sexta seção da Escola Prática de Altos Estudos, futura Escola de Altos Estudos em Ciências Sociais (Lévi-Strauss é membro da quinta seção, dedicada às "ciências religiosas").

Retrospectivamente, parece evidente que a publicação de *Antropologia estrutural* constituiu uma etapa crucial para a divulgação e a expansão do estruturalismo. Sem a menor dúvida, a elaboradíssima organização do livro desempenhou papel essencial nesse processo. Ela punha em destaque o caráter extremamente inovador da reflexão e da ambição teórica de um projeto baseado em dados etnográficos muito precisos, aberto tanto para outras disciplinas (linguística, história, psicanálise...), quanto para trabalhos de língua inglesa. Ela lhe conferia uma eficácia muito grande, acentuada por um título com valor de programa. Cabe lembrar que a aposta não estava ganha de antemão. Con-

PREFÁCIO

trariando a facilidade dos textos retrospectivos, que exibem a implacável cronologia dos sucessos editoriais e institucionais, é bom lembrar que o adjetivo "estrutural" na época era quase um barbarismo, e que o empreendimento era arriscado: a história intelectual está semeada desses neologismos concebidos como bandeiras, brandidos com estardalhaço durante o tempo de um manifesto e mortos tão logo nascidos.

Antropologia estrutural, portanto, não era uma reunião de contribuições artificialmente unificadas por um título; era mais que isso. Essa observação vale também para *Anthropologie structurale deux*,* publicada em 1973, cuja organização é bastante parecida com a do primeiro volume: depois de "Perspectivas", que reflete sobre a história ou a pré-história da antropologia moderna, encontramos duas seções intituladas, respectivamente, "Organização social" e "Mitologia e ritual", antes da última (e longa) parte "Humanismos e humanidades". Também neste caso, a ordem é imposta pelas etapas da reflexão, e a cronologia não entra em jogo. A obra termina com a retomada de "Raça e história", publicado em 1952, ou seja, vinte anos antes, porque, por mais inovador que fosse (e continua sendo), esse pequeno tratado sobre a diversidade cultural e o evolucionismo não cabia muito na arquitetura do primeiro volume (mais afirmativo e disciplinar, menos preocupado em situar a etnologia numa reflexão que tivesse por objeto o destino da humanidade), mas, ao contrário, completava no momento certo meditações sobre as noções de humanismo e progresso.

Le Regard éloigné,** por sua vez – publicado em 1983, que Lévi-Strauss gostaria de ter intitulado *Antropologia estrutural três*, se o adjetivo não estivesse desgastado e "esvaziado de seu conteúdo" por um efeito de "moda" intelectual[1] –, obedece aos mesmos princípios,

---

* Ed. bras.: *Antropologia estrutural dois*, Ubu Editora, São Paulo, 2017, trad. Beatriz Perrone-Moisés. [N.T.]
** Ed. port.: *O olhar distanciado*, Edições 70, Lisboa, s/d, trad. Carmen de Carvalho. [N.T.]
1 Claude Lévi-Strauss e Didier Éribon, *De près et de loin*, op. cit., p. 131.

embora a construção do livro se afaste das duas coletâneas anteriores. A obra é menos estritamente etnográfica e trava um diálogo mais direto com as teorias ou ideologias de seu tempo, diálogo que gira essencialmente em torno das formas de coerção exercida sobre a atividade humana.

Seja como for, as conclusões são duas. Por um lado, as *Antropologias estruturais* são realmente pensadas como livros, ou seja, intervenções teóricas num espaço de debate que elas visam redefinir, e não simplesmente coletâneas; por outro, a concepção de antropologia, seus métodos e seus objetos quase não passa por modificações ao longo da carreira de Lévi-Strauss. Essa constância é uma característica marcante da obra. A única verdadeira exceção é certamente a condição da distinção entre natureza e cultura; inicialmente apresentada (em *Les Structures élémentaires de la parenté** de 1949) como uma invariante antropológica na linhagem da ciência social desde seus primórdios no século XVIII, ela se torna uma distinção com "valor sobretudo metodológico", segundo fórmula de *La pensée sauvage,* de 1962.[1] Afora essa mudança, associada a uma redefinição do conceito de símbolo,[2] o pensamento de Lévi-Strauss dá mostras de grande fidelidade a alguns princípios diretores, e sua evolução se explica mais pela diversidade dos objetos aos quais ele se aplica do que por alguma alteração das "convicções rústicas" (segundo palavras de *Tristes trópicos*) que orientam sua empreitada.

---

* Ed. bras.: *As estruturas elementares de parentesco*, Vozes, Petrópolis, 1982, trad. Mariano Ferreira. [N.T.]

1 Claude Lévi-Strauss, *La Pensée sauvage*, in *Œuvres*, Paris, Gallimard, "Bibliothèque de la Pléiade", 2008, p. 824. [Ed. bras.: *O pensamento selvagem,* Papirus Editora, Campinas, 1989, trad. Tânia Pellegrini – N.T.]

2 Ver Gildas Salmon, "Symbole et signe dans l'anthropologie structurale", *Europe*, nº 1005-1006, 2013, p. 110-121.

PREFÁCIO

Uma pré-história da antropologia estrutural

Em 1957, Lévi-Strauss reúne, portanto, os dezessete artigos que constituirão a obra *Antropologia estrutural*, escolhendo-os entre "cerca de cem textos escritos há quase trinta anos" (de acordo com o breve prefácio por ele redigido para a ocasião). Além de duas contribuições inéditas, ele utiliza quinze textos publicados há mais tempo, o mais antigo em 1944. Portanto, a hipótese de que Lévi-Strauss teria desprezado seus textos de "juventude" e dado preferência a escritos mais recentes, dotados de maior maturidade intelectual, não é sustentável. Ao contrário, o sumário é testemunho de um trabalho de seleção. Essa é a primeira constatação que fundamenta a presente coletânea, *Antropologia estrutural zero*,[1] que reúne dezessete textos deixados de lado por Lévi-Strauss na época da composição do volume de 1958. Alguns casos de abandono de textos são facilmente justificados, e, aliás, o próprio Lévi-Strauss explica: "Fiz uma seleção, separando os trabalhos de caráter puramente etnográfico e descritivo e outros, de natureza teórica, cuja substância foi incorporada em meu livro *Tristes trópicos*". Outros textos, como "A arte da Costa Noroeste da América do Norte no American Museum of Natural History" (capítulo XII deste livro), provavelmente lhe parecem também datados demais: o maravilhamento não envelheceu, mas o propósito teórico dá mostras de perspectivas (no caso, interrogações difusionistas) que os progressos da disciplina tornaram obsoletas. Por fim, alguns estudos parecem superados por outros mais recentes, como, por exemplo, "*Indian Cosmetics*" (capítulo XI) que, em 1942, expunha aos leitores da revista surrealista americana *VVV* uma descrição minuciosa das maquiagens dos cadiuéus, fazendo uma análise exaustiva, que, porém, só foi apre-

---

1 O título *Antropologia estrutural zero* surgiu em 2011 durante uma discussão coletiva com Laurent Jeanpierre e Frédéric Keck, quando planejávamos uma edição crítica desses textos pouco conhecidos. Como esse projeto não foi adiante, sou grato aos dois por terem me concedido o uso de um título que nos cativou.

sentada em *Tristes trópicos*. Pode-se fazer observação semelhante a respeito da longa apresentação de "A sociologia francesa" (capítulo I), que, pode-se apostar, na opinião de Lévi-Strauss tinha sido superada pela "Introdução à obra de Marcel Mauss", publicada em 1950.[1]

O fato é que nisso havia uma perda que a presente coletânea gostaria de reparar. Perda, em primeiro lugar, porque várias análises foram de fato excluídas por tal seleção. É o caso, por exemplo, de alguns trechos de "A teoria do poder numa sociedade primitiva" (capítulo VIII), de que Lévi-Strauss se valeu livremente em *Tristes trópicos*, mas à custa do abandono das notáveis considerações finais sobre a noção de "poder natural"; também é o caso da rigorosíssima discussão sobre a obra de Durkheim, que se encontra em "A sociologia francesa" e não tinha lugar no estudo de 1950 dedicado à obra de Mauss – texto importante, difícil, "bíblia do estruturalismo", muito comentado, que as páginas de 1945 sobre Durkheim contribuem retrospectivamente para esclarecer.[2] Perda também porque a seleção de Lévi-Strauss deixava de lado artigos que não se integravam no itinerário teórico construído por *Antropologia estrutural*, mas desempenharam papel importante no desenvolvimento de outras reflexões feitas à margem do estruturalismo. É o caso de "Guerra e comércio entre os índios da América do Sul" (capítulo VII) ou, de novo, de "A teoria do poder numa sociedade primitiva": esses dois textos são referências essenciais para as teorias sociais e políticas que veem nas sociedades indígenas da América do Sul exemplos de sociedades sem riquezas e, ao mesmo tempo, dotadas de uma organização política mínima, formas sociais anteriores, portanto, ao Estado e à acumulação primitiva de capital; essas reflexões

---

[1] "Introduction à l'ouvre de Marcel Mauss", *in* Marcel Mauss, *Sociologie et anthropologie*, Paris, PUF, 1950, p. IX-LII.

[2] Entre os comentadores desse texto, que constitui um marco da filosofia francesa do século XX, cabe citar: Maurice Merleau-Ponty, Claude Lefort, Gilles Deleuze, Jacques Derrida, Jacques Lacan, Roland Barthes, Pierre Bourdieu, Jean Bazin, Jacques Rancière.

PREFÁCIO

sobre antropologia política encontram sua ilustração mais notável nos trabalhos de Pierre Clastres.[1] Pode-se fazer observação semelhante a respeito do artigo que aqui se encontrará traduzido para o francês pela primeira vez, "O uso social dos termos de parentesco entre os índios do Brasil" (capítulo XIII). Esse artigo, que Lévi-Strauss só empregara parcialmente em sua tese complementar *A vida familiar e social dos índios nhambiquaras*, foi resgatado por especialistas brasileiros na década de 1990 e, ao lado de outros escritos etnográficos dos anos 1940, tornou-se referência primordial para um dos desenvolvimentos mais importantes da antropologia recente, a saber, a reconstrução das ontologias ameríndias por meio da extensão da noção de afinidade para o mundo não humano: "Tomada inicialmente como mecanismo interno de constituição de grupos locais, a afinidade apareceria, em seguida, como dispositivo relacional que viabiliza e organiza as relações extralocais, articulando pessoas e coletivos para além do parentesco, e, finalmente, como idioma e esquema da relação entre o Mesmo e o Outro, entre identidade e diferença."[2]

Pode-se, por fim, supor que "A técnica da felicidade" (capítulo VI), artigo agradável e profundo, que tinha por objeto a sociedade americana moderna tal como Lévi-Strauss a conheceu por dentro nos anos 1940, não encontrava espaço na coletânea teórica que ele tinha em vista em 1957. Escrito em 1944, publicado em 1945 na revista *L'Âge d'or*, publicado novamente um ano depois num número especial da revista *Esprit* dedicado ao "Homem americano", esse texto, quando da republicação, aparecia ao lado de contribuições de escritores ou pensadores americanos (Kenneth Burke, Margaret Mead) e de outros intelectuais

---

[1] Ver, em especial, Pierre Clastres, *Recherches d'anthropologie politique*, Paris, Seuil, 1980.
[2] Carlos Fausto e Marcela Coelho de Souza, "Reconquistando o campo perdido: o que Lévi-Strauss deve aos ameríndios", *Revista de Antropologia*, São Paulo, vol. XLVII, n. 1, 2004, p. 98-99. Ver Vincent Debaene, "Claude Lévi-Strauss aujourd'hui", *Europe*, n. 1005-1006, 2013, p. 11-36.

exilados nos Estados Unidos durante a guerra (Georges Gurvitch, Denis de Rougemont). Seu tom já é o de certas meditações mais "liberadas", dos anos 1970 e 1980 (pensemos em "Nova York pós- e pré-figurativa" em *O olhar distanciado*, ou nos textos da obra póstuma *Nous sommes tous des cannibales**), mas, diferentemente destas últimas, o artigo de 1945 demonstra certa desorientação, até mesmo certa ansiedade, alimentadas pelas ambivalências que toda observação partícipe engendra. Nele se exibe um misto de fascinação e rejeição pela sociedade americana, combinação em si bastante comum na época, mas cujo conteúdo é especialmente original. Assim como nas páginas horrorizadas de *Tristes trópicos* sobre o Sul da Ásia, vemos o etnólogo lutar com suas próprias repulsas (diante do imperativo onipotente de harmonia social, do infantilismo generalizado, da impossibilidade de solidão...) e tentar revertê-las a favor de uma comparação teórica com as sociedades europeias. Embora a aversão seja menos visceral do que na descrição das multidões de Calcutá, esse texto também denuncia uma subjetividade que, em luta com suas próprias dificuldades e preocupada em se distinguir de um antiamericanismo unicamente reativo (ou simplesmente condescendente), esforça-se por delimitar ao máximo e designar com fórmulas às vezes dotadas de grande força certos traços fundamentais da sociedade norte-americana: heterogeneidade em relação a si mesma por parte de uma sociedade cuja "ossatura ainda é externa" ("ora maravilhada, ora assustada, a cada dia ela se descobre de fora para dentro"); o repúdio do trágico por uma sociabilidade "encarniçada"; o ideal de uma "infância sem malícia", de uma "adolescência sem ódio" e de uma "humanidade sem rancor" — essa negação das contradições da vida social conduz às vezes, de algum modo por retorno do recalcado, a conflitos de grande violência entre comunidades (p. 152)[1].

---

* Ed. port.: *Somos todos canibais,* Teodolito, Porto, s/d. [N.T.]

[1] Os números de páginas dados entre parênteses sem outra referência remetem à presente edição.

PREFÁCIO

Apesar das reiteradas homenagens ao país que "muito provavelmente [lhe] salvou a vida", a suas universidades e bibliotecas, ficam claras as restrições verdadeiras e profundas em relação aos Estados Unidos, que serão confirmadas alguns anos depois pela inflexível recusa às propostas de Talcott Parsons e Clyde Kluckhohn (respaldadas pela vigorosa insistência de Roman Jakobson), que tentam recrutá-lo para Harvard. "Eu sabia que pertencia com todas as minhas fibras ao Velho Mundo; irrevogavelmente."[1] Assim como na leitura dos capítulos de *Tristes trópicos* sobre o Paquistão e o islá (que, embora redigidos a partir de notas de 1950, mencionam só de passagem os massacres e deslocamentos em massa da população, consecutivos à partição da Índia), o leitor contemporâneo de "A técnica da felicidade" também poderá se surpreender com certos silêncios e com a cegueira própria da época e da posição do observador que, embora chamado a prestar testemunho sobre a sociedade americana, admira-se com a impermeabilidade entre "as gerações, os sexos e as classes", porém mal menciona a segregação e os conflitos raciais.[2]

Este volume, portanto, quer tornar de novo disponíveis textos importantes, muitas vezes pouco conhecidos, publicados, na sua maioria, inicialmente em inglês e em revistas variadas, textos que para muitos se tornaram até certo ponto inacessíveis.[3] Além do interesse intrínseco

---

[1] Claude Lévi-Strauss e Didier Éribon, *De près et de loin*, op. cit., p. 82-83. Ver também Roman Jakobson e Claude Lévi-Strauss, *Correspondance, 1942-1982*, Paris, Seuil, "La Librairie du XXIᵉ siècle", 2018, p. 174-185.

[2] Esse silêncio não é próprio de Lévi-Strauss e se encontra em todas as contribuições do número especial de *Esprit* (não é o que ocorre com as publicações da época de *Temps modernes*, referentes aos Estados Unidos). As cartas que escreve aos pais mostram que Lévi-Strauss era, por exemplo, leitor de Claude McKay e gostava de frequentar o Harlem, especialmente o famoso Savoy Ballroom, mas, tal como ocorre em seus escritos dos anos 1930 sobre São Paulo, que mencionam as populações negras ou mestiças, ele parece conceber a discriminação racial como um vestígio histórico, e não como uma questão social ou política.

[3] No final deste volume, encontram-se as referências das publicações originais.

que despertam, esses dezessete artigos que Lévi-Strauss deixou de lado em 1958 desenham uma pré-história da antropologia estrutural; possibilitam compreender melhor, por meio de um jogo de contraprovas, tanto o projeto teórico quanto o sentido que essa empreitada tinha para o indivíduo Claude Lévi-Strauss em meados da década de 1950.

Nova York, 1941-1947

Há mais. Porque este volume não é feito simplesmente de resíduos, de *odds and ends* (quinquilharias), segundo fórmula inglesa de que Lévi--Strauss gostava muito. Sua unidade não é só negativa. É, acima de tudo, a unidade de um lugar e de um tempo: Nova York, 1941-1947. Os textos que seguem foram escritos por Lévi-Strauss ao longo dos anos passados nos Estados Unidos e mesmo em Nova York, inicialmente como judeu refugiado – *scholar* no exílio, socorrido pelo plano de salvação dos acadêmicos europeus, financiado pela Fundação Rockefeller –, depois como conselheiro cultural junto à embaixada da França. Foram publicados entre 1942 e 1949, ou seja, antes de *Estruturas elementares do parentesco*, cuja publicação constitui uma referência cronológica natural: ela marca (superficial, mas comodamente) o início do estruturalismo e indica, para Lévi-Strauss, o momento do retorno definitivo à França e da reintegração por meio do ritual da tese e da obtenção de um posto de pesquisador sênior do CNRS (Centro Nacional de Pesquisa Científica, na sigla em francês), ainda que, no plano pessoal e profissional, o final da década de 1940 e o início da de 1950 constituam um período conturbado.

Estes dezessete textos, portanto, são testemunhos de um momento biográfico e histórico. Neles, vemos a estreia do jovem etnólogo e sua integração à antropologia americana – disciplina mais antiga e consolidada do que na França –, na qualidade de especialista da América do Sul, particularmente das chamadas populações das "terras baixas", assim designadas para serem distinguidas das grandes civilizações andinas que haviam mobilizado o essencial da pesquisa sobre a América do Sul até a década de 1930. No fim deste volume encontram-se cinco textos etnográficos, três dos quais extraídos do importante *Handbook of South American Indians*, em seis volumes organizados por Julian H. Steward (obra sobre a qual, ainda em 2001, Lévi-Strauss dizia não ter sido superada pelas publicações recentes, apesar de suas insuficiências[1]). Esses textos possibilitam liquidar a crítica feita com frequência a Lévi-Strauss, de "viés teórico", visto que o filósofo de formação foi muitas vezes acusado de se limitar a uma abordagem demasiadamente abstrata e pouco empírica das sociedades indígenas.

Nesses artigos dos anos 1940, Lévi-Strauss revela-se, ao contrário, um etnógrafo meticuloso e, de modo nenhum, um teórico. Vindo da filosofia, tendo passado pela sociologia, ele agora escreve como grande conhecedor das etnias do planalto brasileiro, numa época em que a disciplina se concentra sobretudo em questões de identificação das tribos, de cartografia de seu território e de descrição de seus usos, numa perspectiva, se não difusionista, pelo menos preocupada com a história das migrações e do povoamento da América do Sul. Ao mesmo tempo, neles Lévi-Strauss se mostra, indubitavelmente, um etnólogo de seu tempo: leu tudo da literatura existente, mas sua experiência etnográfica de campo é reduzida (mais ou menos algumas semanas junto aos bororos e nhambiquaras, relatadas mais tarde em *Tristes trópicos*). As homenagens que ele faz a Bronisław Malinowski e mais ainda a Curt Nimuendajú (capítulos I e V), perfeitos homens de campo pelos

---

[1] Ver a polêmica resenha de *The Cambridge History of the Native Peoples of the Americas*, vol. 3: *South America*, publicada em *L'Homme* (n. 158-159, p. 439-442). Lévi-Strauss escreverá ao todo cinco textos para o *Handbook of South American Indians*: os três artigos traduzidos aqui baseiam-se em grande parte em informações de primeira mão; não são coligidos o longo artigo que sintetiza as informações disponíveis na época sobre as tribos do Xingu superior, nem o estudo etnobotânico (que aparece no sexto volume rm 1950) dedicado ao uso indígena de plantas silvestres na América tropical.

quais ele manifesta incondicional admiração, mostram, porém, que ele aprecia o valor de uma experiência etnográfica prolongada; aliás, ele pressente que tais permanências – longas, solitárias, em "imersão" nas sociedades estudadas – passarão a ser norma da disciplina, pois prenuncia, com razão, que, "no futuro, os trabalhos etnológicos provavelmente serão classificados como 'pré-malinowskianos' ou 'pós-malinowskianos', segundo o grau de engajamento pessoal de seu autor" (p. 106). O fato é que ele mesmo (que, conforme confessa, nos Estados Unidos descobre ser "homem de gabinete, e não de campo")[1] obteve reconhecimento como etnógrafo em pesquisas que respondiam a outro modelo, mais antigo – expedições coletivas que, preocupadas sobretudo em colher informação, permaneciam poucos dias junto às populações –, o que se percebe ao ler suas contribuições ao *Handbook*, todas estruturadas segundo o mesmo modelo. Nesses textos, tal como em seu primeiro artigo sobre os índios bororos, de 1936 (que chamara a atenção de Robert Lowie e conduz, indiretamente, à sua inscrição no plano de salvação da Fundação Rockefeller), o propósito é, em primeiro lugar, descritivo, mesmo quando é de primeira mão; ele privilegia os dados empíricos (cultura material, tecnologias, faixas etárias), enquanto as reflexões sobre a organização social ou as formas de religião e magia são sucintas. Esses artigos valem principalmente pela síntese fundamentada que propõem de fontes diversas e heterogêneas, muitas vezes separadas por décadas ou mesmo por séculos.

Percebe-se também a dimensão iniciática de tal trabalho para o jovem etnólogo francês que se vê integrado a um projeto disciplinar coletivo numa época em que o recenseamento e o inventário etnográfico são as principais preocupações da antropologia americana, uma vez que predomina um sentimento de urgência em relação a populações ameaçadas de colapso demográfico e cultural; o próprio Julian

---

[1] Claude Lévi-Strauss e Didier Éribon, *De près et de loin*, op. cit., p. 66.

PREFÁCIO

H. Steward concebia o *Handbook* numa perspectiva de antropologia aplicada com vistas à integração das sociedades indígenas tradicionais aos novos Estados nacionais do continente. Esses textos, portanto, são testemunhos da inserção em problemáticas pertencentes à antropologia americana da época; por essa razão, às vezes se encontra um vocabulário um pouco obsoleto, em especial a noção, frequente então, de *cultural level* ou *level of culture* (penosamente traduzidos em francês por "niveau culturel" [nível cultural] ou "degré de culture" [grau de cultura]), que designa a complexidade maior ou menor da organização social considerada ou o caráter mais ou menos rudimentar da cultura material em questão. Em seguida, Lévi-Strauss abandonará formulações desse tipo, em razão das conotações evolucionistas que elas conservavam, mesmo entre os antropólogos americanos preocupados em se distanciar de todo e qualquer evolucionismo.

Acima de tudo, essa experiência de integração numa reflexão disciplinar estrangeira levará Lévi-Strauss – ex-professor de sociologia da Universidade de São Paulo, enviado ao Brasil pelo durkheimiano Célestin Bouglé – a uma perspectivação da tradição teórica da qual ele é oriundo. Vários textos deste volume visam a situar a ciência social francesa e a discernir sua singularidade entre as outras tradições nacionais. Não há melhor exemplo do que a vigorosa síntese "A sociologia francesa" (capítulo I), escrita a pedido de Georges Gurvitch para uma obra publicada inicialmente em inglês com o título *Twentieth Century Sociology*. Nesse longo estudo dedicado a Marcel Mauss, Lévi-Strauss – após uma apresentação das grandes orientações da disciplina e de algumas figuras mais marginais – empenha-se numa leitura minuciosa da obra de Durkheim, mostrando com grande sutileza que ela hesita, sem se decidir, entre o "ponto de vista histórico" e o "ponto de vista funcional", entre a busca de fatos originários, mas desprovidos de alcance explicativo, e a teoria social que postula fins, mas se abstém da observação empírica; na origem dessa hesitação, está o postulado implícito de uma descontinuidade entre "os pontos de vista psicológico e sociológico", entre a análise das representações e a das instituições. O papel de Mauss – explica Lévi-Strauss – será resolver esse dilema, vendo a atividade simbólica não como resultado, mas como condição da vida social e, com isso, restabelecendo a continuidade entre consciências individuais, representações coletivas e organização social. Depois Lévi-Strauss se volta para o cerne de sua argumentação, ou seja, a resposta à crítica que o grande etnólogo americano Alfred Kroeber fizera à sociologia francesa, acusando-a de carecer de rigor metodológico e de ser abstrata demais, insuficientemente atenta às realidades concretas do campo. Esta última crítica é uma arenga da antropologia americana que vem desde a década de 1920 até os dias de hoje – Lévi-Strauss, aliás, será um alvo preferencial dela – e, como é evidente, não deixa indiferente o jovem etnólogo em vias de se tornar diplomata e participar mais ativamente do "esplendor cultural" de seu país, que ainda não saiu da guerra (o texto foi escrito em 1944 ou bem no início de 1945). Lévi-Strauss começa dando razão a Kroeber, ressaltando que "a origem filosófica do grupo da revista *L'Année sociologique*" levou-o a negligenciar o trabalho de campo (p. 85), mas assim age para enfatizar que o atraso daí resultante está para ser compensado: "A geração mais jovem de sociólogos franceses, a que atingiu a maturidade por volta de 1930, durante os últimos quinze anos renunciou quase por inteiro – se bem que temporariamente, decerto – ao trabalho teórico, a fim de preencher essa lacuna" (p. 85). E, para apoiar essa afirmação, cita os trabalhos etnográficos recentes de Marcel Griaule, Michel Leiris, Jacques Soustelle, Alfred Métraux, Roger Bastide, Georges Devereux, Denise Paulme, bem como os seus próprios.

É principalmente da crítica de Kroeber a Mauss que Lévi-Strauss trata; essa crítica, como diz, demonstra numerosos "mal-entendidos", mas "suscita questões essenciais", o que o conduz a esclarecimentos teóricos de grande solidez. O argumento de Kroeber é clássico: ele reprova em Durkheim e em Mauss o uso de categorias como as de "suicídio" ou de "dádiva", que não são nem noções indígenas nem conceitos rigorosos a partir dos quais se possa desenvolver um discurso científico. Lévi-Strauss responde que, a menos que se renuncie por princípio ao estudo científico, é preciso começar por algum lugar, por aquilo que se presta à observação, mas ressalta que essas categorias não constituem de modo algum o ponto de chegada da análise: ao contrário, elas vão sendo dissolvidas ao longo do estudo e só servem para atingir uma realidade mais profunda, inacessível à observação simples, mas cujo valor explicativo é maior – a integração do indivíduo ao grupo, no caso do suicídio, a exigência de reciprocidade, no caso da dádiva. Contra Kroeber, que negava o status de ciência verdadeira à antropologia e, mais geralmente, contra a antropologia culturalista americana, Lévi-Strauss reafirma, portanto, a validade dos princípios metodológicos durkheimianos ("De nossa parte, continuamos convencidos de que os fatos sociais devem ser estudados como coisas", escreverá ainda em 1948 (p. 134); a seu ver, o que há de insuficiente em Durkheim é a concepção atomista e mecanicista dessas "coisas") e a ambição ao mesmo tempo explicativa e universalista da antropologia.[1] Nesse texto (e em outros artigos da época) também se exprime pela primeira vez uma profunda preocupação dele, ou seja, o medo de que a crítica (legítima) ao evolucionismo do século XIX acabe por reduzir a antropologia a um amontoado de estudos monográficos isentos de horizonte comparativo e visão generalista: "Acaso estamos todos condenados, como novas Danaides, a encher sem fim o tonel das ciências humanas, amontoando monografias em vão, sem jamais colher um resultado mais rico e duradouro?" (p. 178). Retrospectivamente, a seu ver, a principal virtude da temporada americana será fazê-lo tomar consciência da rotina na qual a disciplina corria o risco de cair: o acúmulo sem objetivo. E,

---

[1] Sobre esse longo artigo de 1945 e sobre a singularidade disso que Lévi-Strauss chama de "ponto de vista sociológico francês" (p. 86), ver Vincent Debaene, *L'Adieu au voyage. L'ethnologie française entre science et littérature*, Paris, Gallimard, 2010, p. 86-103.

com uma ambição, uma inteligência e um poder de trabalho quase loucos, ele assume a missão de tirar a antropologia dessa rotina e de lhe dar por tarefa "atingir verdades universalmente válidas" (p. 178).

Portanto, é possível fazer duas observações. A primeira é que vários desses textos, de aparência factual, na realidade oferecem uma oportunidade para importante reflexão teórica. Em segundo lugar, essa reflexão está diretamente ligada à condição de exilado de Lévi-Strauss no momento em que os textos são escritos. À primeira vista, vários artigos aqui reunidos – sínteses históricas, resenhas ou homenagens – parecem sem valor argumentativo, mas mesmo a homenagem a Malinowski não faz mistério das "sérias dúvidas" que a parte teórica de sua obra suscita, e, antes da chegada da crítica devastadora presente em "História e etnologia" (primeiro capítulo de *Antropologia estrutural*), pode-se ver a denúncia do funcionalismo malinowskiano e de seu caráter tautológico ganhar vigor ao longo dos anos (ver aqui o capítulo I e o V, em especial). Pode-se fazer observação semelhante a respeito da reabilitação inesperada e, à primeira vista, curiosa do sociólogo finlandês Edward Westermarck (capítulo III). Suas tentativas de explicar a proibição do incesto na obra de 1891, *The History of Human Marriage*, tinham sido amplamente depreciadas, em especial por Durkheim e, de modo mais amplo, pelos críticos do evolucionismo britânico do século XIX. Mas, no necrológio escrito em 1945, seis anos após a morte de Westermarck (a guerra justifica tal atraso), Lévi-Strauss reexamina as críticas feitas à sua obra para, ao contrário, destacar seus méritos (ambição teórica, erudição, "exigência de uma sociologia integralmente explicativa", elo mantido entre sociologia e psicologia, a "desconfiança em relação à explicação histórica ou local") e, sobretudo, para propor uma reformulação do problema que desempenhará papel decisivo em sua obra subsequente: "Na origem da proibição não se encontra nem o elo psicológico do parentesco, nem o elo psicológico da proximidade, mas o elo de irmandade ou de paternidade em seu aspecto exclusivamente institucional" (p. 117). Em outras palavras, a fonte e a expli-

PREFÁCIO

cação da regra moral de proibição do incesto estão num imperativo integralmente social – estamos bem próximos da incrível guinada que inaugurará *Estruturas elementares do parentesco* e proporá a releitura da proibição de incesto como obrigação de exogamia, e não mais como interdição.

Do mesmo modo, textos técnicos ou factuais, como "Sobre a organização dualista na América do Sul" (capítulo XIV) ou "O nome dos nhambiquaras" (capítulo IV), são oportunidades de elaborações teóricas; num deles, acerca da historicidade das formas de organização social (e a posição da hipótese histórica em antropologia); noutro, acerca da questão da denominação das tribos que com frequência é um falso problema e ameaça encerrar a antropologia em disputas acadêmicas estéreis. À primeira leitura, o título "Reciprocidade e hierarquia" (capítulo IX) pode se mostrar um tanto enganoso, mas, por trás dessas minuciosas considerações sobre as designações dadas às metades nas organizações bororos, o que está em jogo é, na verdade, a persistência do princípio de reciprocidade no fundamento da vida social, ao mesmo tempo que as relações de subordinação parecem proeminentes.

É nas resenhas que o diálogo com a antropologia americana prossegue com mais vigor. Encontram-se aqui cinco recensões (capítulo V) pouco conhecidas, porém de grande importância (e de persistente atualidade, setenta anos após sua publicação). Redigidas para *L'Année sociologique* (revista fundada por Durkheim, cuja publicação acabava de ser retomada após a guerra), todas elas têm por objeto obras publicadas nos Estados Unidos. Desse modo, Lévi-Strauss exerce o papel de transmissor de uma tradição antropológica americana ainda amplamente ignorada na França. Duas dessas resenhas, aliás, já haviam sido publicadas em inglês, mas a adaptação francesa proposta por Lévi-Strauss muitas vezes é menos moderada que o texto original, e essas são oportunidades que ele aproveita para denunciar com força o que ele concebe como becos sem saída nos quais a antropologia de língua inglesa está enveredando, quer se trate do funcionalismo e de seus desvios "providencialistas", quer da escola americana em vias de se afirmar com o nome de "cultura e personalidade", que simplifica abusivamente as relações entre psicologia individual e cultura, e dá espaço excessivo às autobiografias indígenas.

De modo ainda mais incisivo, ele mira os chamados estudos de "aculturação", que começam a desenvolver-se nos Estados Unidos e tomam por objeto a metamorfose das sociedades indígenas que estão perdendo suas formas antigas de vida sob a influência da civilização moderna dominante. Lévi-Strauss reprova com veemência o postulado funcionalista ecumênico, que vê esses grupos em vias de colapso demográfico e cultural como objetos comparáveis às sociedades tradicionais, com o pretexto de que se trata de coletividades que "funcionam". O comentário é ao mesmo tempo pessimista – Lévi-Strauss pinta um quadro bastante sombrio dessas sociedades decadentes, sem poupar os indivíduos – e acusador, pois a premissa de equivalência, segundo a qual "toda coletividade humana é um objeto sociológico pelo simples fato de existir" (p. 139), que tem toda a aparência de tolerância epistemológica e de neutralidade axiológica, no fundo mascara a violência do confronto; nisso ele vê a negação da culpa por parte de uma civilização que impõe a outra caminhos que não são os escolhidos por ela. E então desponta uma oposição entre duas formas de história: uma história de empréstimos e trocas entre sociedades e de suas evoluções concomitantes sob influências recíprocas, e uma história externa avassaladora, crônica trágica da aniquilação de formas sociais antigas por uma civilização ocidental descomedida. A primeira pode ser objeto de ciência e é essencial para o antropólogo; a segunda não tem outra razão senão o desequilíbrio das forças em confronto e a arrogância de uma modernidade devastadora em relação às outras culturas e à natureza, que ela polui irremediavelmente.

O mais importante, porém, é entender que essas reflexões estão profundamente associadas à expatriação de Lévi-Strauss e à singularidade de sua experiência nova-iorquina durante os anos da guerra e do imediato pós-guerra.[1] Todos esses textos têm em comum o fato de terem sido redigidos em situação de exílio ou ao longo de sua carreira diplomática – que, embora breve e constantemente minimizada por Lévi-Strauss em entrevistas posteriores, não foi nada inativa[2] –, sempre numa relação de dupla estranheza: relativamente às tradições intelectuais do país de origem e às do país de acolhida. Ora, para ele esses são anos de profissionalização e, de modo mais amplo, de reconstrução de sua identidade intelectual e social – e também de sua vida pessoal, pois Lévi-Strauss se separou da primeira esposa às vésperas da guerra. Esse processo se apoia nos laços familiares de que ele dispõe em Nova York, o que facilita sua integração e o torna capaz de circular entre diferentes universos heterogêneos,[3] ao mesmo tempo que ele é tomado por uma imensa capacidade de trabalho e de apropriação de um material estrangeiro, o que é ilustrado pela dissecação sistemática da literatura antropológica na New York Public Library, bem como pelo aprendizado de inglês (com a ajuda da tia que morava nos Estados Unidos) e pela rapidíssima redação de seus primeiros textos nessa língua.[4] Nesse sentido, sua experiência de exílio é bem diferente da de outros intelectuais mais velhos, por exemplo de Georges Gurvitch, para não falar de André Breton, que Lévi-Strauss frequentava em Nova York e que

---

1 O comentário abaixo é diretamente inspirado nos trabalhos de Laurent Jeanpierre sobre a sociologia intelectual do exílio. Ver em especial "Les structures d'une pensée d'exilé. La formation du structuralisme de Claude Lévi-Strauss", *French Politics, Culture and Society*, vol. 28, n. 1, 2010, p. 58-76.

2 Ver Laurent Jeanpierre, "La politique culturelle française aux États-Unis de 1940 à 1947", *in* Alain Dubosclard *et al.*, *Entre rayonnement et réciprocité. Contributions à l'histoire de la diplomatie culturelle*, Paris, Publications de la Sorbonne, 2002, p. 85-116.

3 Ver Laurent Jeanpierre, "Les structures d'une pensée d'exilé", art. citado, p. 63-65.

4 É possível acompanhar a interessante crônica desse aprendizado na correspondência constante que ele tem com os pais, então refugiados nas Cevenas. Ver Claude Lévi-Strauss, *"Chers tous deux". Lettres à ses parents (1931-1942)*, Paris, Seuil, "La Librairie du XXIe siècle", 2015.

tinha como princípio só falar francês.[1] Pressionado de alguma maneira pela posição de estrangeiro, num momento em que sua situação e seu futuro profissionais ainda são incertos (ele não defendeu sua tese), Lévi-Strauss é obrigado a situar sua própria tradição intelectual e amadurecer seus próprios princípios. Essa é mais uma razão para coligir estes textos, não só em homenagem a uma experiência individual e a uma conjunção histórica singular, mas também como testemunho e lição sobre as condições históricas e sociológicas da invenção intelectual.

Tabula rasa

Estes textos dos anos 1940, que Lévi-Strauss depois deixará de lado, dão a oportunidade de situar o estruturalismo na história, contradizendo as narrativas fáceis e superficiais que só sabem compreendê-lo como uma moda intelectual da década de 1960. Ele aparece como um movimento europeu que, nascido nos Estados Unidos, respondia tanto à crise do funcionalismo quanto aos impasses do nominalismo americano, com base na recusa à comparação entre entidades culturais percebidas como irredutíveis e singulares. Ainda que nem todos os docentes e pesquisadores da Escola Livre de Altos Estudos tenham se tornado estruturalistas, a ambição comparativa é uma preocupação comum a todos aqueles intelectuais europeus exilados, frequentemente judeus. Tal será o projeto próprio do estruturalismo no âmbito desse movimento geral: devolver um estatuto epistemológico à comparação intercultural.[2] Observa-se, por outro lado, que essa gênese não foi, em absoluto, um processo linear. O nascimento da antropologia estru-

---

1 Ver Laurent Jeanpierre, "Une opposition structurante pour l'anthropologie structurale: Lévi-Strauss contre Gurvitch, la guerre de deux exilés français aux États-Unis", *Revue d'histoire des sciences humaines*, nº 11, 2004/2, p. 13-44.
2 Ver Gildas Salmon, "Symbole et signe dans l'anthropologie structurale", art. citado, e idem, *Les Structures de l'esprit. LéviStrauss et les mythes*, Paris, PUF, 2013.

PREFÁCIO

tural é apresentado, com grande frequência, como um "advento", ao cabo de uma sequência gloriosa em que se sucedem a falta de reconhecimento quando do retorno à França (os dois fracassos no Collège de France em 1949 e 1950, a pequena repercussão inicial de *Estruturas elementares do parentesco*), a publicação de *Tristes trópicos* em 1955, a de *Antropologia estrutural* em 1958, antes da eleição para o Collège de France em 1959. Mas o reexame desses textos antigos mostra que essa sequência não é produto de uma pujança teórica intrínseca ao estruturalismo, que teria acabado por se impor, apesar dos obstáculos e das resistências; ela foi possibilitada por um trabalho de reconstrução, de seleção e de "esquecimento", por parte do próprio Lévi-Strauss, de certas dimensões de sua própria reflexão. Esse esquecimento incide sobretudo num aspecto essencial desses textos, a saber, a inserção da reflexão antropológica numa perspectiva política – preocupação que desaparece completamente dos trabalhos do antropólogo a partir de *Antropologia estrutural*. Essa talvez seja a característica mais original e marcante dos artigos aqui reunidos.

Sabe-se hoje que a militância política ocupou espaço importante na vida do jovem Lévi-Strauss. Inscrito na Seção Francesa da Internacional Operária [SFIO] aos dezoito anos, atuando como secretário do Grupo de Estudos Socialistas a partir de 1927, em 1931 ele funda, com dez colegas professores, o grupo Revolução Construtiva, com o intuito de empreender a renovação intelectual do partido. Em 1930, quando era assessor do deputado Georges Monnet da SFIO, candidata-se sem sucesso nas eleições cantonais, enquanto ocupa seu primeiro posto de professor *agrégé* no liceu de Mont-de-Marsan em 1933. A imagem de Lévi-Strauss como antropólogo melancólico e afastado do mundo, devotado ao estudo das civilizações desaparecidas, é, portanto, uma construção tardia. Os trabalhos de história intelectual que, nos anos 1980 e 1990, redescobriram seu engajamento da juventude não modificaram radicalmente essa imagem, uma vez que o próprio Lévi-Strauss se vale do fracasso eleitoral para datar o fim de sua "carreira" política, atribuindo-o jocosamente a um acidente de automóvel.[1] O Citroën de cinco cavalos, comprado para a campanha, acabou num barranco, o que, retrospectivamente, parece o augúrio de uma reviravolta: alguns meses depois, Lévi-Strauss é enviado ao Brasil como professor de sociologia, e é lá que começa uma carreira de etnólogo sem relação com suas ambições políticas de juventude. Uma leitura atenta dos textos dos anos 1940 mostra, contudo, que, longe de abandonar suas "ilusões políticas" ao ingressar na idade adulta, Lévi-Strauss não separa seu trabalho erudito da reflexão política que é já uma preparação para o pós-guerra, o que, aliás, é confirmado por sua atividade nos círculos pertencentes à Escola Livre de Altos Estudos e às redes intelectuais internacionais. Seu retorno precoce à França – a guerra ainda não tinha terminado – e sua nomeação como conselheiro cultural assinalam, afinal, que ele fora identificado pelo aparato gaullista como um homem com quem se podia contar.

É por meio de algumas observações incidentais que essa dimensão política se deixa perceber. Por exemplo, o viés finalista que Lévi-Strauss percebe em Durkheim aproxima paradoxalmente o fundador da sociologia do reacionário Louis de Bonald; donde a seguinte observação preocupante: "Qualquer ordem social poderia invocar tal doutrina para esmagar a espontaneidade individual" (p. 95). Ora, "os progressos morais, sociais e intelectuais foram, primeiramente, efeito de uma revolta do indivíduo contra o grupo" (p. 96). Essa é mais uma razão para reprovar o funcionalismo malinowskiano que, justamente, de Durkheim só fica com essa onipotência do grupo e assim se mostra como um "sistema de interpretação [...] que torna perigosamente possível a justificação de qualquer regime" (p. 106). A crítica é

---

[1] Claude Lévi-Strauss e Didier Éribon, *De près et de loin, op. cit.*, p. 24. Ver Claude Lévi-Strauss, em *"Chers tous deux", op. cit., les lettres de mars 1933*, p. 272-276. Ver também Emmanuelle Loyer, *LéviStrauss*, Paris, Flammarion, "Grandes biographies", 2015, p. 103-107.

epistemológica (o funcionalismo conduz a asserções circulares), mas seu vigor se deve às consequências políticas que seria possível extrair da tese questionada. Inversamente, Westermarck é reabilitado por razões teóricas, mas o rigor de suas análises "confere à sua obra um valor crítico militante do qual ele estava plenamente consciente". "Para ele, a evolução moral tinha um sentido: precisava aproximar a humanidade de um ideal de liberalismo e de racionalismo, emancipar de erros e preconceitos. [...] Ele considerava a crítica relativista como um instrumento de libertação intelectual" (p. 122).

De maneira mais geral, as circunstâncias de escrita desses textos mostram que eles com frequência se inserem numa reflexão política coletiva. Por exemplo, "A teoria do poder numa sociedade primitiva" (capítulo VIII), publicado primeiramente em inglês em 1944, é o texto de uma conferência proferida na Escola Livre de Altos Estudos como parte de uma série de "aulas" sobre as "doutrinas políticas modernas", na sequência de exposições sobre os direitos humanos, as diferentes concepções de Estado ou os pensamentos políticos de Louis de Bonald e Charles Maurras. Como lembra o jurista Boris Mirkine-Guetzévitch no preâmbulo da obra que reunirá essas diferentes contribuições, tratava-se de prolongar uma primeira série de aulas dedicadas ao fim da III República, e Mirkine-Guetzévitch insiste na necessidade do trabalho em equipe e na urgência da colaboração entre estudiosos provenientes de diversas disciplinas para enfrentar problemas do momento. Do mesmo modo, "A política exterior de uma sociedade primitiva" (capítulo X) é inicialmente publicado na revista *Politique étrangère*, que, já nos anos 1930, se assinalara por estudos que denunciavam as ilusões da política econômica e internacional da Alemanha nazista. Suspensa em 1939, ela acaba de voltar a ser publicada quando, em 1949, Lévi-Strauss lhe manda um artigo que, no sumário do número, reúne estudos sobre o "problema dos refugiados", "os Estados Unidos, a URSS e o problema chinês" ou a situação de uma Alemanha que logo será dividida em duas. A originalidade do texto de Lévi-Strauss não está no relato, já feito em outro lugar, das trocas entre tribos nhambiquaras, observadas no planalto brasileiro em agosto e setembro de 1938 (relato que também se encontra na sétima parte de *Tristes trópicos*). Como se depreende do fim do artigo, trata-se de utilizar a "política exterior" nhambiquara como modelo, porque essa coletividade "representa uma das formas mais elementares de vida social" e por isso seu exemplo pode servir de base para uma reflexão geral sobre as relações entre grupos estrangeiros.[1] No horizonte desse texto que, na aparência, apenas descreve a situação particular desses índios do Mato Grosso, há, portanto, um desejo de contribuir para a reconfiguração das relações internacionais num mundo que, subvertido pelo segundo conflito mundial, logo ingressará na Guerra Fria.

O artigo está repleto de afirmações que despertavam no leitor de 1949 ecos que hoje já não são percebidos com tanta clareza. É o caso das linhas finais que denunciam o angelismo de "nossas preocupações atuais, que nos fazem pensar os problemas humanos em termos de sociedades abertas ou sempre cada vez mais abertas". Trata-se de uma alusão às reflexões de Henri Bergson retomadas por Karl Popper em 1945 em sua obra *The Open Society and Its Enemies*, em que Lévi-Strauss lê os excessos do "pensamento cristão e democrático moderno" que, ampliando indefinidamente "os limites do grupo humano", negligenciou a necessidade de pensar a humanidade como um conjunto de grupos concretos cujas tendências à agressão ou à colaboração imoderada é preciso ter em vista regular (p. 219). Também é preciso dimensionar a ressonância que pode decorrer de um raciocínio como o

---

[1] Aqui não se deve entender modelo como uma realidade que cumpre imitar, mas como um sistema que torna evidentes propriedades não imediatamente acessíveis à observação. Os modelos em geral são formais, mas os nhambiquaras representam um caso raro de redução empírica de uma realidade social a suas propriedades essenciais. Ver Claude Lévi-Strauss, "Sens et usage de la notion de modèle" [Sentido e uso da noção de modelo], *Anthropologie structurale deux*, Paris, Plon/Pocket, 1996, p. 89-101.

seguinte, quatro anos depois de o mundo tomar conhecimento dos campos de extermínio: "Sempre há um ponto a partir do qual um homem deixa de participar dos atributos essenciais da humanidade. [...] Mas [nas chamadas sociedades 'primitivas'] essa negação de humanidade não tem, ou raramente tem, caráter agressivo. A partir do momento em que se recusa humanidade a outros grupos, estes já não são formados por homens e, consequentemente, deixa de haver para com eles o comportamento que haveria para com humanos" (p. 216). A tese essencial do artigo é: a violência de um grupo para com outro vale, em si mesma, como reconhecimento da possibilidade de uma parceria; a negação pura e simples se traduz apenas pelo desinteresse e pelas "técnicas de evitação". A agressividade entre dois grupos deve, portanto, ser pensada como "uma função de outra situação antitética que é a cooperação" (p. 219). Em outras palavras, aqueles que foram nossos inimigos ontem não o eram por natureza, em razão de uma agressividade primeira, inerente à constituição de toda coletividade: amanhã eles podem se tornar nossos parceiros no âmbito de uma prática regulada de colaboração internacional. Contra a busca de princípios universais (que veriam a guerra ou a cooperação como "instintos" próprios a qualquer grupo), o exemplo dos nhambiquaras nos mostra que a guerra e o comércio são manifestações de um único princípio de troca formado por um gradiente entre agressão e colaboração – e, com isso, ele confirma a tese de Mauss, segundo a qual a dádiva precede logicamente o mercado. "Estamos, assim, diante de uma gama contínua, ou de uma cadeia institucional que permite passar da guerra ao comércio, do comércio ao casamento e do casamento à fusão dos grupos" (p. 212).

Já era a proposta central de "Guerra e comércio entre os índios da América do Sul": "Os conflitos guerreiros e as trocas econômicas, na América do Sul, não constituem apenas dois tipos coexistentes de relação, mas sim os dois aspectos, opostos e indissolúveis, de um único e mesmo processo social" (p. 174). Encontra-se nesse artigo, publicado em 1943 na revista *Renaissance*, da Escola Livre de Altos Estudos, a necessidade de prever o pós-guerra e de assentar as bases da futura vida política nacional e europeia – preocupação comungada por grande número de intelectuais franceses exilados em Nova York.[1] Não deixa de impressionar, retrospectivamente, o otimismo daqueles homens, às vezes muito jovens (Lévi-Strauss ainda não tem quarenta anos) que, em plena guerra, mas distantes dos horrores europeus, querem "trabalhar em equipe" para reinventar o mundo de depois – pensemos nas conotações de um título como *Renaissance** (revista fundada em 1942) ou no florescimento de periódicos generalistas com títulos cheios de promessas, que surgem em 1945 e assumem a "civilização" por objeto, como por exemplo *Chemins du monde* e *L'Âge d'or*** (revista de Calmann--Lévy, tão ambiciosa quanto efêmera, para a qual Lévi-Strauss escrevera inicialmente "A técnica da felicidade"). É nesse sentido também que se pode falar de *Antropologia estrutural zero*, para indicar não só a pré-história das *Antropologias estruturais um* e *dois*, como também o sentimento de *tabula rasa* que animava seu autor e o projeto – comungado com outros – de um recomeço civilizacional em novas bases.

Estado-providência e colaboração internacional

As especulações políticas de Lévi-Strauss durante esses anos versam essencialmente sobre dois temas. Em primeiro lugar, uma reflexão sobre as formas de articulação dos indivíduos no grupo, que, no que tange às democracias liberais, devem ser repensadas a igual distância do pertencimento de classe e do pertencimento nacional – o primeiro porque remete aos impasses do modelo soviético; o segundo, porque está pro-

---

[1] Ver Emmanuelle Loyer, *Paris à New York. Intellectuels et artistes français en exil 1940-1947*, Paris, Grasset, 2005.

* Renascimento [N.T.]

** "Caminhos do mundo" e "A idade de ouro". [N.T.]

vado, pelo passado recente, que só pode se expressar na agressividade e conduz à guerra. Uma leitura atenta dos artigos da época mostra que as análises de Lévi-Strauss (sem que ele tenha obrigatoriamente conhecimento) estão próximas de outros trabalhos contemporâneos de língua inglesa que elaboram especialmente as noções de "cidadania social" e de Estado-providência, destinadas a garantir o elo entre indivíduo e coletividade nas democracias de massa.[1] Do exemplo da sociedade nhambiquara, em que a generosidade do chefe é o instrumento essencial de seu poder, Lévi-Strauss depreende que o grupo está ligado a seu chefe (por sua vez desprovido de autoridade e de força de coerção) por um elo de reciprocidade que obriga ambas as partes, em que a "recusa de dar" é análoga à "moção de confiança" postulada pelo governo num sistema parlamentarista. Portanto, não é apenas o consentimento que constitui o poder (fidelidade a Rousseau que *Tristes trópicos* reafirmará com veemência), mas o consentimento do grupo como grupo (e não como coleção de indivíduos). Disso Lévi-Strauss conclui em particular que "a concepção de Estado como sistema de garantias, recentemente posta na ordem do dia pelas discussões sobre um regime nacional de seguridades (tal como o plano Beveridge e outros), não é um desenvolvimento puramente moderno": "É um retorno à natureza fundamental da organização social e política"[2] (p. 195). Ainda que possam parecer distantes, as considerações sobre os Estados Unidos dos anos 1940 não são estranhas a esse tipo de preocupação. O título, "A técnica da felicidade", sem dúvida demonstra uma forma de ironia europeia diante de uma sociedade que parece inteiramente votada à satisfação material

---

[1] Ver sobre esse ponto a influente conferência proferida em 1949 pelo sociólogo britânico T. H. Marshall, intitulada "Citizenship and Social Class" (reproduzida em *Citizenship and Social Class, and Other Essays*, Cambridge, CUP, 1950 [Ed. bras.: *Cidadania, classe social e status*, Rio de Janeiro, Zahar, 1967, trad. Meton Porto Gadelha – N.T.]).

[2] O relatório do economista britânico William Beveridge expôs, em 1942, as bases teóricas do Estado-providência. Esse trecho se encontra em *Tristes trópicos*, mas sem as considerações sobre as formas de reciprocidade que o precedem.

e psicológica dos indivíduos, por sua vez concebidos como crianças grandes, mas também indica a observação atenta de "técnicas sociais" que visam à supressão dos conflitos e à criação de uma "civilização em que a massa e a elite seriam beneficiadas": do mesmo modo que a coletividade nhambiquara, a América contemporânea constitui uma experiência sociológica "original" e "fecunda" que merece ser observada com "interesse apaixonado" (p. 149).

O segundo campo de estudo para o qual se volta a reflexão política de Lévi-Strauss já não se refere à relação entre os indivíduos e a coletividade, mas às relações das coletividades entre si. As duas esferas, aliás, estão ligadas, pois – e nisso também esses textos são testemunhos de seu tempo – inserem-se na convicção da obsolescência do modelo do Estado-nação, comungada por grande número de autores da época. Portanto, desse modo Lévi-Strauss contribui com seu quinhão para a reinvenção das relações internacionais, quando a via federalista parece inevitável, a exemplo dos Estados Unidos e da URSS, além do Brasil ou do México. Também nesse caso, a reciprocidade se mostra como um princípio essencial, ainda quando desmentida por relações de subordinação entre os grupos considerados (p. 201). Em escala internacional, esse princípio vincula não só as sociedades entre si por meio de obrigações bilaterais, como também cada uma delas ao conjunto que formam, pois a humanidade não é uma realidade abstrata cuja unidade possa ser garantida por princípios, mas um "conjunto de grupos concretos, entre os quais deve estabelecer-se um equilíbrio constante entre a competição e a agressão com mecanismos preparados de antemão para amortecer as variações extremas, passíveis de ocorrer nos dois sentidos" (p. 219). Lévi-Strauss é conselheiro cultural quando escreve essas linhas, e há fortes motivos para apostar que nelas se encontra a marca das conversas que tem então com Henri Laugier (por cuja intervenção ele ocupa esse posto), que é secretário-geral adjunto da novíssima "Organização das Nações Unidas" e contribuiu para fundá-la. Em "A política exterior de uma sociedade primitiva", a aptidão dos índios para reconhecer os rios "como vias aquáticas internacionais" ou as estratégias que eles desenvolvem para liquidar os antagonismos, "de modo sem dúvida agressivo, mas não perigoso demais", têm, portanto, valor de modelos. Do mesmo modo, a descrição das "especializações industriais e comerciais" das tribos do Xingu é um apelo discreto a uma forma de divisão internacional do trabalho que seria incentivada por diplomatas semelhantes àqueles conciliadores poliglotas que há em cada aldeia. É sem dúvida a concepção nhambiquara do território que representa o exemplo mais fecundo para o pensamento político de seu tempo, pois os índios separam completamente a noção de território da noção de solo e, assim, abrem caminho para uma definição imaterial das coletividades, cuja unidade não é determinada por fronteiras, mas por valores comungados: "Para nós, o território nhambiquara é uma superfície, é um espaço delimitado por fronteiras. Para eles, é uma realidade tão diferente quanto a imagem de um corpo visto por raios X é diferente da imagem do mesmo corpo visto à luz do dia. O território não é nada em si mesmo; ele se reduz a um conjunto de modalidades, a um sistema de situações e de valores que para o estrangeiro podem parecer insignificantes e até passar despercebidos" (p. 215).

Relendo esses textos dos anos 1940, percebe-se que a teoria da troca, que será mobilizada em *Estruturas elementares do parentesco,* estava prenhe de ressonâncias políticas com implicações concretas, sobretudo por sua fecundidade heurística e sua capacidade de explicar situações extremamente variadas. Percebe-se também que, para Lévi-Strauss, a ciência social desempenha então um papel que pouco tem a ver com o que a antropologia estrutural desempenhará nos tempos da voga estruturalista, durante a qual, contra a vontade dele, seu nome será constantemente mencionado como uma autoridade nos campos mais variados e mais afastados da etnologia. Sua posição já não é de intelectual no sentido sartriano: suas reflexões sobre as relações entre guerra e comércio não se inserem em absoluto na tradição filosófica que tratou abundantemente dessas questões, de Maquiavel a Benjamin Constant, passando por Hobbes e Montesquieu. É de fato na qualidade de *expert* que o antropólogo se autoriza a propor uma reflexão política: por ser um especialista na comparação entre sociedades e porque seu saber se ancora na experiência obtida em contato com os índios do planalto brasileiro, e não no domínio das noções e da tradição filosóficas. Segundo ele, essa é, aliás, uma característica da ciência social francesa, marcada pela colaboração entre sociologia e etnologia, ao passo que, nos outros países, a primeira, "que exige mentes prontas a aceitar a ordem social", opõe-se à segunda, "refúgio [de] indivíduos mediocremente integrados ao meio" (p. 64). "A sociologia moderna nasceu do desígnio de reconstruir a sociedade francesa após a destruição provocada primeiro pela Revolução Francesa, depois pela guerra de 1870. Mas, por trás de Comte e Durkheim, há Diderot, Rousseau e Montaigne" (p. 64). Portanto, é errôneo fazer a distinção, nas ciências sociais francesas, entre etnólogos herdeiros da crítica social (Montaigne, Rousseau) e sociólogos desejosos de inspirar as decisões do legislador ou do governante (Comte, Durkheim). A reflexão aplicada destes últimos não estava isenta da reflexão fundamental dos primeiros, e os textos dos anos 1940 pretendem manter vivo o elo entre argumentação teórica e iniciativa política. Neles transparece um recurso semelhante à "filosofia social" após tempos conturbados: assim como a sociologia durkheimiana assumia por objetivo o estudo do fenômeno social e, ao mesmo tempo, a refundação da sociedade francesa depois da guerra de 1870, o Lévi-Strauss dos anos 1940 espera (tal como outros) contribuir para a renovação política nacional e internacional logo após o segundo conflito mundial. E, também nesse caso, essa *expertise* é uma questão de circunstâncias e de posição: a de um erudito judeu exilado, que se vê situado entre vários mundos, a exemplo daqueles mediadores indígenas cujos méritos ele gaba por se mostrarem capazes "de falar todas as línguas" do planalto brasileiro (p. 213).

PREFÁCIO

"A soberania nacional não é um bem em si"

Falta fazer as perguntas essenciais: por que essa dimensão política desaparece nos escritos de Lévi-Strauss depois de 1950? Mais: por que, ao construir o conjunto *Antropologia estrutural*, ele só conserva os artigos em que essa dimensão não aparece? E por que, ao incorporar essas reflexões dos anos 1940 em outros escritos posteriores, em especial *Tristes trópicos*, ele o faz "podando" os trechos mais políticos?

A essas interrogações é impossível dar uma resposta simples e unívoca. Claro que se pode alegar o caráter circunstancial, portanto rapidamente obsolescente de certas alusões, mas a reflexão política de Lévi-Strauss era bastante geral para sobreviver às circunstâncias estritas de sua produção. Comecemos por notar que, tal como o próprio Lévi-Strauss ressaltou com frequência, o início da década de 1950 foi, para ele, um período de crise – crise teórica, pessoal, profissional.[1] A crer nele, a causa principal dessa crise são seus dois fracassos consecutivos no Collège de France, em 1949 e em 1950: "Depois desses dois fracassos, eu estava convencido de que jamais faria aquilo a que dão o nome de carreira. Rompi com meu passado, reconstruí minha vida pessoal [...]."[2] A esse conjunto de rupturas, cumpre somar a dispersão da coleção de arte ameríndia constituída em Nova York e vendida em leilão em 1951, dispersão que se pode imaginar ter sido traumática não só pela perda que representou como também porque, para Lévi-Strauss, que considerava "o ato apaixonado de colecionar" algo tão fortemente articulado à construção da identidade,[3]

---

1 Ver a nota explicativa de *Tristes tropiques, in* Claude Lévi-Strauss, *Œuvres, op. cit.*, p. 1.676-1.678.
2 Claude Lévi-Strauss e Didier Éribon, *De près e de loin, op. cit.*, p. 76.
3 Daniel Fabre, "D'Isaac Strauss à Claude Lévi-Strauss: le judaïsme comme culture", *in* Philippe Descola (org.), *Claude LéviStrauss, un parcours dans le siècle*, Paris, Odile Jacob, "Travaux du Collège de France", 2012, p. 281.

ela simbolizava o estilhaçamento da unidade pessoal e psíquica reconstruída no exílio. "Estou vivendo num túmulo", confessa então a Monique Roman, que se tornará sua terceira esposa.[1] Em todo caso, ao lermos os textos dos anos 1950, percebemos uma mudança de humor e de tom: o otimismo planificador que permeava os textos políticos dos anos 1940 (que pode ser interpretado como herança do marxismo reformista da juventude)[2] já não está presente. Quando, no fim da vida, foi indagado sobre a exclusão da política em seu horizonte, Lévi-Strauss, diante da insistência do interlocutor, concordou em datá-la já não do início da década de 1930, mas da guerra, admitindo que havia participado de algumas reuniões gaullistas no começo dos anos 1940, mas sempre minimizando seu trabalho diplomático de conselheiro cultural em Nova York, de 1945 a 1947, e sua atividade seguinte, no Conselho Internacional das Ciências Sociais da Unesco, do qual foi secretário-geral de 1952 a 1961. Não há por que suspeitar de qualquer má-fé; tal reconstrução mostra a profundidade dessa bifurcação interior, cuja evidência ilumina retrospectivamente o passado, especialmente em alguém que, como Lévi-Strauss, contou muito de sua vida e cujo relato autobiográfico acabou por se sedimentar. Anotando no início dos anos 2000 uma carta aos pais de setembro de 1942, na qual ele revela um projeto de livro sem relação com a etnologia, que se situaria na linha de "antigas conversas com Arthur" (Arthur Wauters, militante marxista belga que o iniciara na política) – livro destinado a "esclarecer certo número de ideias", que se tornara necessário (a crer-se nele) em vista da confusão que reinava nas discussões políticas da época –, Lévi-Strauss escreve laconicamente: "Nenhuma lembrança".[3]

---

[1] Citado em Emmanuelle Loyer, *LéviStrauss, op. cit.*, p. 375.
[2] Ver Wiktor Stoczkowski, *Anthropologies rédemptrices. Le monde selon LéviStrauss*, Paris, Hermann, 2008, p. 139-184.
[3] Claude Lévi-Strauss, *"Chers tous deux", op. cit.*, p. 559.

PREFÁCIO

Seja qual for o momento considerado para datar esse abandono da política, a explicação dada por Lévi-Strauss não varia. O que ele apresenta é sempre o relato de uma desilusão, consequência, pelo que diz, da consciência de que suas análises políticas sempre se mostraram insuficientes, de que suas previsões foram sistematicamente desmentidas pelos acontecimentos. Ele não tinha o "faro" político que possibilita a alguns pressentir as correntes da vida social e irrigar a reflexão com a escuta, o que às vezes faz de um erudito também uma pessoa de decisão e ação. Decorreu daí, em simultaneidade com a dedicação profissional e a celebridade intelectual, um afastamento assumido ou mesmo reivindicado das preocupações da vida pública e dos combates ideológicos de seu tempo: antropólogo especialista nas civilizações pré-colombianas desaparecidas, ele se dedica ao ensino no Collège de France, e no verão refugia-se em seu retiro de Lignerolles, onde se "embebeda de mitos" e redige os quatro volumes e duas mil páginas das *Mitológicas*, afastado da agitação dos anos 1960. É nessa época, portanto, que se delineiam os traços da personagem pública que Lévi-Strauss voltará a ser a partir do fim da década de 1980 até sua morte.

Essa hipótese de inadequação (fundamental e descoberta tardiamente) entre o temperamento pessoal e as exigências da ação política não deve ser excluída, mas não basta para explicar a transformação do início da década de 1950. Em primeiro lugar, pode-se notar que a desilusão ocorre num lugar e num tempo: a França da IV República. O antropólogo que sonhava com renovação e *tabula rasa* reencontra seu país treze anos depois da primeira partida para o Brasil, no início de 1935; durante esse tempo, só passou na França curtas temporadas e daqueles últimos treze anos esteve dez, ao todo, no estrangeiro. Durante esses anos, seu status e sua identidade passaram por mudanças de grande amplitude: embaixador do pensamento francês no Brasil (professor universitário quando ainda não tinha trinta anos), jovem etnólogo em plena ascensão ao retornar, é mobilizado em 1939 e, com o exército francês, vive uma "retirada desvairada" de vários meses, "de um posto de estacionamento a outro" e "de trens de carga de animais a redis"[1]; vinculado pela lei de 13 de outubro de 1940 a uma identidade judia à qual ele acreditava que podia não atribuir importância, reduzido a "preia de campo de concentração"[2], obrigado à fuga e ao exílio; chegando a Nova York depois de uma apavorante travessia, ele se integra progressivamente à antropologia americana e às redes intelectuais locais; desempenha papel ativo na Escola Livre de Altos Estudos e torna-se conselheiro cultural com a Libertação. Mas, ao retornar, encontra um país que não quer ver que foi vencido e mostra-se preocupado sobretudo em reescrever sua história. Ressurgem as antigas divisões institucionais e intelectuais (ele vivencia seus fracassos no Collège de France como uma vitória dos "antigos" sobre os "modernos"); as mesmas pessoas também: é o antropólogo físico Henri Vallois, especialista em taxinomia racial e nomeado por Vichy para substituir Paul Rivet à frente do Museu do Homem em 1943, que é eleito diretor da instituição em 1950, contra Jacques Soustelle, etnólogo reconhecido e figura da França livre. Lévi-Strauss pede demissão então das funções de vice-diretor, que ocupava desde o retorno dos Estados Unidos. Desse descontentamento ao mesmo tempo difuso e profundo em relação à França encontram-se numerosos sinais nos primeiros capítulos de *Tristes trópicos*, "confissões" escritas em alguns meses, num estado de "raiva" e "irritação", "[que ele] jamais teria ousado publicar [se estivesse] participando de uma competição qualquer por um posto acadêmico".[3]

A estreiteza mental que Lévi-Strauss denuncia mostra-se especialmente na recusa francesa de abrir a comunidade nacional, "com base na igualdade de direitos", aos "25 milhões de cidadãos muçulmanos" das colônias, fechamento tacanho que contrasta com a audácia dos

---

1 Idem, *Tristes tropiques, op. cit.*, p. 11.
2 *Ibidem*, p. 10. Sobre essa fórmula, ver p. 50.
3 Claude Lévi-Strauss et Didier Éribon, *De près et de loin, op. cit.*, p. 76.

Estados Unidos um século antes, quando decidiram abrir-se maciçamente para a imigração europeia pobre e pouco qualificada – aposta bem-sucedida "graças à qual a América deixou de se tornar uma pequena província do mundo anglo-saxão".[1] Essa comparação entre dois destinos nacionais encontra-se no último capítulo de *Tristes trópicos*, redigido no início de 1955, quando a União Francesa – organização política do império colonial a partir de 1946 – está se desagregando, e a guerra da Argélia acaba de começar. Para Lévi-Strauss, esse fracasso, portanto, é devido à hipocrisia do sistema de representação na União Francesa, considerado um sistema de "colegiado duplo" que, apesar da Constituição teoricamente igualitária (pois é revogada a condição de indigenato, e todos os dependentes da União são cidadãos), organizava uma representação muito desigual entre franceses da metrópole e populações colonizadas. Essa é a única alusão de *Tristes trópicos* ao que, no entanto, constitui o cerne da atualidade francesa e a dinâmica essencial da situação internacional no momento em que ele escreve, descolonização que, como já se notou, era a grande ausente da antropologia lévi-straussiana. Isto porque tanto em escala mundial quanto em escala nacional o pós-guerra não cumpriu suas promessas de uma nova realidade.

No final de "Teoria do poder numa sociedade primitiva", Lévi-Strauss citava a importantíssima circular de 8 de novembro de 1941 sobre a "nova política indígena na África Equatorial francesa" do governador-geral Félix Éboué, que ele lera em tradução inglesa. Éboué preconizava uma política de associação progressista e realista, que levasse em conta as estruturas sociais existentes, respeitasse as tradições e se apoiasse nos chefes consuetudinários – era por este último aspecto que Lévi-Strauss a mencionava. Essa circular serviria de base de trabalho quando da conferência de Brazzaville (30 de janeiro a 8 de fevereiro

---

[1] Claude Lévi-Strauss, *Tristes tropiques*, op. cit., p. 435.

de 1944), que conduziria à criação da União Francesa. Esta última se inspirava amplamente (pelo menos nos princípios) no ideal federalista comungado por Lévi-Strauss, que, desde sua época socialista, concebia o nacionalismo como um flagelo. Dirigindo-se a alguns interlocutores do Departamento de Estado norte-americano, ele escrevia, em fevereiro de 1943: "A desintegração da soberania nacional deve começar de dentro, por um processo de federalismo, por um lado, e pela criação de corpos econômicos, por outro, que destruirão as diferenças entre grupos nacionais."[1] Mas, em meados da década de 1950, esse ideal já é anacrônico. O "federalismo" tornou-se uma acusação por parte da direita e do campo colonial, especialmente contra Pierre Mendès France (por quem Lévi-Strauss tinha grande estima, que ele conheceu enquanto escrevia *Tristes trópicos*) e mesmo contra Jacques Soustelle, etnólogo de formação e socialista na juventude, nomeado em janeiro de 1955 governador-geral da Argélia. Para os líderes independentistas, por sua vez, o federalismo é uma palavra de ordem vazia, que, como mostram as contradições da União Francesa, não passa de um modo de restabelecer, sub-repticiamente, a dominação francesa. Portanto, o princípio das nacionalidades ressurgiu por toda parte, e Lévi-Strauss compreendeu que precisava inclinar-se diante daquilo que mais tarde qualificará de "poderoso motor" ao qual "nenhum Estado dominador, ou mesmo federativo, tem poder duradouro de se opor", mas – logo acrescenta – nada há nisso "que possa nos enaltecer: a soberania nacional não é um bem em si; tudo depende do uso que se faz dela".[2] Nesse sentido, o começo da década de 1950 é, de fato, uma época de desilusão para Lévi-Strauss, e, quando incorpora o texto "A teoria do poder" a *Tristes trópicos*, ele suprime as referências a Félix Éboué e às reflexões sobre o diálogo necessário entre etnólogos e administradores coloniais.

---

[1] Documento redigido para o Peace Aims Group Council of Foreign Relations, citado por Emmanuelle Loyer, *LéviStrauss*, op. cit., p. 297.
[2] Claude Lévi-Strauss e Didier Éribon, *De près et de loin*, op. cit., p. 256.

PREFÁCIO

Isto porque, para ele, a história mundial está sendo orientada e, de algum modo, ultrapassada pela expansão da modernidade ocidental. Mais nenhuma força, nenhum mecanismo regulador poderá opor-se a isso. "Colocamos os povos colonizados" numa "posição trágica": estão "reduzidos a escolher entre nós e nada."[1] Assim se explica a ausência da questão colonial no trabalho de Lévi-Strauss, pois esse retorno do Estado-nação obriga a estabelecer uma diferença entre, de um lado, as "pequenas sociedades tradicionais, protegidas dos estragos da civilização pelo isolamento, [que] não têm outra ambição senão a de viverem afastadas" da modernidade capitalista, e, de outro, os povos que desejam "participar em pé de igualdade da vida internacional e tornar-se membros de pleno direito da sociedade industrial, em relação à qual eles se sentem apenas atrasados".[2] As duas não têm a mesma história e não exigem a mesma abordagem. Sem dúvida, é "A política exterior de uma sociedade primitiva" (capítulo X) que constitui a guinada nesse aspecto, pois pela primeira vez se exprime a ideia com a qual se concluirá "Raça e história"[*] em 1952, que, de um modo muito mais pessimista, terá sido a tese essencial de "Raça e cultura" em 1971, a saber, a relativa incomensurabilidade das culturas entre si e a necessidade de manter as diferenças entre grupos: tornando "a noção de humanidade coextensiva ao conjunto dos seres humanos que povoam a face do globo", sem dúvida fizemos algum progresso, mas a política exterior dos nhambiquaras nos lembra da necessidade de cada grupo continuar "a se pensar como grupo, em relação e em oposição a outros grupos", pois esse equilíbrio é a única maneira de escapar à alternativa entre "guerra total", da qual se saía em 1949, e um ideal de "paz total, que pertence à utopia" (p. 219).

---

1   Claude Lévi-Strauss, "Diogène couché", *Les Temps modernes*, nº 110, 1955, p. 1.194.
2   Claude Lévi-Strauss e Didier Éribon, *De près et de loin, op. cit.*, p. 256.
* "Raça e história", texto lido na Unesco em 1952, constitui um dos capítulos de *Antropologia estrutural dois*. Posteriormente, em 2003, esse texto foi publicado em Portugal na forma de livro pela Editorial Presença. [N.T.]

O início da década de 1950 corresponde, portanto, não tanto ao abandono da política quanto à mudança de escala da reflexão – assim como, é verdade, a um pessimismo muito maior: os alvos dos ataques de Lévi-Strauss são agora o "sistema unilateral" da civilização ocidental em seu conjunto e o dogma do progresso. É também nessa época que ele aplica à história mundial a metáfora termodinâmica da entropia, enriquecida do sentido que, por extensão, a palavra assumiu nas recentes ciências da informação e na teoria cibernética: a multiplicação das trocas entre grupos humanos nivela e iguala um mundo fechado, condenando-o à desorganização.[1] Aliás, isso não o impede de continuar a desempenhar, ainda por vários anos, um papel de *expert* junto à nova Unesco, cuja sede é em Paris, não longe do Museu do Homem. Ele faz parte da comissão de cientistas formada em dezembro de 1949 para uma reflexão sobre o que deverá tornar-se a primeira *Declaração sobre a raça* da Unesco;[2] em agosto de 1950, vai em missão de quatro meses para a Índia e o Paquistão, dedicada ao "estado do ensino das ciências sociais no Paquistão"; atendendo a uma encomenda de Alfred Métraux – que dirige uma série de publicações "Raça e racismo" –, redige *Raça e história*, publicada em 1952, ao mesmo tempo que assume a liderança do Conselho Internacional das Ciências Sociais da Unesco; como destacou Wiktor Stoczkowski (contrariando o relato posterior que Lévi-Strauss fará), mostrou-se ali muito ativo, pelo menos nos primeiros anos, ainda que suas intervenções revelem seu ceticismo em relação aos princípios que guiam a ação da organização.[3] É nesse âmbito que ele desenvolve sua reflexão sobre o "humanismo generalizado" a partir de uma crítica ao humanismo tradicional, envenenado já na origem, segundo ele, por um

---

[1] Ver nota introdutória de *Tristes tropiques, in* Claude Lévi-Strauss, *Œuvres, op. cit.*, p. 1.711-1.712.

[2] Ver Wiktor Stoczkowski, *Anthropologies rédemptrices, op. cit.*, p. 26-33.

[3] *Ibidem*, p. 224-242.

"amor-próprio" que leva a isolar o homem de seu ambiente e do restante dos seres vivos.[1] Data dessa época a convicção – inconcebível então e de perturbadora atualidade hoje em dia – de que "os direitos reconhecidos à humanidade como espécie encontram seus limites naturais nos direitos das outras espécies".[2]

Genocídio dos índios da América e destruição dos judeus da Europa

No entanto, nem tudo parece satisfatório quando se concebe essa mudança dos anos 1950 como simples consequência de uma desilusão; a narrativa parece fácil demais, deliberada também, e não corresponde à personalidade intelectual de Lévi-Strauss. Gostaríamos aqui de arriscar uma hipótese diferente: o caráter decisivo da experiência do Sul da Ásia e da temporada passada no outono de 1950 na Índia e no Paquistão, temporada que, pela provação que constitui e pelas ressonâncias que provoca, faz ressurgir na reflexão antropológica um elemento que ela até então havia evitado: o extermínio dos judeus da Europa.

Ocorreu com Lévi-Strauss o mesmo que com outros autores e pensadores que atravessaram a guerra: é muito difícil datar a tomada de consciência da realidade e da amplitude do Holocausto, bem como dimensionar seus efeitos na sua vida intelectual. Mas não há dúvida de que se encontra aí uma diferença profunda e objetiva entre os anos 1940 passados nos Estados Unidos e o momento do retorno à Europa, entre o otimismo relativo dos textos nova-iorquinos (apesar da provação do exílio) e as trágicas previsões sobre a humanidade entrópica dos anos 1950. Ora, uma leitura atenta de *Tristes trópicos* mostra

---

[1] Claude Lévi-Strauss, "Les trois humanismes", *Anthropologie structurale deux, op. cit.*, p. 319-322.

[2] *Idem*, "Réflexions sur la liberté", *Le Regard éloigné*, Paris, Plon, 1983, p. 374.

duas coisas: por um lado, que um acontecimento só faz sentido para Lévi-Strauss na rememoração – ele nunca apresenta seu verdadeiro significado no momento da ocorrência; por outro lado, esse significado sempre nasce da seriação desse acontecimento com outro que, retrospectivamente, pareça comparável a ele. Essas são características muito profundas de seu pensamento, aliás essenciais à antropologia estrutural como tal: "A ciência social não se constrói no plano dos acontecimentos assim como a física não se constrói a partir dos dados da sensibilidade", como escreverá em *Tristes trópicos*;[1] é o contraste dos elementos isolados que possibilita determinar seus traços pertinentes. Ainda que Lévi-Strauss provavelmente descubra a realidade do Holocausto em 1945, foi só a experiência traumática do Sul da Ásia que a tornou dolorosamente pensável – e o fez, sem dúvida, também compreender, a contragosto, que essa história, em certa medida, também é dele, cientista judeu assimilado que se via como "francês de origem judaica", e não como "judeu francês".[2]

Nunca é demais ressaltar que *Tristes trópicos*, depois da declaração inaugural de ódio às viagens, começava com o relato da travessia de "forçados" no *CapitainePaulLemerle*, "navio imundo e abarrotado" que carregava algumas centenas de refugiados, judeus na maioria, mas também artistas e intelectuais perseguidos, entre os quais André Breton, Victor Serge, Anna Seghers e Wifredo Lam. Daquela travessia Lévi-Strauss ressalta menos o tratamento ruim dispensado pelos guardas àqueles que eles consideram "gentalha" do que a insuportável promiscuidade e a desumanização de passageiros transformados em "carregamento humano" pelo amontoamento que durou quatro semanas num navio que tinha duas cabines. Essa desumanização é confirmada pela acolhida que os oficiais de Fort-de-France, contami-

---

[1] *Idem, Tristes trópicos, op. cit.*, p. 46.
[2] Claude Lévi-Strauss, numa entrevista a Victor Malka em 1983 (*L'Arche*, n. 317, agosto de 1983, p. 57). A respeito, ver o estudo fundamental de Daniel Fabre, "D'Isaac Strauss à Claude Lévi-Strauss", art. citado.

nados por "uma forma coletiva de desarranjo cerebral", reservavam para aquele "gado", recebido como uma "carga de bodes expiatórios" destinada a "descarregar a bile", que foi insultada e depois internada num campo de concentração do sul da ilha.[1] Ocupado demais naquele momento para se entregar a uma análise, Lévi-Strauss recupera o espírito de etnólogo quando rememora aqueles episódios que se lhe mostram como situações em cujo transcorrer ficam suspensas as condições da vida social.

Os primeiros capítulos de *Tristes trópicos* (que, para o leitor, são depois ofuscados pelas famosas páginas e fotografias dedicadas aos índios do Brasil) apresentam em série uma coleção de "manifestações estúpidas, odientas e crédulas que os grupamentos sociais secretam como pus quando a distância começa a lhes faltar":[2] espetáculo de uma justiça arbitrária na Martinica, contrariedades com a polícia brasileira na Bahia, com a polícia americana em Porto Rico etc. São exatamente as mesmas imagens e frequentemente as mesmas palavras, como "enxame", "infecção", "carregamento humano", que ressurgem nas páginas dedicadas a Calcutá e Delhi: a desumanização aparece primeiro como consequência da falta de espaço. A proximidade entre a experiência de "preia de campo de concentração"[3] e a das cidades do Sul da Ásia acaba por emergir explicitamente ao tratar do moderno caravançará de Calcutá – portanto, não de imediato, nos cadernos que Lévi-Strauss carrega durante a viagem, mas retrospectivamente, na arrumação do passado organizado quatro anos depois por *Tristes trópicos*: "Assim que o carregamento humano acorda e é mandado prosternar-se, implorando a cura de seus cancros e úlceras, de suas purulências e chagas, lava-se tudo com esguichos de muita água, e as bancadas de açougue renovadas estão prontas para receber outra remessa; jamais – a não ser

---

[1] Claude Lévi-Strauss, *Tristes tropiques, op. cit.*, p. 14-15.
[2] *Ibidem.*, p. 17.
[3] Ver acima, nota 2, p. 40, e abaixo, p. 51.

nos campos de concentração – seres humanos devem ter sido confundidos a tal ponto com carne de açougue."[1]

Essa rememoração evoca outra e faz surgir a imagem das desumanas cidades operárias do sul de Daca, onde os operários, refugiados da partição e guardados por policiais armados, são amontoados em fileiras de "cubas de cimento, laváveis com jatos de água", que avivam a lembrança dos "galinheiros organizados especialmente para a ceva dos gansos".[2] Nos dois casos, o habitat é reduzido a um "ponto de ligação às margens do esgoto comunal", e a vida é "reduzida ao exercício das funções de excreção"[3] – funções de excreção cuja gestão obrigava justamente os passageiros do *CapitainePaulLemerle* à promiscuidade dos "acocoramentos coletivos", o que parece ter constituído o aspecto mais insuportável da travessia, para Lévi-Strauss. Essas imagens e analogias diversas têm algo de bizarro; são ao mesmo tempo amostra de certa dificuldade a apreender o impensável e da obscura consciência de que aquela história lhe diz respeito diretamente na qualidade de judeu, por mais assimilado que ele seja. Lévi-Strauss não menciona em seu relato, mas, graças ao testemunho de André Breton, sabemos que, no desembarque do navio, os policiais de Fort-de-France o receberam com insultos antissemitas.[4] Sem tratar do assunto em *Tristes trópicos*, o etnólogo anota: "Eu sabia que, de modo lento e progressivo, [tais situações] começavam a surdir como água pérfida de uma humanidade

---

1 Claude Lévi-Strauss, *Tristes tropiques, op. cit.*, p. 116. Ver Vincent Debaene, "Portrait de l'ethnologue en Lazare", *in* Michel Izard (org.), *LéviStrauss*, Cahiers de L'Herne, n. 82, 2004, p. 102-104.

2 Claude Lévi-Strauss, *Tristes tropiques, op. cit.*, p. 116.

3 *Ibidem*.

4 "A um jovem erudito dos mais insignes, que fora chamado a prosseguir suas obras em Nova York: "Em Pointe-Rouge (é o nome de um dos campos de concentração da ilha) [...] Não, o senhor não é francês, o senhor é judeu, e os ditos judeus franceses para nós são piores que os judeus estrangeiros'" (André Breton, *Martinique charmeuse de serpents*, in *Œuvres complètes*, Paris, Gallimard, "Bibliothèque de la Pléiade", t. III, p. 387).

PREFÁCIO

saturada de seu próprio número [...], como se sua epiderme tivesse sido irritada pelo atrito resultante de trocas materiais e intelectuais exacerbadas pela intensidade das comunicações."[1] Aqui Lévi-Strauss alinha-se a certas reflexões de seu tempo, que veem na explosão demográfica da espécie humana a ameaça mais grave que pesa sobre um planeta de recursos limitados.[2] Mas isso o conduz a uma conclusão singular, ou seja, a recusa de atribuir posição de excepcionalidade ao Holocausto: a barbárie que a Europa conheceu infelizmente não pode se reduzir ao "resultado da aberração de um povo, de uma doutrina ou de um grupo humano. Nisso eu prefiro ver um sinal prenunciador de uma evolução rumo ao mundo finito, que o Sul da Ásia viveu um milênio ou dois antes de nós".[3] E é nesse sentido que se pode compreender a curiosa fórmula de 1954, segundo a qual Lévi-Strauss em 1941 "não desconfiava até que ponto [a travessia no *CapitainePaulLemerle*] seria simbólica dos tempos futuros".[4]

A partir da década de 1950, a antropologia de Lévi-Strauss parece silenciosamente trabalhada pela lembrança e pela possibilidade do Holocausto (que nunca é nomeado). Há outro sinal desse trabalho subterrâneo: o curioso surgimento da figura de Lázaro no artigo "Diogène couché",* em 1954. Nesse longo artigo, virulenta resposta aos ataques de Roger Caillois a "Raça e história" (tão virulenta que Lévi-Strauss sempre se recusará a republicar o texto), o etnólogo é comparado à personagem do Novo Testamento que, voltando à vida, fica marcada por sua passagem pela morte: de volta à civilização, o etnólogo "não retorna igual ao que era na partida". "Vítima de uma espécie de desenraizamento crônico: nunca mais se sentirá em casa em lugar nenhum,

---

1 Claude Lévi-Strauss, *Tristes tropiques, op. cit.*, p. 17.
2 Ver Wiktor Stoczkowski, *Anthropologies rédemptrices, op. cit.*, p. 213-242.
3 Claude Lévi-Strauss, *Tristes tropiques, op. cit.*, p. 140.
4 *Ibidem*, p. 9.
* Literalmente, "Diógenes deitado". [N.T.]

permanecerá psicologicamente mutilado. [...] Não circula entre o país dos selvagens e o dos civilizados: seja qual for o sentido em que vá, retorna dos mortos [...] e, se conseguir voltar, depois de ter reorganizado os membros desarticulados de sua tradição cultural, continuará sendo um ressuscitado."[1] Ora, Lázaro, no início da década de 1950, é a grande alegoria mobilizada para designar e pensar o sobrevivente que retorna dos campos de concentração. Ela é encontrada especialmente em Maurice Blanchot e Jean Cayrol, dois autores provenientes de universos intelectuais muito diferentes do de Lévi-Strauss, e a coincidência, por isso mesmo, é mais perturbadora.[2] É também nessa época que Lévi-Strauss escreve *Tristes trópicos*, cuja composição pode-se acreditar ter sido subterraneamente guiada pela analogia inconsciente entre o destino do judeu sobrevivente da Europa e o do índio aniquilado pela modernidade ocidental, ambos "preias" – "preia de campo de concentração" aquele, "preia caída na armadilha da civilização mecânica" este,[3] ambos obrigados a reorganizar os "membros desarticulados" de uma tradição cultural que se estilhaçou. Trazer à luz os princípios de tais reorganizações passará a ser o objetivo do trabalho antropológico de Lévi-Strauss.

É difícil não ver aí um momento de mudança: Lévi-Strauss não abandona a política; abandona a posição de *expert* e o ideal de articulação entre análise erudita e prescrição política. Se considerarmos sua trajetória individual, o início da década de 1950 repete em certo sentido a crise do retorno do trabalho de campo em 1939. O retorno à França após a segunda expedição brasileira fora marcado

---

1 Claude Lévi-Strauss, "Diogène couché", art. citado, p. 1.217.
2 Maurice Blanchot, "La littérature et le droit à la mort" (1947), reproduzido em *De Kafka à Kafka*, Paris, Gallimard, 1981. Jean Cayrol, *Lazare parmi nous*, Paris, Seuil, 1950.
3 Claude Lévi-Strauss, *Tristes tropiques*, *op. cit.*, respectivamente p. 10 e p. 29. Ver Vincent Debaene, "Cadrage cannibale. Les photographies de *Tristes tropiques*", *Gradhiva*, nº 27, 2018, p. 90-117.

PREFÁCIO

– como ocorre com frequência nos etnólogos – por um período de perturbações profundas, tanto pessoais quanto intelectuais, traduzidas pela separação da primeira esposa, Dina, e de tentativas literárias frustradas, girando em torno da questão da vocação e da realização individual.[1] Alguns meses depois, a fuga e o exílio em Nova York o obrigam a empreender uma reconstrução pessoal, profissional e teórica.[2] O início da década de 1950 subverte de novo a situação de todos esses planos, e a escrita de *Tristes trópicos*, que coincide com a redistribuição de suas coordenadas pessoais, desempenha, sem a menor dúvida, papel terapêutico que possibilita sair desse período e, ao mesmo tempo, assenta as bases de um estruturalismo integral que desiste do que ainda devia à tentação de uma sociologia legisladora. Daí por diante, a obra de Lévi-Strauss divide-se em duas vertentes: de um lado, a busca de inteligibilidade a partir dos vestígios que subsistem fora de uma história catastrófica (e, em sua mente, o genocídio dos índios da América não é essencialmente diferente da destruição dos judeus da Europa[3]) – busca cujo princípio é dado em *O Pensamento selvagem* e cujo resultado ocupará os quatro volumes de *Mitológicas*, baseadas nos mitos e em tudo o que a coleta etnográfica pôde reunir como testemunhos dos usos antigos, anteriores à Conquista; de outro, as sombrias reflexões sobre a espécie humana em seu conjunto, que a relacionam a seu ambiente e ao conjunto dos seres vivos; tais reflexões serão objeto de "Raça e cultura", mas tam-

---

1 Ver "En marge de *Tristes tropiques*", *in* Claude Lévi-Strauss, *Œuvres, op. cit.*, p. 1628-1650.

2 Laurent Jeanpierre, "Les structures d'une pensée d'exilé", art. citado.

3 Lévi-Strauss traça um paralelo entre campos de extermínio, destruição das sociedades arcaicas e destruição das espécies vegetais e animais, num texto pouco conhecido, de rara virulência: o discurso proferido quando lhe foi dado o prêmio Erasmus em 1973 ("Discurso de Claude Lévi-Strauss", *Praemium Erasmianum,* Amsterdam, Stichting Praemium Erasmianum, 1973, p. 24-28). Sobre essas questões, ver Salvatore D'Onofrio, *LéviStrauss face à la catastrophe*, Sesto San Giovanni, Mimésis, 2018.

bém de alguns artigos de *O olhar distanciado* ou de alguns trechos de *Histoire de Lynx*.* Em 1949, o etnólogo sonhava em ser diplomata, "falando todas as línguas" e contribuindo para a colaboração entre sociedades; agora, junto a uma humanidade "cheia de si mesma" e condenada por seus próprios excessos, é como intercessor pelos não humanos que ele se concebe, fiel às "lições" das pequenas comunidades por ele estudadas, que nunca consideraram o homem como "senhor e mestre da Criação, livre para se outorgar direitos exorbitantes sobre todas as manifestações da natureza e da vida".[1]

Os textos aqui reunidos são anteriores a essa mudança; são testemunhos de um tempo em que Lévi-Strauss ainda concebia a história como uma força cujo curso podemos orientar. Mas esse ideal é abandonado em seguida: a ordem lógica que o antropólogo vai se empenhar em trazer à luz será, a partir daí, encontrada contra a história, ou pelo menos contra a história praticada hoje em escala planetária, história fundamentalmente concebida como teatro de um enfrentamento em que o desequilíbrio de forças é tal que conduz à aniquilação das coletividades em confronto, dispersando formas simbólicas, das quais já não podemos senão colher fragmentos.

É um último sentido desse "zero" tão essencial à gênese do estruturalismo: o fonema zero de Roman Jakobson e o grau zero da escrita de Roland Barthes sem dúvida designam coisas precisas e, para Lévi-Strauss, o significante zero constitui a própria condição da comparação entre entidades simbólicas distintas. Mas o termo também tem a vantagem de cristalizar conotações históricas fundamentalmente contraditórias, que, é verdade, representam o renascimento e o recomeço, mas também o horror e o impensável; lembremos *Alemanha ano zero*,

---

* Ed. bras.: *História de Lince*, Companhia das Letras, São Paulo, 1993, trad. Beatriz Perrone-Moisés. [N.T.]
1 "Discurso de Claude Lévi-Strauss", art. citado, p. 27-28.

de Roberto Rossellini, o "homem no ponto zero", de Blanchot[1] ou o homem "no estado zero" de Cayrol – não apenas a promissora *tabula rasa* com que Lévi-Strauss podia sonhar ao sair da guerra, mas também um pressentimento cuja assustadora confirmação é a catástrofe ecológica por vir: a consciência trágica de que a civilização carrega em si sua própria aniquilação.

---

[1] Ver Maurice Blanchot, "L'homme au point zéro", *La Nouvelle Revue française*, nº 40, abril de 1956.

NOTA SOBRE ESTA EDIÇÃO

ESTA COLETÂNEA É ORGANIZADA EM quatro partes não cronológicas. Na verdade, a única ordem cronológica de que dispomos é a das datas oficiais de publicação dos artigos que a compõem. Ocorre que, naqueles anos conturbados e por período tão breve, ela não pode ser considerada indicativa da data real de publicação nem da data de redação ou de concepção dos textos. Mas a organização temática também se impunha por outras duas razões: primeiramente, por fidelidade ao modelo das "antropologias estruturais" concebido pelo próprio Lévi-Strauss para seus livros; em segundo lugar, para evitar uma leitura simplesmente "patrimonial" dos artigos aqui reunidos: não se trata de juntar os escritos de juventude de um grande autor[1] ou de esclarecer a gênese de sua obra, mas sim de tornar disponíveis textos esquecidos ou desconhecidos cuja atualidade não se perdeu ou muitas vezes foi restituída pelo estado de nosso mundo presente.

---

1 Aliás, esta coletânea não é exaustiva; deixamos de lado alguns textos escritos entre 1943 e 1947, muito breves na maioria, que nos pareceram circunstanciais ou demasiadamente técnicos.

NOTA SOBRE ESTA EDIÇÃO

As referências das publicações originais são dadas no fim do volume. Doze desses dezessete artigos foram inicialmente publicados em inglês, mas ainda não se sabe se Lévi-Strauss os escreveu diretamente nessa língua – eventualmente com a ajuda de alguém – ou se os traduziu a partir de um texto original francês. Em certos casos, essa publicação foi seguida de outra, na versão original francesa (capítulos I, XII) ou de uma tradução em francês, feita pelo próprio Lévi-Strauss do original inglês (capítulo VIII). Como as versões originais francesas dos capítulos II e XI não foram encontradas, apresentamos uma retradução a partir da tradução inglesa feita por Patricia Blanc em 1942. Quando a tradução é nossa (capítulos II, IV, IX, XI, XIII, XIV, XV, XVI, XVII), isso está indicado no fim dos capítulos em questão.

Tentamos aproveitar as ilustrações que acompanhavam os artigos no momento de sua publicação original, ainda que isso nem sempre tenha sido possível por razões técnicas. As fotos extratexto que ilustravam os capítulos XV, XVI, XVII eram de péssima qualidade para serem aproveitadas, e conservamos apenas aquelas das quais obtivemos uma reprodução de qualidade. O capítulo XII, por sua vez, é em parte ilustrado pelas imagens originais (quando pudemos encontrá-las), em parte por fotografias recentes dos objetos que figuravam na versão de 1943.

Este volume não poderia ter vindo a lume sem o incentivo e o acompanhamento cordial de Monique Lévi-Strauss, que me instou a retomar esse projeto antigo, e sem as preciosas conversas e discussões com Laurent Jeanpierre e Frédéric Keck, que lhe deram origem. Aos três, meus calorosos agradecimentos. Este trabalho também deve muito a diferentes interlocutores que tiveram a bondade de reler o prefácio ou as traduções, ou de colaborar comigo em algum ponto em particular: Marie Desmartis, Eléonore Devevey, Frédéric Keck, Emmanuelle Loyer, Gildas Salmon, Thomas Hirsch, Samuel Skippon. Por fim, Maurice Olender acompanhou a concepção desta obra com um olhar benevolente e soube fazer-me preciosas sugestões, como leitor sempre preocupado com a "boa distância".

Antropologia
estrutural zero

História e método

I
A SOCIOLOGIA FRANCESA

A Marcel Mauss[1]

I

A SOCIOLOGIA FRANCESA NASCEU PRECOCEMENTE e ainda padece da divisão que, na origem, havia entre a ousadia de suas previsões teóricas e a falta ou a insuficiência de dados concretos. A sociologia – palavra e coisa – foi criada por Auguste Comte; ele a concebeu não só como ciência nova, mas também como a mais elevada das ciências humanas, destinada a abarcar e coroar o trabalho de todas as outras disciplinas. Infelizmente, estas não tinham, então, muito para lhe oferecer, e a sociologia de Comte ficou suspensa entre suas ambições esmagadoras

---

1 O texto inglês de 1945 esclarecia: "pensando em seu sexagésimo segundo aniversário [em 1942], vivido sob duas opressões" – alusão provável à sua aposentadoria compulsória do Collège de France e à requisição de seu apartamento, em 1942, que o obrigava a viver num pequeno apartamento térreo "frio, escuro e sujo" (segundo suas próprias palavras numa carta a Ignace Meyerson). *(Nota do editor francês.)*

e a fragilidade de seu fundamento positivo. Essa situação difícil prolongou-se até o início do século XX. O novo interesse que se manifestou recentemente em todo o mundo e em particular em ambientes de língua inglesa pelos objetivos e métodos da sociologia francesa mostra que a crise foi em grande parte superada. Embora a tumultuosa adesão a Malinowski possa parecer, acreditamos, equivocada, a fidelidade de Radcliffe-Brown é mais significativa: desde *The Andaman Islanders*, que começa com uma citação do prefácio de Henri Hubert ao *Manual de história das religiões* de Chantepie da Saussaye, até seu artigo de 1935 "On the Concept of Function in Social Science"[1], ele sempre reconheceu a importantíssima contribuição de Durkheim e de seus confrades para a metodologia das ciências sociais. É notório o grande interesse por Durkheim que o período passado na Universidade de Chicago por Radcliffe-Brown despertou nos jovens sociólogos e etnólogos americanos.[2] Uma de suas numerosas consequências foi a tradução de *Regras do método sociológico*,[3] quarenta anos depois de sua publicação. Nada mais justo do que observar que homens como Redfield não esperaram tanto tempo assim para expressar seu interesse; em seu último livro, ele cita mais uma vez Durkheim como uma de suas principais fontes de inspiração.[4] O interesse por Durkheim e pela escola durkheimiana não diminuiu nos Estados Unidos durante estes últimos anos; ao con-

---

[1] Alfred Radcliffe-Brown, *American Anthropologist*, new series, vol. 37 (3), 1935, p. 394.

[2] Fred Eggan (org.), *Social Anthropology of North American Tribes*, Chicago, University of Chicago Press, 1937.

[3] Émile Durkheim, *The Rules of Sociological Method*, Chicago, University of Chicago Press, 1938.

[4] Robert Redfield, *The Folk Culture of Yucatán*, Chicago, University of Chicago Press, 1941, prefácio, p. X; e p. 343.

trário. Basta citar os atentos comentários de Lowie[1] e de Parsons[2], bem como a recente publicação de artigos[3] e até de um livro[4] sobre o assunto. Embora remontem ao primeiro quartel do século XX e mesmo aos últimos anos do XIX, as principais contribuições da escola francesa ainda não pertencem ao passado.

A principal razão desse renascimento de interesse aparecerá mais adiante. Está ligada essencialmente ao fato de que o pensamento francês previu, há muito tempo, que a sociologia é uma ciência do mesmo tipo que as outras e que sua finalidade última é a descoberta de relações gerais entre os fenômenos. Mas há outra razão, menos importante sem dúvida, que deveria ser indicada já de início. A sociologia padeceu durante muito tempo, em outros países – Grã-Bretanha e Estados Unidos em especial –, da existência de compartimentos estanques entre ela e a etnologia. Exemplos notáveis como os de Linton, Redfield e Warner mostram que não é assim; mas o próprio fait e seus inconvenientes eram ressaltados há poucos anos por Kroeber: "A persistência com que essas duas disciplinas teoricamente aliadas, nascidas mais ou menos na mesma época na Europa ocidental, ficaram em geral separadas propõe, em si mesma, um problema interessante na história da cultura. Sugere que são inspiradas por grupos distintos de motivos e visam a fins diferentes."[5] Como Kroeber também mostra, isso nunca ocorreu na França. Caberia relacionar esses "diferentes

---

1   Robert H. Lowie, *The History of Ethnological Theory*, Nova York, Farrar and Rinehart, 1937.

2   Talcott Parsons, *The Structure of Social Action*, Nova York, McGraw-Hill Book Co., 1937.

3   John Sholtz, "Durkheim's Theory of Culture", *Reflex*, 1935. Harry Alpert, "Émile Durkheim and the Theory of Social Integration", *Journal of Social Philosophy*, 6, january 1941, p. 172-184.

4   Harry Alpert, *Émile Durkheim and his Sociology*, Nova York, Columbia University Press, 1939.

5   Alfred L. Kroeber, "History and Science in Anthropology", *American Anthropologist*, new series, vol. 37 (14), 1935, p. 559.

grupos de motivos" ao fato de que a sociologia, considerada como uma técnica à disposição do grupo para se fortalecer e funcionar de modo mais eficaz, exige mentes prontas a aceitar a ordem social, enquanto a etnologia se apresentou frequentemente como um refúgio para os indivíduos mediocremente integrados ao meio? Talvez. Então encontramos facilmente a resposta para o problema suscitado pelo caso francês. Desde Montaigne, a filosofia social quase sempre esteve ligada à crítica da sociedade. Reunindo os fatos, buscava-se sobretudo reunir argumentos. É verdade que a sociologia moderna nasceu do desígnio de reconstruir a sociedade francesa após a destruição provocada primeiro pela Revolução Francesa, depois pela guerra de 1870. Mas, por trás de Comte e Durkheim, há Diderot, Rousseau e Montaigne. Na França, a sociologia permanecerá herdeira desses primeiros ensaios de pensamento etnográfico e, por isso mesmo, crítica.[1]

Para evitar mal-entendidos, é preciso ressaltar algumas outras características da sociologia francesa. Ela não se considera jamais uma disciplina isolada, trabalhando em seu domínio próprio, mas sim um método ou uma atitude em relação aos fenômenos humanos. Portanto, não há necessidade de ser sociólogo para fazer sociologia. Na França, sob o manto de outras disciplinas, prosseguem com sucesso muitos estudos que, em outros lugares, lhe seriam atribuídos. Esse é o caso da escola francesa de "geografia humana", cujos representantes, apesar de formados apenas como geógrafos, realizaram obra sociológica, geralmente na forma de monografias dedicadas aos aspectos humanos, assim como ecológicos, de uma região ou de um país. Cabe citar, entre os trabalhos de geógrafos profundamente imbuídos de espírito sociológico: Jules Sion, *Les Paysans de la Normandie orientale* (Paris, 1909); Robert Dion, *Essai sur la formation du paysage rural français* (Tours, 1934); Pierre Gourou, *Esquisse d'une étude de l'habitation annamite* e

---

[1] Ver, a respeito, René Hubert, *Les Sciences sociales dans l'Encyclopédie* (1928), e René Maunier, *Introduction à la sociologie* (1929).

Les Paysans du delta tonkinois (Paris, 1936). A mesma tendência manifesta-se ainda mais nos geógrafos mais jovens: Pierre Monbeig, Jean Gottmann e outros.

A sociologia francesa, graças a seu universalismo, pôde contribuir para a renovação de várias ciências humanas. Adiante, falaremos mais da contribuição de Simiand para a ciência econômica. Mas disciplinas aparentemente muito distanciadas tiraram proveito do mesmo impulso: por exemplo, a linguística, cujos mestres europeus modernos, Ferdinand de Saussure (*Cours de linguistique générale*, 1916)[*] e Antoine Meillet (*Introduction à l'étude comparative des langues indoeuropéennes*, Paris, 1903; *La Méthode comparative en linguistique historique*, Oslo, 1925; *Linguistique historique et linguistique générale*, Paris, 1921-1936, 2 vol.), em várias ocasiões reconheceram sua concordância com o ensinamento de Durkheim e sua dívida para com ele.

Donde, por parte da sociologia francesa, certa soberba que não deixa de ser notada pelos representantes das outras ciências sociais e de provocar alguma irritação. Como a sociologia francesa foi desde logo capaz de dimensionar toda a amplitude de seu campo teórico[1] – muito antes de poder esgotá-lo –, era inevitável que outras disciplinas, procedendo de acordo com seus próprios métodos, deparassem com ela no meio do caminho. Esses encontros teriam sido úteis para todas (e o foram em muitos casos) se, de vez em quando, o sociólogo não assumisse ares de mãe que assiste com orgulho aos primeiros passos dos filhinhos, dando conselhos. Disso nem sempre gostaram alguns trabalhadores incansáveis, que tinham plena consciência de estar realizando um trabalho original. Estes, algumas vezes, expressaram sua impaciência, e não sem amargura: foi o que ocorreu com historiadores

---

[*] Ed. bras. mais recente: *Curso de linguística geral*, Parábola Editorial, São Paulo, 2021, trad. Marcos Bagno. [N.T.]

[1] Ver, a respeito, Marcel Mauss, "Division et proportions des divisions de la sociologie", *L'Année sociologique*, nouvelle série, 1924-1925.

e geógrafos, no brilhante livro de Lucien Febvre e Lionel Bataillon, *La Terre et l'Évolution humaine* (Paris, 1922);[1] ou nas discussões mais recentes entre Maurice Halbwachs, discípulo de Durkheim, e Albert Demangeon, grande sociólogo e grande geógrafo, embora refratário ao imperialismo ocasional da escola durkheimiana;[2] e, por fim, na crítica à obra de Simiand, feita por Marc Bloch, que não impediu este último de realizar, no campo histórico, a obra eminente de caráter realmente sociológico que todos conhecem.[3]

Em dois casos ao menos – além do caso dos linguistas –, a cooperação e o reconhecimento mútuo foram aceitos por ambas as partes sem reservas. O primeiro foi o de Henri Hubert, que trabalhava simultaneamente no campo da sociologia da religião (em colaboração com Mauss) e no da história e da arqueologia, com seus livros *Les Celtes et l'Expansion celtique jusqu'à l'époque de la Tène* e *Les Celtes depuis l'époque de la Tène et la Civilisation celtique* (Paris, 1932).[4] O segundo foi o de Marcel Granet, cujos livros são uma emanação direta da escola

---

[1] *Geographical Introduction to History*, tradução inglesa (Nova York, Alfred A. Knopf, 1925). Ver também o verbete "History", de Henri Berr et Lucien Febvre, na *Encyclopedia of the Social Sciences*, 7, 357-368.

[2] Albert Demangeon, *La Plaine picarde*; e (em colaboração com Lucien Febvre) *Le Rhin* (Paris, 1935).

[3] Marc Bloch, "Le salaire et les fluctuations économiques à longue période", *Revue historique*, t. 173, 1934, p. 1-31, e os livros do mesmo autor: *Les Rois thaumaturges* (Estrasburgo, 1924) [Ed. bras.: *Os reis taumaturgos*, Companhia das Letras, São Paulo, 2018, trad. Júlia Mainardi – N.T.]; *Les Caractères originaux de l'histoire rurale française* (Oslo, 1931); *La Société féodale* (Paris, 1939) [Ed. port.: *A sociedade feudal*, Edições 70, Coimbra, 2018/2022, trad. Liz Silva. – N.T.]. A revista dirigida por Marc Bloch a partir de 1929, *Annales d'histoire économique et sociale*, é sociológica e histórica.

[4] Tradução inglesa: *The Rise of the Celts* (Nova York, Alfred A. Knopf, 1934) e *The Greatness and Decline of the Celts* (Londres, George Rutledge and Sons, 1934).

durkheimiana.[1] O caráter aventuroso de suas últimas reconstruções[2] não deve levar a esquecer suas contribuições anteriores: elas lançam fortes luzes sobre a estrutura social da China arcaica. Portanto, não só a linguística e a geografia, mas também a arqueologia europeia e a história antiga de Extremo Oriente, foram fecundadas pela influência sociológica. Essa influência atingiu até mesmo a "vanguarda". Durante os anos que antecederam imediatamente a Segunda Guerra Mundial, o "Collège de Sociologie", sob a direção de Roger Caillois, tornou-se um ponto de encontro para sociólogos, de um lado, e pintores e poetas surrealistas, de outro. A experiência foi bem-sucedida. Essa estreita colaboração entre a sociologia e todas as correntes e tendências de pensamento voltadas para o Homem e o estudo do Homem é um dos traços mais característicos da escola francesa.[3]

É nessa perspectiva que se deve compreender a contribuição dada pela sociologia francesa à psicologia, à etnologia, ao direito e à economia. Sem se dissociar das tradições anteriores, a sociologia definiu, para cada delas, uma maneira particular de abordar os problemas. Ela não se preocupa muito em saber quem põe em prática seus pontos de vista, se pensadores independentes ou sociólogos de estrita formação. Por conseguinte, às vezes é difícil deslindar, numa exposição breve, o que pertence à sociologia propriamente dita e o que provém

---

[1] Marcel Granet, *Fêtes et chansons anciennes de la Chine* (Paris, 1919); *La Polygynie sororale...* (Paris, 1920) ; *La Religion des Chinois* (Paris, 1922) ; *Danses et légendes de la Chine ancienne* (Paris, 1926, 2 vol.); *La Civilisation chinoise* (Paris, 1929); *La Pensée chinoise* (Paris, 1934).

[2] Marcel Granet, *Catégories matrimoniales et relations de proximité dans la Chine ancienne*, Paris, 1939.

[3] Ver todo o trabalho do Centre international de synthèse dirigido por Henri Berr, com a colaboração de numerosos sociólogos, e *Les Sciences sociales en France* de Raymond Aron, Albert Demangeon, Jean Meuvret e outros (Paris, Centre d'études de politique étrangère, 1937). Ver também o artigo mais antigo de Émile Durkheim e Paul Fauconnet: "Sociologie et sciences sociales", *Revue philosophique*, maio de 1903.

de outras disciplinas. O leitor que se interessar por um estudo mais completo encontrará informações no pequeno livro de Célestin Bouglé, *Bilan de la sociologie française contemporaine* (Paris, 1935), e na obra de Georges Davy: *Sociologues d'hier et d'aujourd'hui* (Paris, 1931).[1] Auguste Comte não abria espaço para a psicologia em seu sistema. Durkheim e Mauss, ao contrário, sempre insistiram na natureza psíquica dos fenômenos sociais. Isso é evidente já no artigo de Durkheim publicado em 1898 na *Revue de métaphysique et de morale*, "Représentations individuelles et représentations collectives". Durkheim admitia a possibilidade de uma nova psicologia, ao mesmo tempo objetiva e experimental, que permitisse conciliar os dois caracteres dos fatos sociais, simultaneamente "coisas" e "representações". Como mostrou Charles Blondel (*Introduction à la psychologie collective*, Paris, 1928), Comte não se opunha tanto à psicologia em si mesma quanto à psicologia introspectiva e metafísica de seu tempo. Mas Durkheim não se limita a ressaltar o aspecto mental dos processos sociais.[2] Ele chegou progressivamente à conclusão de que pertencem ao reino dos ideais e consistem essencialmente em valores.[3]

Embora Durkheim considere a sociologia uma espécie de psicologia, trata-se de uma psicologia de natureza particular, irredutível à psicologia individual. Esse é o sentido de sua oposição a Gabriel de Tarde[4], para quem todos os fenômenos sociais podem ser explicados

---

[1] Ver também Paul Fauconnet, "The Durkheim School in France", *Sociological Review*, 19, 15-20, janeiro, 1927.

[2] Émile Durkheim, *Les Règles de la méthode sociologique*, prefácio à 2ª edição, Paris, Alcan, "Bibliothèque de philosophie contemporaine", 1901. [Ed. bras.: *As regras do método sociológico*, Martins Fontes, São Paulo, 2007, trad. Paulo Neves e Eduardo Brandão. – N.T.]

[3] *Idem*, "Jugements de valeur et jugements de réalité", *Revue de métaphysique et de morale*, 1911; Célestin Bouglé, *Leçons de sociologie sur l'évolution des valeurs*, Paris, Armand Colin, 1922.

[4] Gabriel Tarde, *Les Lois de l'imitation*; *Essais et mélanges sociologiques*; *La Logique sociale* (1895); *Études de psychologie sociale*; *Les Lois sociales* (1898); *L'Opinion et la Foule* (1901) [Ed. bras.: *A opinião e as massas*, Martins Fontes, São Paulo, 2005, trad. Paulo Neves e Eduardo Brandão – N.T.].

por processos psicológicos individuais, ou seja, por imitação e moda. Apesar do caráter radical da crítica que Durkheim lhe faz em *Le suicide* (Paris, 1897),* é provável que, à luz da aproximação cada vez mais estreita entre sociologia e psicologia, Gabriel de Tarde tenha percebido pelo menos alguns elementos do problema; seria interessante, com base nas ideias modernas sobre a difusão das culturas, fazer um novo juízo sobre sua obra quase esquecida. Como indicava Blondel (*Introduction à la psychologie collective*, já citada), a oposição entre Durkheim e de Tarde não era tão grande quanto ambos acreditavam.

Durante os últimos anos, a psicologia (com a psicanálise, a gestalt e o estudo dos reflexos condicionados) mais contribuiu para a sociologia do que recebeu. Na França, porém, prevalecia a tendência oposta. Enquanto Daniel Essertier procurava aproximar os resultados da psicologia e os da sociologia (*Les Formes inférieures de l'explication; Psychologie et sociologie*, ambos de 1927; *La Sociologie*, 1930), um sociólogo como Halbwachs e um psicólogo como Blondel não hesitavam em rever os problemas psicológicos à luz de dados sociológicos.[1]

O conflito foi declarado no terreno que o próprio Durkheim havia escolhido: o problema do suicídio. Contra Albert Bayet (*Le suicide et la Morale*, Paris, 1923) e Maurice Halbwachs (*Les Causes du suicide*, Paris, 1930), que seguiam pelo caminho aberto por Durkheim e estendiam a análise, respectivamente, ao domínio da história das morais e ao da motivação social, psiquiatras como Achille-Delmas e Maurice de Fleury reivindicavam uma explicação estritamente psicológica e individualista para o suicídio. É significativo que a síntese tenha sido empreendida por um psicólogo com mentalidade sociológica, Blondel, em seu livro *Le suicide* (1933).

---

* Ed. bras.: *O suicídio*, Martins Fontes, São Paulo, 2000, trad. Monica Stahel. – N.T.

1 Maurice Halbwachs, *Les Cadres sociaux de la mémoire*, Paris, Alcan, 1925; Charles Blondel, *La Conscience morbide*, Paris, Alcan, 1914; "Les volitions", *in* Georges Dumas (org.), *Nouveau traité de psychologie*, Paris, Alcan, 1932.

Já sabemos que na França a sociologia e a etnologia trabalham juntas. Essa cooperação se expressa de maneira orgânica no Instituto de Etnologia da Universidade de Paris, dirigido conjuntamente – até 1938 – por Marcel Mauss, Lucien Lévy-Bruhl e o Dr. Paul Rivet, este último também diretor do Museu do Homem. O mesmo espírito de colaboração inspira o ensino da École nationale de France d'outremer,[1] que tem em vista fins mais práticos. No entanto, cumpre distinguir várias tendências.

Em primeiro lugar, há os escritores independentes cuja tradição é anterior à constituição da escola durkheimiana; estes optaram por seguir sua própria linha, em vez de se alinharem à nova ortodoxia. Não podemos deixar de fazer menção aqui, entre eles, a Émile Nourry (Saintyves); sua obra, de caráter folclórico, pode ser indiretamente ligada à sociologia. O caso de Arnold van Gennep é diferente: folclorista também,[2] publicou vários livros sobre assuntos mais amplos: *Tabou et totémisme à Madagascar* (1904), *Les Rites de passage* (1909), *Religion, mœurs et légendes* (1908-1912), *L'État actuel du problème totémique* (1920). René Maunier, jurista interessado sobretudo na legislação e nos costumes do Norte da África, trabalhou em associação mais estreita com o grupo Rivet-Mauss.

---

1 Nas possessões coloniais francesas, institutos especializados fazem não só pesquisas sociológicas, como também linguísticas, arqueológicas e etnológicas. Os mais importantes desses institutos são a École française d'Extrême-Orient, o Institut de l'Afrique noire, o Institut des hautes études marocaines e o Institut des hautes études sahariennes. Em relação às pesquisas socioantropológicas nas possessões coloniais francesas, podemos citar: Alfred Grandidier, *Histoire... de Madagascar* (1875-1917); Maurice Delafosse, *HautSénégal Niger* (1912, 3 vol.); *The Negroes of Africa*, tradução de F. Fligelman (Washington, Associated Publishers, 1931); Henri Labouret, *Les Tribus du rameau Lobi* (1931); *Les Manding* (1934); *Les Pêcheurs de Guet N'dar* (1935); Robert Montagne, *Les Berbères et le Makhzen* (1930); *Villages et kasbas berbères* (1930).

2 Arnold van Gennep, *Le Folklore* (1920); *Le Folklore de la Bourgogne* (1934); *Le Folklore du Dauphiné* (1932-1935, 2 vol.); *Le Folklore de la Flandre et du Hainaut* (1935-1936, 2 vols.); *Manuel de folklore français contemporain*, vol. 3 e 4 (os dois primeiros publicados), 1937-1938.

Publicou *Études de sociologie et d'ethnologie juridique* (a partir de 1931), e seus trabalhos compreendem tratados gerais: *Essai sur les groupements sociaux* (1929), *Introduction au folklore juridique* (1938), *Sociologie coloniale* (1932-1936, 2 vols.) bem como monografias: *La Construction collective de la maison en Kabylie* (1926); "Recherches sur les échanges rituels en Afrique du Nord" (*L'Année sociologique,* nouvelle série 2, 1927); *Mélanges de sociologie nordafricaine* (1930).

A obra de Lévy-Bruhl permaneceu estreitamente associada à escola de Durkheim, apesar de ambos terem proclamado seus desacordos teóricos.[1] Seus primeiros livros sobre Jacobi e Comte ainda pertencem à esfera filosófica. Em *La Morale et la Science des mœurs* (1903), percebe-se que seu interesse se voltou para outro lado: ele buscou assentar os fundamentos de um estudo indutivo das morais. A partir de 1910 (com *Les Fonctions mentales dans les sociétés inférieures*), ele se dedica à descrição e à análise da mentalidade primitiva: *La Mentalité primitive* (1922); *L'Âme primitive* (1927); *Le Surnaturel et la Nature dans la mentalité primitive* (1931); *La Mythologie primitive* (1935); *L'Expérience mystique et les Symboles chez les primitifs* (1938). Enquanto Georges Gurvitch (*Morale théorique et science des mœurs*, 1937) reivindicava para os valores morais a mesma realidade experimental dos costumes e das regras, Paul Rivet e Raoul Allier afirmavam que é possível encontrar também nos civilizados os traços distintivos da mentalidade primitiva segundo Lévy-Bruhl. Por outro lado, Olivier Leroy (*Essai d'introduction critique à l'étude de l'économie primitive*, 1925) destacava o lado positivo da mentalidade primitiva.

Na obra de Durkheim e na de Mauss, não se pode separar sociologia e etnologia. O elo é especialmente evidente no artigo que Durkheim publicou no primeiro volume de *L'Année sociologique* sobre a proibição

---

[1] Ver Georges Gurvitch, "The Sociological Legacy of Lucien Lévy-Bruhl", *Journal of Social Philosophy*, 5, 61-70, 1939.

do incesto, "La prohibition de l'inceste", e em seus livros *De la division du travail social* (1893, tradução americana de G. S. Simpson, Nova York, 1933)* e *Les Formes élémentaires de la vie religieuse* (1912, tradução inglesa, Londres, 1915).** Durkheim e Mauss publicaram, em colaboração, um ensaio que abria novos caminhos: "De quelques formes primitives de classification" (*L'Année sociologique*, vol. 6, 1901-1902); mesmo padecendo de um excesso de simplificação, só podemos lamentar que esse ensaio não tenha sido seguido por outros. Com Mauss, a influência etnográfica torna-se predominante. Suas primeiras publicações, em colaboração com Henri Hubert, são dedicadas a problemas de sociologia religiosa ("Essai sur le sacrifice", *L'Année sociologique*, vol. 2, 1897-1898; "Esquisse d'une théorie générale de la magie", *ibidem*, vol. 7, 1902-1903; *Mélanges d'histoire des religions*, 1909, 1909). Três ensaios de Mauss exerceram influência considerável tanto sobre seus contemporâneos quanto sobre os sociólogos mais jovens. Verdadeiras joias do pensamento socioetnográfico francês, são eles: "Les variations saisonnières dans les sociétés eskimo" (*L'Année sociologique*, vol. 9, 1904-1905); "Essai sur le don, forme archaïque de l'échange" (*ibidem*, nouvelle série, vol. 1, 1923-1924);*** "Une catégorie de l'esprit humain: la notion de personne, celle de 'moi'" (Huxley Memorial Lecture, *Journal of the Royal Anthropological Institute of Great Britain and Ireland*, vol. 68, 1938). Um jurista, Paul-Louis Huvelin, também deu sua contribuição para o problema da magia, com: "La magie et le droit individuel" (*L'Année sociologique*, vol. 10, 1906) e "Les tablettes

---

* Ed. bras.: *Da divisão do trabalho social*, Martins Fontes, São Paulo (várias edições), trad. Eduardo Brandão. [N.T.]

** Ed. bras.: *As formas elementares da vida religiosa*, Edipro, 2021, trad. R. Faraco Benthien e R. Andrade Weiss. [N.T.]

*** Publicado no Brasil em forma de livro, com introdução de Claude Lévi-Strauss, inclui o "Esboço de uma teoria geral da magia", *Ensaio sobre a dádiva*, Cosac-Naify, São Paulo, 2003, trad. Paulo Neves. [N.T.]

magiques et le droit romain" em *Études d'histoire du droit commercial romain*" (organizado por Henri Lévy-Bruhl, 1929).

A influência de Mauss é exercida tanto sobre os teóricos quanto sobre os pesquisadores. Entre os primeiros, pode-se citar "La magie et le droit" de Georges Gurvitch (em *Essais de sociologie*, 1938), *Éléments de sociologie religieuse* (1935) de Roger Bastide[*] e – num campo ligeiramente diferente – os ensaios de Roger Caillois sobre o mito e o sacro (*Le Mythe et l'Homme*, 1938; *L'Homme et le Sacré*, 1939). Entre os segundos: Alfred Métraux, *La Religion des Tupinamba* (1928)[**]; Maurice Leenhardt, *Notes d'ethnologie néocalédonienne* (1930) e *Documents néocalédoniens* (1932); e Marcel Griaule, *Masques dogons* e *Jeux dogons* (1938).

Durkheim e Mauss sempre proclamaram desconfiança em relação à história geral; alguns historiadores da civilização, porém, inspiraram-se neles, em particular no que diz respeito à história das ideias. Pode-se acrescentar à obra já citada de Granet, sobre o pensamento e a cultura chinesa, o *Essai sur la formation de la pensée grecque* (1934) de Pierre-Maxime Schuhl. Cabe mencionar, em outro campo, os trabalhos eruditos, mas simplistas, de Georges-Henri Luquet: *L'Art néocalédonien* (1926); *L'Art et la religion des hommes fossiles* (1926); *L'Art primitif* (1930). Além da arte primitiva, a inspiração sociológica chegou à estética geral, como por exemplo nos livros de Charles Lalo: *L'Art et la Vie sociale* (1921) e *L'Expression de la vie dans l'art* (1933).

Durkheim estava convencido de que a análise etnográfica dos fenômenos sociais devia e podia conduzir a uma síntese explicativa que mostrasse como as formas modernas se originaram de formas mais simples. Propôs os princípios metodológicos tanto da análise quanto

---

[*] Ed. bras.: *Elementos de sociologia religiosa*, Instituto Metodista, São Paulo, 1990. [N.T.]

[**] Ed. bras.: *A religião dos tupinambás*, Cia. Editora Nacional, São Paulo, 1950, trad. Estêvão Pinto. [N.T.]

da síntese em seu principal livro, *Les Règles de la méthode sociologique* (1894; tradução americana, 1938). Um livro mais antigo, *De la division du travail social* (1893), era por ele considerado um primeiro exemplo dessa reconstrução sintética; por essa mesma razão, talvez, esse é seu trabalho mais fraco. Alguns discípulos seus, porém, conservaram essa grande ambição; como Georges Davy, *La Foi jurée* (1922) e Georges Davy e Alexandre Moret, *Des clans aux empires* (1923). Nesse assunto, Mauss mostrou mais reservas: ver "La civilisation: le mot, l'idée" (em *Centre international de synthèse*, 1re semaine, fasc. 2, 1930).

Por fim, a síntese de Durkheim acabaria por redundar em conclusões morais. Reconhece-se esse aspecto de seu pensamento em vários livros e artigos: *Éducation et sociologie* (1922); *L'Éducation morale* (1925); "La détermination du fait moral" (*Bulletin, Société française de philosophie*, 1906, reproduzido em *Sociologie et philosophie*, 1924); "Introduction à la morale" (*Revue philosophique*, 1920); "La morale professionnelle" (publicado postumamente na *Revue de métaphysique et de morale*, 1937)*. A moral de Durkheim foi estudada por Georges Gurvitch, "La morale de Durkheim" (em *Essais de sociologie*, 1938).[1]

Durkheim e seus confrades deram especial atenção à sociologia do direito. Em "Deux lois de l'évolution pénale" (*L'Année sociologique*, vol. 4), Durkheim sugere um método que seria desenvolvido por dois discípulos seus, Paul Fauconnet, com *La Responsabilité* (1920), estudo dedicado à evolução da noção de responsabilidade, desde suas primeiras formas objetivas até sua individualização moderna, e Georges Davy, com *La Foi jurée* (1922), que descobre no potlatch as origens do direito contratual. Albert Bayet (*La Science des faits moraux*, 1935; *La Morale des Gaulois*, 1930) ressalta, em outro sentido, os conflitos e as intro-

---

* Algumas eds. bras.: *Educação e sociologia*, Vozes, Rio de Janeiro, 2013, trad. Stephania Matousek; *A educação moral*, Vozes, Rio de Janeiro, 2008, trad. Raquel Weiss; *Educação e sociologia*, Melhoramentos, São Paulo (várias edições), trad. Lourenço Filho. [N.T.]

1 Ver também Roger Lacombe, *La Méthode sociologique de Durkheim*, Paris, Alcan, 1926.

missões entre a lei codificada e a moral não cristalizada do grupo. De maneira análoga, Jean Ray (*Essai sur la structure logique du Code civil français*) mostra na lei escrita não o trabalho de uma razão abstrata, mas a tradução concreta da vida do grupo e de suas necessidades. Em *Le Droit, l'Idéalisme et l'Expérience* (1922), Georges Davy examina de modo penetrante as relações entre a sociologia e o pensamento jurídico moderno. Intelectual extremamente original, Emmanuel Lévy contribui para o progresso desse tema com sua interpretação sociológica de noções jurídicas como o crédito e o contrato: Emmanuel Lévy, *L'Affirmation du droit collectif* (1903); *Le Fondement du droit* (1929); *La Vision socialiste du droit* (1926).

A mais copiosa contribuição à sociologia do direito, porém, foi a de Georges Gurvitch, diretor de *Archives de philosophie du droit et de sociologie juridique* e autor de numerosos livros em que analisa e expõe o desenvolvimento histórico da ideia de direitos sociais. São eles: *L'Idée du droit social* (1932); *Le Temps présent et l'Idée du droit social* (1932); *L'Expérience juridique* (1936); *Sociology of Law* (Nova York, Philosophical Library, 1942); *La Déclaration des droits sociaux* (1944)

No campo da sociologia econômica, o nome de François Simiand predomina sobre todos os outros. Ele combateu a ideia de que a economia é uma ciência abstrata, racional, e mostrou que ela não pode ser isolada das outras disciplinas dedicadas ao estudo do homem, especialmente da sociologia e da história.[1] A maneira como esse grande intelectual aborda os problemas pode ter a sociedade moderna como objeto, mas não deixa de mostrar semelhança com a análise dos grupos primitivos feita por Mauss. Em seu livro *La Méthode positive en science économique* (1912), Simiand faz uma crítica contundente à economia dedutiva e mostra os sofismas implicados na ideia de *homo œconomicus*. Suas conferências mimeografadas no Conservatório Na-

---

1 Célestin Bouglé, "La méthodologie de François Simiand et la sociologie", *Annales sociologiques*, série A., fasc. 2, 1936.

cional de Artes e Ofícios [Conservatoire national des arts et métiers] (*Cours d'économie politique professé en 19281929 et 19301931*, 3 vols.) expõem uma classificação fundamental: "espécie" (indústria, agricultura, comércio...), "regimes" (cooperação, artesanato...) e "formas" (concentração, dispersão...). Em dois livros publicados com 25 anos de intervalo, *Le Salaire des ouvriers des mines de charbon en France* (1907) e *Le Salaire, l'Évolution sociale et la Monnaie* (1932, 3 vols.), ele define uma interpretação das mudanças econômicas que receberia o nome de "monetarismo social": a ênfase recai na vontade do grupo, mostrando como empregadores e trabalhadores procuram manter o nível de vida e como, por conseguinte, o movimento geral dos preços depende do volume da circulação monetária. Todas as flutuações estão ligadas, afinal, às variações da produção de ouro. Teoria desenvolvida e circunstanciada em *Recherches sur le mouvement général des prix* (1932) e em *Les Fluctuations économiques à longue période et la Crise mondiale* (1932). Os historiadores[1] ressaltaram com ironia que a sociologia parecia aceitar o tipo de explicação mais contingente. No entanto, por trás da produção de ouro estão o grupo social e seus técnicos, e com isso toda a cultura ocidental. Assim, tal como Mauss, Simiand busca a explicação nos "fatos sociais totais", e não nos acidentes históricos.

Uma parte importante da obra de Maurice Halbwachs abrange tanto a economia política quanto a morfologia social. Durkheim designava com esta expressão o estudo do grupo sob o ponto de vista de sua base concreta (geográfica, demográfica e estrutural). Halbwachs desenvolveu essa noção em seu livro *Morphologie sociale** (1938), boa exposição do que foi feito nesse sentido em outros países. Um primeiro ensaio sobre morfologia social foi o *Essai sur le régime des castes* (1908) de Célestin Bouglé, enquanto Georges Gurvitch buscava des-

---

[1] Marc Bloch, "Le salaire et les fluctuations économiques à longue période", art. citado.

* Ed. port.: *Morfologia social*, Edições 70, Lisboa, 2010, trad. Fernando de Miranda. [N.T.]

cobrir o fundamento de uma morfologia qualitativa em "Les formes de la sociabilité" (em *Essais de sociologie*). Nos dois livros, *La Classe ouvrière et les Niveaux de vie* (1913) e *L'Évolution des besoins dans les classes ouvrières* (1933), Halbwachs apresentava um método sociológico que possibilitou determinar o que é classe social, valendo-se de critérios mais gerais que os do economista. Também aqui percebemos um esforço para atingir o "fato social total", no caminho que Mauss abrira em seu primeiro ensaio de morfologia: "Les variations saisonnières dans les sociétés eskimo" (*L'Année sociologique, op. cit.*).

Esta exposição das principais tendências da sociologia francesa mostra que ainda hoje o ponto de vista de Durkheim e de Mauss exerce considerável influência. Portanto, não podemos fazer nenhum julgamento sobre a sociologia francesa sem analisar mais de perto seus princípios e métodos. Dedicaremos a essa tarefa a segunda parte deste artigo.

II

Em *AS FORMAS ELEMENTARES DA VIDA RELIGIOSA* encontra-se tudo o que constitui a grandeza e a fraqueza da obra de Durkheim. Em primeiro lugar, o princípio fundamental de seu método, que também é o princípio fundamental de todo método sociológico: "Quando uma lei tiver sido provada por uma experiência bem-feita, essa prova é válida universalmente."[1] Assim são eliminadas todas as ciladas do método comparativo. Mas também há contradições: "Por mais simples que seja o sistema que estudamos, nele encontramos todas as grandes ideias e todas as principais atitudes rituais que estão na base das religiões, mesmo das mais avançadas: distinção das coisas entre sagradas e profanas,

---

1 Émile Durkheim, *Les Formes élémentaires de la vie religieuse*, Paris, PUF, 1912, p. 593.

noções de alma, espírito, personalidade mítica, divindade nacional e até internacional, culto negativo com as práticas ascéticas que são sua forma exasperada, ritos de oblação e de comunhão, ritos imitativos, ritos comemorativos, ritos expiatórios, nada falta de essencial."[1] Portanto, essa religião (ou seja, a religião australiana) pode ser uma religião *simples*; não é uma religião *elementar*. É o que pode estar implicado na frase com que começa a obra *As formas elementares da vida religiosa*: "Propomos estudar neste livro a religião mais primitiva e mais simples conhecida atualmente [...] em sociedades cuja organização não é superada por nenhuma outra em simplicidade", uma religião que pode ser explicada "sem a intervenção de nenhum elemento tomado de empréstimo a alguma religião anterior".[2] É evidente que encontramos aí uma confusão entre os pontos de vista histórico e lógico; entre a busca das origens e a descoberta das funções. Se, como dizia o próprio Durkheim de maneira um tanto ambígua, toda religião, mesmo sendo uma "espécie de delírio",[3] não pode ser "puramente ilusória";[4] se, apesar do fato de os objetos do pensamento religioso serem "imaginários",[5] "uma instituição humana não poderia se fundamentar no erro e na mentira",[6] então o estudo direto e a análise de qualquer religião deveriam bastar para trazer à tona a sua explicação, ou seja, a função que ela desempenha na sociedade em que é encontrada. Se, por outro lado, se exige o estudo das formas "anteriores", é porque já não é possível explicar o fenômeno em questão apenas do ponto de vista funcional, o que Durkheim teria aceitado facilmente – ainda que Malinowski o tenha batizado de pai do funcionalismo: "Um fato pode existir sem ser

---

1 *Ibidem*, p. 593.
2 *Ibidem*, p. 1.
3 *Ibidem*, p. 124.
4 *Ibidem*, p. 596.
5 *Ibidem*, p. 600.
6 *Ibidem*, p. 3.

vir para nada, quer por nunca ter sido ajustado a nenhuma finalidade vital, quer porque, depois de ter sido útil, perdeu toda utilidade, continuando a existir apenas pela força do hábito. De fato, há mais sobrevivências na sociedade do que no organismo."[1] Se assim fosse, o método histórico deveria ser preponderante em sociologia: "todas as sociedades nasceram de outras sociedades";[2] no entanto, o que Durkheim aceita é um princípio de explicação inteiramente diferente: "A origem primeira de todo processo social de alguma importância deve ser buscada na constituição do meio social interno."[3] Essa oscilação entre o que hoje se chamaria ponto de vista funcional e ponto de vista histórico é especialmente marcante no importante artigo de Durkheim "A proibição do incesto"; nele, os etnólogos podem encontrar uma interpretação notavelmente clara da gênese dos sistemas australianos de oito classes a partir da intersecção de uma dicotomia matrilinear baseada na filiação com uma dupla divisão patrilinear baseada na residência.[4] Do ponto de vista sociológico, porém, a tese geral é menos satisfatória. Sabe-se que Durkheim, ao mesmo tempo que propõe uma crítica radical da teoria que, mais tarde, viria a ser de Malinowski, explica o tabu do incesto pelo horror ao sangue menstrual, horror baseado em crenças totêmicas. A aceitar-se essa teoria, a única conclusão seria que os tabus de incesto entre nós não passam de puras sobrevivências, desprovidas de qualquer significado sociológico atual. Mas Durkheim não pode aceitar essa conclusão; então se torna fácil entender os princípios fundamentais das *Regras*: "O órgão é independente da função; [...] as causas que o fazem ser são independentes dos fins aos quais ele serve."[5] Os

---

1 Émile Durkheim, *Les Règles de la méthode sociologique*, op. cit., p. 112.

2 *Ibidem*, p. 129.

3 *Ibidem*, p. 138.

4 *L'Année sociologique*, vol. I.

5 Émile Durkheim, *Les Règles de la méthode sociologique*, op. cit., p. 113; e, mais adiante, a distinção fundamental (tomada de empréstimo a Alfred R. Radcliffe-Brown) entre *causa*

pontos de vista histórico e funcional também são importantes, mas é preciso utilizá-los independentemente um do outro. Essa é, pelo menos, a primeira conclusão que vem à mente. Mas, antes de buscar saber como Durkheim tenta restabelecer a unidade de seu sistema, vale a pena examinar a estrutura fundamental desse dualismo.

O fenômeno social não poderá ser explicado, e a própria existência do estado de cultura será ininteligível, se o simbolismo não for tratado pelo pensamento sociológico como uma condição *a priori*. Durkheim tinha consciência nítida da importância do simbolismo, mas ainda não suficiente: "sem símbolos, os sentimentos sociais só poderiam ter existência precária".[1] Poderia ter dito: não teriam existência alguma. Mas sua hesitação, apesar de ligeira, é reveladora: mostra que aquele kantiano (nenhuma outra influência filosófica se exerceu com mais força em seu espírito) se negava a pensar de modo dialético, justamente no caso em que é inevitavelmente necessário recorrer a uma forma *a priori*. A sociologia não pode explicar a gênese do pensamento simbólico, precisa tomá-lo como dado. E, precisamente quando é necessário o método funcional, Durkheim volta-se para o método genético: busca deduzir o símbolo da representação, e o emblema, da experiência. Para ele, a objetividade do símbolo não passa de tradução ou expressão da "exterioridade" que é uma propriedade inerente aos fatos sociais.[2] A sociedade não pode existir sem simbolismo, mas, em vez de mostrar como o aparecimento do pensamento simbólico torna a vida social possível e necessária, Durkheim procura fazer o inverso, ou seja, fazer o simbolismo brotar do estado de sociedade. Ele acredita conseguir

---

e *função*, bem como a primeira definição sociológica da ideia de função: "O que se deve determinar é se há correspondência entre o fato considerado e as necessidades gerais do organismo social" (*ibidem*, p. 117). Durkheim esperava assim eliminar a busca da *intenção* na interpretação dos processos sociais.

1 Idem, *Les Formes élémentaires de la vie religieuse, op. cit.*, p. 330.
2 *Ibidem*, p. 331.

isso por meio de uma teoria engenhosa das origens da tatuagem, na qual descobre a transição entre o estado de natureza e o estado de cultura. Na verdade, ele considera a tatuagem quase instintiva, invocando o papel que ela desempenha em certas classes sociais.[1] Mas, ou a tatuagem é um verdadeiro instinto no homem, e todo o raciocínio naufraga, ou ela é um produto da cultura, e caímos num círculo vicioso.

Os sociólogos e psicólogos modernos resolvem tais problemas recorrendo à atividade inconsciente da mente; mas na época em que Durkheim escrevia, a psicologia e a linguística moderna ainda não tinham atingido seus principais resultados. Isso explica por que Durkheim se debatia naquilo que ele via como uma antinomia irredutível (e já então era um progresso considerável em relação ao pensamento do fim do século XIX, tal como ilustrado por Spencer, por exemplo): o caráter cego da história e o finalismo da consciência. Entre os dois evidentemente se encontra a finalidade inconsciente da mente. Durkheim viu com a maior clareza a necessidade de determinar, para o objeto próprio aos estudos sociológicos, níveis intermediários na realidade coletiva, mas recusou-se, de maneira bastante surpreendente, a adotar a mesma atitude em relação à realidade individual. No entanto, é nesses níveis intermediários ou inferiores – como o do pensamento inconsciente – que desaparece a oposição aparente entre indivíduo e sociedade e se torna possível passar de um ponto de vista ao outro. Assim se explica talvez a persistência dessa oposição em todo o seu sistema. Em primeiro lugar, definindo os princípios da classificação em sociologia, ele escreve: "Entre a multidão confusa das sociedades históricas e o conceito único, mas ideal, de humanidade, há intermediários: são as espécies sociais."[2] Depois acrescenta que seria preciso depreender as leis dos processos sociais não do estudo das "sociedades

---

[1] *Ibidem*, p. 331-333.
[2] Émile Durkheim, *Les Règles de la méthode sociologique, op. cit.*, p. 95.

históricas", como tentaram erroneamente Comte e Spencer, mas do estudo das "espécies" ou tipos. Donde decorre a impossibilidade, diz ele, de uma teoria qualquer da evolução unilinear da humanidade.[1]

É possível criticar os princípios metodológicos sobre os quais Durkheim edificou sua tipologia social: "As sociedades são compostas por partes acrescentadas umas às outras [...] essas partes constitutivas são sociedades mais simples que ela."[2] Pode-se pôr em dúvida a validade de qualquer morfologia genética que possibilite acompanhar a maneira como uma sociedade "se compõe consigo mesma e como seus compostos se compõem entre si".[3] Mesmo na sociedade mais simples, podemos encontrar cada um dos elementos do mais complexo. Mas, ainda que não tenha conseguido descobrir os fundamentos de uma consistente morfologia social, Durkheim pelo menos foi o primeiro que empreendeu a tarefa essencial de formular uma, tendo a clara visão de sua importância capital.

Durkheim reconhece, portanto, a existência de níveis intermediários que a sociologia reivindica como seu objeto de estudo, em oposição à história, de um lado, e à filosofia social, de outro. Ele se recusa, porém, a aceitar, na escala do indivíduo, intermediários análogos que possam representar a transição entre os pontos de vista psicológico e sociológico. Para além da diversidade incoerente dos processos históricos, ele não vê senão "tendências, necessidades, desejos dos homens".[4] Por isso, "a menos que se postule uma harmonia preestabelecida realmente providencial, não se pode admitir que, já na origem, o homem carregue em si – em estado virtual, mas prestes a despertar ao chamado das circunstâncias – todas as tendências cuja oportunidade deve

---

1 *Ibidem*, p. 96.
2 *Ibidem*, p. 100.
3 *Ibidem*, p. 100.
4 *Ibidem*, p. 113.

fazer-se sentir na sequência da evolução".[1] Visto que "uma tendência também é uma coisa; ela não pode se constituir nem se modificar pelo único motivo de o julgarmos útil".[2] E conclui: "Não há fins, e muito menos meios, que se imponham necessariamente a todos os homens."[3] "Portanto, se fosse verdade que o desenvolvimento histórico se faz em vista de fins sentidos de modo claro ou obscuro, os fatos sociais deveriam apresentar a mais infinita diversidade, e deveria ser impossível toda e qualquer comparação."[4] Todo esse raciocínio baseia-se na hipótese de que, na vida psicológica e social, só pode haver uma única espécie de finalidade, qual seja, a finalidade consciente. Mas as implicações teóricas da posição de Durkheim não deixam de ser notáveis. Segundo essas páginas, a evolução social, se fosse finalista, só poderia causar a desordem e uma multiplicidade inumerável de formas sem vínculo entre si. Por outro lado, é graças ao pressuposto de que os processos sociais não visam a nenhum fim que ele explica "a espantosa regularidade" com que "os fenômenos sociais se reproduzem nas mesmas circunstâncias".[5] E acrescenta: "Essa generalidade das formas coletivas seria inexplicável se as causas finais tivessem, em sociologia, a preponderância que lhes é atribuída."[6] Todo esse raciocínio é dirigido contra Comte e Spencer, portanto o serviço que Durkheim prestou à sociologia dificilmente pode ser superestimado: a sociologia não pode pretender tornar-se ciência se não se livrar das interpretações finalistas. Mas, se o finalismo for abandonado, será preciso substituí-lo por alguma outra coisa que possibilite compreender como os fenômenos sociais podem assumir o caráter de todos dotados de significado, de conjuntos

---

1 *Ibidem*, p. 114.
2 *Ibidem*.
3 *Ibidem*, p. 116.
4 *Ibidem*.
5 *Ibidem*, p. 117.
6 *Ibidem*.

estruturados. Durkheim sentiu a importância desse problema, e pode-se dizer que toda a sua obra é um esforço para descobrir sua solução. Seu fracasso não é devido a uma falta de clarividência, mas ao fato de que as ciências humanas mais avançadas, a psicologia e a linguística, naquele momento ainda não tinham conseguido elaborar, com a gestalt e a fonologia, os instrumentos metodológicos cujo auxílio é indispensável para a sociologia prosseguir em seu caminho.

Mas ele viu a direção correta e mostrou-a com firmeza aos confrades enquanto ia abrindo caminho entre duas ciladas do pensamento sociológico: a filosofia social, de um lado, e a história cultural, de outro. A análise cultural nunca atinge a espécie social, mas apenas fases históricas.[1] E o método monográfico, embora seja útil para reunir fatos, não deveria nos fazer esquecer que "o verdadeiro método experimental tende a substituir os fatos comuns, que só são demonstrativos desde que muito numerosos [...] por fatos *decisivos* ou *cruciais* [...] que [...] tenham valor e interesse científicos".[2]

Agora podemos dimensionar o caminho que a sociologia francesa percorreu de Émile Durkheim a Marcel Mauss. Este, que era sobrinho de Durkheim, foi de início associado a seu trabalho e colaborou para a preparação do livro que pode ser considerado – do ponto de vista metodológico pelo menos – a obra-prima de Durkheim: *O Suicídio*. É em *O Suicídio* que Durkheim respondeu antecipadamente à crítica que Kroeber faria, quarenta anos depois, à escola francesa representada por Marcel Mauss.[3]

É difícil não concordar com Kroeber quando ele atribui à "origem filosófica" do grupo de *L'Année sociologique* sua "repugnância [...] a

---

[1] *Ibidem*, p. 109, n. 1.
[2] *Ibidem*, p. 97-98.
[3] Alfred L. Kroeber, "History and Science in Anthropology", art. citado.

engajar-se ativamente em pesquisas de campo".[1] No entanto, é preciso fazer duas observações a respeito. No início do século XX, as escolas inglesa e americana já tinham acumulado uma quantidade tão grande de fatos, que não era ilegítimo, por parte da escola francesa, empreender a elaboração desses materiais, em vez de participar de uma coleta que em breve se tornaria cega e desprovida de significado. Nunca se pode dissociar o trabalho prático e o trabalho teórico; ao contrário, ambos se auxiliam e esclarecem mutuamente. Prova disso é o testemunho dos melhores especialistas: "Embora o professor Warner não siga Durkheim cegamente, sua obra mostra que a interpretação original do cerimonial primitivo feita por este último [...] era sólida. Há muito tempo estou convencido disso e, desde que tive a sorte de adquirir condições de entender a vida indígena na Austrália, fiquei maravilhado com o modo notável como Durkheim foi capaz de penetrar nessa vida por meio de Spencer e Gillen, Strehlow e alguns outros. Não se pode sustentar inteiramente a posição de Durkheim, mas sua obra continua sendo uma fonte de inspiração."[2]

O fato de a obra *As formas elementares da vida religiosa*, 25 anos depois de escrita por alguém que nunca fez trabalho de campo, poder ainda inspirar um ilustre pesquisador australiano é um feito raro, cumpre reconhecer. Por outro lado, a primeira geração dos discípulos de Durkheim foi dizimada durante a Grande Guerra, e os vazios ainda não foram preenchidos. Se homens como Robert Hertz[3] estivessem vivos, teriam obtido excelentes resultados na pesquisa. A geração mais jovem de sociólogos franceses, que atingiu a maturidade por volta de

---

1 *Ibidem*, p. 560.
2 A. P. Elkin, "Review of W. Lloyd Warner, *A Black Civilization*", *Oceania*, I, 1937-1938, p. 1191.
3 Robert Hertz, *Mélanges de sociologie religieuse et de folklore*, Marcel Mauss (org.), Paris, Bibliothèque de philosophie contemporaine, 1928. [Ed. bras.: *Sociologia religiosa e folclore*, Vozes, Petrópolis, 2016, trad. Guilherme João de F. Teixeira. – N.T.]

1930, nos últimos quinze anos renunciou quase inteiramente ao trabalho teórico (se bem que por tempo determinado, sem dúvida), a fim de preencher essa lacuna.[1]

Pode-se dizer propriamente que o julgamento de Kroeber sobre o trabalho de Mauss é mais surpreendente. Ele critica o que chama de "categorização", ou seja, "o agrupamento dos fenômenos sob conceitos como Dádivas e Sacrifício".[2] Vã empreitada, diz ele, "porque esses conceitos são extraídos da experiência comum, não científica, e não exatamente dos dados culturais sob investigação".[3] E acrescenta: "Nenhum físico ou biólogo abordaria seus dados do ângulo das categorias 'longo', 'achatado' ou 'redondo', por mais úteis e reais que essas noções sejam na vida cotidiana."[4] Essa crítica implica tantos mal-entendidos e levanta questões tão essenciais para a correta compreensão do ponto de vista sociológico francês, que vale a pena examiná-la de perto.

Nenhuma escola sociológica se dedicou tanto quanto a francesa ao problema da definição dos fatos científicos e da distinção entre eles e os que não o são. Nas *Regras*, Durkheim critica Spencer exatamente por ter confundido sob a categoria geral de "monogamia" duas instituições inteiramente diferentes: a monogamia *de facto,* encontrada nos níveis mais baixos de civilização, e a monogamia *de jure,* presente na sociedade moderna. Ele escreve: "Uma definição oportuna teria

---

[1] Africanistas como Marcel Griaule, Bernard Maupoil, Michel Leiris, Denise Paulme, Roger Bastide; americanistas como Jacques e Georgette Soustelle, Claude Lévi-Strauss, Henri Lehmann, Alfred Métraux e Georges Devereux – os dois últimos americanos que estudaram em Paris – e muitos outros relacionaram-se de modo resoluto com o Museu do Homem e o Instituto de Etnologia da Universidade de Paris, dirigidos pelo professor Paul Rivet. Por essa razão, os trabalhos deles têm caráter sobretudo antropológico e não podem ser estudados aqui. Mas nenhum deles renegaria sua dívida para com a escola de *L'Année sociologique* e, em particular, para com seu mestre, Marcel Mauss.

[2] Alfred L. Kroeber, "History and Science in Anthropology", art. citado., p. 560.

[3] *Ibidem*, p. 560.

[4] *Ibidem*.

evitado esse erro."[1] A exigência fundamental que deve ser satisfeita por uma definição objetiva é, por outro lado, tratar os fenômenos em função de um elemento unificador pertencente à natureza deles, e não em função da conformidade deles a uma noção mais ou menos ideal. Essa é exatamente a questão levantada por Kroeber. Eis a resposta: no momento em que o trabalho começa, no momento em que os fatos ainda não foram submetidos a uma elaboração, só é possível encará--los sob o aspecto de seus caracteres suficientemente exteriores para serem imediatamente visíveis. Não são os mais importantes; porém as camadas mais profundas, dotadas de maior valor explicativo, ainda são desconhecidas, e é preciso utilizar esses caracteres externos como ponto de partida.[2]

Durkheim e Mauss terão sido infiéis a seu próprio programa metodológico, como sugere Kroeber? Se de fato, por trás de categorias tão amplas quanto o Sacrifício, a Dádiva ou o Suicídio, não houver pelo menos *alguns* caracteres comuns a todas as formas – entre muitos outros diferentes –, e se isso não permitir utilizar essas categorias como pontos de partida para a análise, a sociologia fará bem em, nesse caso, desistir de qualquer pretensão científica, e o sociólogo deverá se conformar a acumular descrições de grupos individuais sem esperança de que esse acúmulo tenha uso algum dia, a não ser, talvez, para a história cultural.

Mas a questão é outra. Pois Durkheim e Mauss jamais afirmaram que essas categorias expressam a natureza última de seus dados. Muito pelo contrário, tentaram – e às vezes conseguiram – atingir, por trás delas, os elementos ocultos e fundamentais realmente constitutivos dos fenômenos. A conclusão de *O Suicídio* de Durkheim é bem conhecida: não há um suicídio, mas sim suicídios. O livro inteiro visa a

---

1 Émile Durkheim, *Les Règles de la méthode sociologique, op. cit.*, p. 48-49.
2 *Ibidem.*

diversificar a categoria ampla e superficial de suicídio em vários tipos irredutíveis: suicídio egoísta, suicídio altruísta, suicídio anômico. Já não é possível considerar essas categorias inteiramente válidas: observações novas foram coletadas desde 1897, em especial sobre o suicídio entre os povos primitivos, e hoje já não poderíamos manter a distinção nítida que Durkheim sugeria entre o suicídio nas sociedades primitivas e o suicídio nas sociedades modernas. As imperfeições do trabalho de Durkheim, devidas principalmente à ausência ou à insuficiência de dados, foram tão francamente reconhecidas por seus discípulos, que um deles, Maurice Halbwachs, escreveu um novo livro sobre o mesmo tema (*Les Causes du suicide* [Causas do suicídio]). Mas as críticas de Kroeber são de ordem metodológica e, nesse caso, é evidente que carecem de fundamento.

Pode-se responder da mesma maneira no que se refere a Mauss.

É verdade que ele escreveu sobre o Sacrifício (Henri Hubert e Marcel Mauss, *Mélanges d'histoire des religions*, 1909). Mas com que finalidade? Leiamos seus próprios comentários: "Ela [a sociologia] perceberá verdadeiras coalescências de fenômenos sociais: por exemplo, a noção tão disseminada do sacrifício ao Deus é explicada por uma espécie de fusão operada entre certos ritos sacrificiais e certas noções míticas."[1] Também: "Uma pesquisa séria conduz a reunir o que o vulgo separa, ou a distinguir o que o vulgo confunde."[2] A sociologia, como ele diz no mesmo texto, não pode se satisfazer com a descoberta de correlações: mostrar os casos em que as correlações não existem é tão importante quanto a contrapartida positiva. Uma boa explicação sociológica é obrigada a "dar conta não só das concordâncias, mas também das diferenças".[3] Seria até possível dizer que o objetivo essencial da escola

---
[1] Marcel Mauss e Paul Fauconnet, verbete "Sociologie" in *La Grande Encyclopédie* (vol. 30, Société anonyme de la Grande Encyclopédie, Paris, 1901).

[2] *Ibidem*.

[3] *Ibidem*.

francesa é acabar com as categorias do profano e agrupar os dados de acordo com uma classificação mais bem fundamentada. Conforme ressaltou Durkheim, a verdadeira e única base da sociologia é a morfologia social, ou seja, a parte da sociologia que tem a tarefa "de constituir e classificar os tipos sociais".[1]

Aqui cabe abrir um parêntese. Esse trabalho analítico (cujo grande precursor sempre será Lewis H. Morgan), que procura reduzir a complexidade concreta do dado para atingir estruturas mais simples, continua sendo a tarefa fundamental da sociologia; nesse aspecto, o *Ensaio sobre a dádiva* e *Les Variations saisonnières dans les sociétés eskimo* [As variações sazonais nas sociedades esquimós] de Mauss podem ser considerados modelos. No entanto, é preciso reconhecer que a escola francesa, por causa de suas origens filosóficas (por trás de Durkheim encontra-se Comte, e, por trás de Comte, Condorcet), às vezes foi tentada a prolongar seu trabalho analítico, impecável do ponto de vista metodológico, com uma tentativa menos satisfatória de síntese. Depois de reduzir o concreto a tipos, ela tentou organizar esses tipos em uma ou várias séries. Durkheim combateu a teoria da evolução unilinear, não tanto por ser unilinear ou por ser evolução, mas porque não estava satisfeito com o tipo de dados que Comte ou Spencer haviam desejado organizar em série. Substituiu os dados históricos que eles tinham utilizado por espécies ou tipos sociais; mas, mesmo lendo superficialmente *As Regras*, percebe-se que é preciso classificar esses tipos segundo uma ou várias séries genéticas. Essa tendência, que Durkheim nunca conseguiu superar completamente, continua manifesta neste ou naquele discípulo.[2] Mas ela é muito menos notável nos trabalhos recentes do que nos mais antigos.

Podemos voltar agora à discussão de Kroeber. Quando Durkheim estuda a divisão do trabalho, é para chegar a noções como a "soli-

---

[1] Émile Durkheim, *Les Règles de la méthode sociologique*, op. cit., p. 100.
[2] Na versão inglesa de 1945 lia-se: "em *La Responsabilité* de Fauconnet e *La Foi jurée* de Davy" como exemplos. *(Nota do editor francês.)*

dariedade orgânica" e a "solidariedade mecânica"; quando analisa o suicídio, formula a ideia de integração do indivíduo ao grupo; quando Mauss compara os diferentes tipos de dádiva, é para descobrir, por trás das formas mais diversas, a ideia fundamental de reciprocidade; quando acompanha a transformação histórica das concepções psicológicas do Eu, é para estabelecer uma relação entre as formas sociais e o conceito de personalidade. Essas categorias são boas ou ruins; podem revelar-se úteis ou ser erroneamente escolhidas;[1] mas, se não pertencerem à espécie de categoria que a sociologia tem o objetivo de definir e de analisar, digamos então que ela deve abandonar qualquer pretensão de se tornar um estudo científico. Elas não se assemelham às categorias de "longo", "achatado" ou "redondo", mas sim a categorias como "dilatação", "ondulação" ou "viscosidade", às quais o físico volta sua atenção por motivos justificados.[2] A física encontra seu objeto no estudo das propriedades abstratas dos gases, por exemplo – e não na descrição monográfica do aroma da rosa, da violeta, da terebentina ou do acetato de metila –, e de sua relação histórica no processo de diferenciação da vida orgânica.

---

[1] Mauss discute, por exemplo, o valor da oposição estabelecida por Durkheim entre a solidariedade "orgânica" e a solidariedade "mecânica" em *Da divisão do trabalho social* (Marcel Mauss, "Fragment d'un plan de sociologie générale", *Annales sociologiques*, série A., fasc. 1, 1934).

[2] Para tornar as coisas bem claras, citaremos de novo Mauss: "Vemos melhor agora em que consiste, em nossa opinião, a unidade do sistema sacrificial. Ela não provém, como acreditou Smith, do fato de que todas as espécies possíveis de sacrifício se originaram de uma forma primitiva e simples. Tal sacrifício não existe [...] todos os rituais sacrificiais que conhecemos já apresentam grande complexidade." Mas, "se o sacrifício é tão complexo, de onde provém sua unidade? É que, no fundo, sob a diversidade das formas que reveste, ele é sempre feito de um mesmo procedimento que pode ser empregado para os objetivos mais diferentes. Esse procedimento consiste em estabelecer uma comunicação entre o mundo sagrado e o mundo profano por intermédio de uma vítima, ou seja, de uma coisa destruída durante a cerimônia" (Henri Hubert e Marcel Mauss, "Essai sur le sacrifice", *L'Année sociologique*, vol. II, 1897-1898, p. 132-133). É difícil dizer que tratar assim a questão é "transformar a experiência em categorias não científicas".

Nesse aspecto, Mauss dá continuidade a Durkheim. O próprio Mauss sempre demonstrou que se considerava guardião da tradição durkheimiana. No entanto, há entre eles muitas diferenças que não provêm de nenhum desacordo, mas são devidas ao fato de que dez ou vinte anos contam muito na evolução de uma ciência jovem.

Em primeiro lugar, a mentalidade dos dois é diferente. Durkheim sempre permaneceu um mestre da velha escola. Ele chega laboriosamente a suas conclusões e as afirma de maneira dogmática. Teve formação de filósofo; e, embora sua informação sociológica e etnográfica tenha sido muito ampla, ele sempre a abordou de fora, como alguém habituado a assuntos diferentes e a outras maneiras de pensar. Além disso, no momento em que reuniu seus materiais, a etnologia de campo ainda não tinha começado a desenvolver-se, e os materiais que ele precisou empregar podem parecer insuficientes hoje em dia. A formação intelectual de Mauss, também filosófica – como ocorre com a maioria dos sociólogos franceses –, foi beneficiada pelo trabalho de desbravamento de Durkheim; e Mauss pôde ter acesso a materiais mais recentes, mais precisos e mais ricos. Durkheim pertence ao passado, ao passo que Mauss esteve a par do pensamento e das pesquisas etnográficas mais modernos. Além disso, sua memória fabulosa e sua curiosidade intelectual incansável possibilitaram-lhe edificar uma erudição à altura do mundo e da história: "Mauss sabe tudo", diziam seus alunos, entre irônicos e admirados, mas sempre respeitosos. Não só "sabe tudo", como também sua imaginação ousada e seu faro quase genial para a realidade social o autorizam a fazer um uso muitíssimo original de seus conhecimentos ilimitados. Em sua obra e, mais ainda, em sua docência brotam comparações imprevisíveis. Muitas vezes obscuro, devido ao uso constante de antíteses, concisões e paradoxos aparentes, nos quais se reconhece mais tarde o fruto de intuições mais profundas, ele de repente recompensa seu ouvinte com intuições fulgurantes que, durante meses, suscitarão reflexões. Em tais casos, sentimos ter atingido o fundo das coisas, "tocado a rocha", como diz ele em algum lugar. Esse esforço constante rumo ao essencial e essa vontade de passar no crivo, sem descanso, uma massa enorme de dados até que só reste o material mais puro, explicam por que Mauss preferiu o ensaio ao livro e por que sua obra escrita permaneceu tão restrita.

Essas diferenças intelectuais – em Durkheim uma mente mais produtiva e sistemática, mas também mais pesada e dogmática, em Mauss uma mente menos "atlética" e menos organizada, porém mais intuitiva e, seria até possível dizer, mais estética – não esgotam o paralelo. Em muitos aspectos, o método de Mauss é mais satisfatório que o de seu mestre. Já indicamos que ele quase escapou completamente da tentação das reconstruções sintéticas. Quando segue Durkheim, recusando-se a dissociar a sociologia da etnologia, não é por ver nos grupamentos primitivos os primeiros estágios da evolução social. Recorre-se a eles não porque gozem de uma anterioridade qualquer, mas porque permitem ver os fenômenos sociais em formas mais simples. Como certa vez o ouvimos dizer, é mais fácil estudar o processo digestivo na ostra do que no homem; isso não significa que os vertebrados superiores tenham sido moluscos outrora. Mauss também supera outra insuficiência do método de Durkheim. Este criticara constantemente o método comparativo empregado pela escola inglesa, por Frazer e Westermarck em especial,[1] mas, por sua vez, foi severamente criticado por ter (em *Formas elementares*) extraído conclusões universais da análise de um caso privilegiado. O método de Mauss mantém-se a igual distância desses perigos. Ele sempre mira um número pequeno de casos judiciosamente escolhidos, desde que representem tipos claramente definidos. Estuda cada tipo como um todo, tratando-o como um sistema; a espécie de relação que busca descobrir nunca é a existente entre dois ou vários elementos arbitrariamente isolados do conjunto da cultura, mas entre todos os seus componentes: é o que ele chama "fatos

---

[1] Ver suas resenhas perspicazes das publicações da época em *L'Année sociologique*. A maioria poderia ter sido escrita hoje.

sociais totais", fórmula muito feliz para caracterizar o tipo de estudo designado em outros lugares – e mais tarde – de funcionalista.

Vimos como Durkheim ficou preso entre sua atitude metodológica, que o faz considerar os fatos sociais como "coisas", e sua formação filosófica, que utiliza essas "coisas" como um terreno sobre o qual é possível estabelecer solidamente as ideias kantianas essenciais. Por isso ele oscila constantemente entre um empirismo de visão curta e um apriorismo desenfreado. A antinomia é evidente no seguinte texto: "Se os fenômenos sociológicos são apenas sistemas de ideias objetivadas, explicá-los é repensá-los em sua ordem lógica, e essa explicação é por si mesma sua própria prova; no máximo pode haver necessidade de confirmá-la com alguns exemplos. Ao contrário, somente experiências metódicas podem arrancar o segredo das coisas."[1] No entanto, Durkheim repetiu constantemente que essas coisas, ou seja, os fatos sociais, são "representações coletivas"; e o que esse termo pode designar, senão "sistemas de ideias objetivadas"? Se, por outro lado, a natureza dos fatos sociais é psíquica, nada impede de tentar "repensá-los em sua ordem lógica", embora essa ordem não seja imediatamente dada à consciência individual. Para resolver a antinomia factícia de Durkheim, é preciso reconhecer que esses sistemas objetivados de ideias são inconscientes ou que são possibilitados por estruturas psíquicas inconscientes subjacentes. Donde seu caráter de "coisas"; e, ao mesmo tempo, o caráter dialético – queremos dizer não mecânico – da explicação deles.

Mauss tem mais consciência que Durkheim do problema fundamental apresentado pela relação entre fenômenos sociológicos e fenômenos psicológicos. Embora nunca tenha escrito nada em contradição com o ensinamento do mestre,[2] ele é mais atento aos ecos da psicolo-

---

1 Émile Durkheim, *Les Règles de la méthode sociologique, op. cit.*, p. 176.
2 *Idem*, "Représentations individuelles et représentations collectives", *Revue de métaphysique et de morale*, 1898.

gia moderna e sempre esteve alerta para evitar que as pontes entre as duas ciências não se rompessem. Em seu verbete "Sociologie",[1] Mauss declara que, embora a sociologia seja uma espécie de psicologia especificamente distinta da psicologia individual, "não deixa de ser verdade que se passa dos fatos de consciência individual a representações coletivas por meio de uma série contínua de transições". Mais recentemente, ele tem insistido na necessidade da cooperação entre a sociologia, de um lado, e a psicanálise e a teoria do simbolismo, de outro. As hesitações de Durkheim em relação ao simbolismo desapareceram definitivamente: "A atividade da mente coletiva é mais simbólica que a da mente individual, mas no mesmo sentido." E, embora continue fiel a Durkheim quando escreve que adota inteiramente a noção de símbolo, oriunda da Religião e do Direito, restabelece imediatamente o contato com a psicologia ao concluir sua análise com a seguinte observação a respeito de Pavlov: o som musical que provoca salivação no cão é, ao mesmo tempo, a condição e o símbolo de sua resposta.

Opondo-se a Durkheim, Lévy-Bruhl protesta contra a tese de que as representações sociais e as atividades sociais seriam sínteses mais complexas e moralmente mais elevadas que as realizações individuais. Esse conflito não é novo na sociologia francesa. O ponto de vista individualista dos filósofos do século XVIII fora criticado pelos teóricos do pensamento reacionário, em especial por Bonald, pela razão de que os fenômenos sociais, que têm uma realidade *sui generis*, não são simplesmente uma combinação de fenômenos individuais. Uma tradição liga o individualismo ao humanismo; mas a pressuposição da especificidade do coletivo em relação ao individual parece também implicar tradicionalmente o valor mais elevado do primeiro em relação ao segundo. Não podemos examinar aqui se esse dilema deve ser considerado irredutível. Mas o deslizamento do objetivo para o normativo é

---

[1] Marcel Mauss e Paul Fauconnet, verbete "Sociologie" in *La Grande Encyclopédie, op. cit.*, p. 172.

quase tão visível em Durkheim quanto entre seus predecessores. Sem dúvida alguma, Durkheim era democrata, liberal e racionalista. No entanto, o prefácio à segunda edição de *Da divisão do trabalho social*, escrito em 1901, desperta ressonâncias perturbadoras quando relido hoje. Em *As formas elementares*, ele identifica, em algum ponto, a ordem social, cruel e injusta, com Satã.[1] No entanto, para um sistema que vê na vida social a justificação e a origem de toda atividade mental, é difícil manter uma distinção constante entre a Sociedade, considerada como a forma universal da vida humana, e as culturas concretas de cada grupo, que são suas únicas expressões visíveis. Um grupo em que os sentimentos coletivos são vigorosos é "superior" a outro em que o individualismo é preponderante: "Atravessamos uma fase [...] de mediocridade moral."[2] A tendência a conclusões normativas é ainda mais evidente em *As Regras*: "Nosso método, portanto, nada tem de revolucionário. Em certo sentido, ele é até essencialmente conservador, pois considera os fatos sociais como coisas cuja natureza, apesar de flexível e maleável, não é modificável à vontade."[3]

O método oposto é "perigoso". O trecho seguinte de *As formas elementares da vida religiosa* começa como uma refutação de Lévy-Bruhl e termina com uma apoteose do grupo: "A sociedade não é de modo algum o ser ilógico ou alógico, incoerente e caprichoso como muitos se comprazem em vê-la. Ao contrário, a consciência coletiva é a forma mais elevada da vida psíquica, pois é uma consciência de consciências [...], ela só vê as coisas por seu aspecto permanente e essencial [...] vê do alto, vê de longe [...] abarca toda a realidade conhecida."[4] Qualquer ordem social poderia invocar tal doutrina para esmagar a espontanei-

---

[1] Émile Durkheim, *Les Formes élémentaires de la vie religieuse*, op. cit., p. 601-602.
[2] *Ibidem*, p. 610.
[3] Émile Durkheim, *Les Règles de la méthode sociologique*, op. cit., prefácio, p. VII.
[4] *Idem*, *Les Formes élémentaires de la vie religieuse*, op. cit., p. 633.

dade individual. Os progressos morais, sociais ou intelectuais foram, primeiramente, efeito de uma revolta do indivíduo contra o grupo.

A concepção de Lévy-Bruhl sobre a mentalidade primitiva como "pré-lógica" hoje parece bizarra e fora de moda; mas não é possível compreendê-la sem a colocar nessa perspectiva. Durkheim descreve a vida social como a mãe e eterna nutriz do pensamento moral e do raciocínio lógico, da ciência e da fé. Lévy-Bruhl, ao contrário, acredita que tudo o que já foi realizado pelo homem não foi realizado sob a influência do grupo, mas contra ele; que a mente individual só pode estar adiantada em relação à mente do grupo. Mas, mesmo sendo fundamentalmente oposto a Durkheim, ele comete o mesmo erro: ele "hipostasia" uma função. A sociedade por ele representada, alógica, mística, dominada pelo princípio de "participação", é a contrapartida da Sociedade que Durkheim concebia como fonte inesgotável da ciência e da moralidade. A única diferença é que o indivíduo, aluno dócil da sociedade num caso, torna-se seu filho revoltado no outro. No entanto, ao propor sua análise da mentalidade pré-lógica, inteiramente dominada pelo grupo, Lévy-Bruhl procurava sobretudo dimensionar a importância capital da vantagem que acaba por ser obtida quando o indivíduo começa a pensar independentemente do grupo: essa vantagem seria o pensamento racional.

Assim, Lévy-Bruhl, mesmo desdenhando o que hoje parece a parte essencial do ensinamento de Durkheim, ou seja, a metodologia, permaneceu obcecado pelos perigos nela introduzidos pelas sobrevivências filosóficas. A primeira metade, ou quase, de sua obra é dedicada a uma sistemática nova. Caberá acreditar que ela também é uma sobrevivência? Lévy-Bruhl certamente quis trabalhar numa direção oposta à da síntese "Bonald-Comte-Durkheim". Talvez ele só a tenha feito retroagir. No entanto, ela não é mais aceitável no ponto de partida de uma pretensa evolução do pensamento humano do que em seu ponto de chegada, ou tomada como o termo de seu devir. Mauss ressalta com razão que, se o estudo das "participações" (em nossa mentalidade e na dos primitivos) é importante, o das "oposições" não o é menos.[1] Não existe estado primitivo de sincretismo e de confusão.

Durante a última parte de sua vida, Lévy-Bruhl tomou consciência cada vez mais aguda dessas contradições. Abandonou progressivamente suas primeiras tentativas de descrição da mentalidade primitiva considerada como específica e objetivamente diferente da mentalidade civilizada (*Les Fonctions mentales dans les sociétés inférieures*, 1910 [As funções mentais nas sociedades inferiores]; *La Mentalité primitive*, 1922 [A mentalidade primitiva]) para adotar uma atitude mais reservada: as categorias da mentalidade civilizada *não podem* ser utilizadas no estudo do pensamento primitivo.

Desse ponto de vista, sua luta contra a orientação intelectual de Tylor e de Frazer era justificada. Por si mesmos, aliás, os etnólogos que faziam trabalho de campo deviam renunciar aos preconceitos da velha escola. Os últimos livros de Lévy-Bruhl (a partir de *L'Âme primitive*, 1927 [A alma primitiva], até *L'Expérience mystique et les Symboles chez les primitifs*, 1938 [A experiência mística e os símbolos entre os primitivos]) continuarão oferecendo uma leitura fecunda que incita à reflexão. A documentação é ampla, e sua aplicação revela um senso sutil do sugestivo e do significativo. Uma mente excepcionalmente clara e um estilo delicioso encantam o leitor a cada instante. Poucas obras técnicas manifestam tanta naturalidade e prometem tanto prazer. Em sua obra ainda é possível sentir a integridade, o encanto e a generosidade de sua alma, depois que as primeiras conclusões foram podadas, por sugestão dele mesmo.

É difícil emitir um juízo definitivo sobre a obra de Georges Gurvitch, cujo término ainda não conhecemos. Assim como Lévy-Bruhl, ele é um daqueles pensadores independentes que, mesmo trabalhando em estreita cooperação com o grupo de *L'Année sociolo-*

---

[1] Marcel Mauss, "Rapports réels et pratiques de la psychologie et de la sociologie", *Journal de psychologie normale et pathologique*, 1924, p. 910-911.

gique, não fazem mistério de seu desacordo em relação à ortodoxia durkheimiana. Duas correntes distintas convergem no pensamento de Gurvitch: por um lado, a herança filosófica de Bergson e da fenomenologia; por outro, um sentimento de certos aspectos da experiência sociológica na sociedade moderna, agudizado por longa familiaridade com Proudhon e com a vida e a luta diárias dos sindicatos. De um lado, uma filosofia intuicionista; de outro, a apreensão intuitiva de certos aspectos da realidade social. No sistema de Gurvitch, a teoria e a prática sempre se sustentam mutuamente e convergem para a mesma interpretação. Essa interpretação, por sua vez, é ao mesmo tempo ontológica e metodológica: nela encontramos a afirmação de que a divisão da realidade humana entre indivíduo e sociedade é inteiramente fictícia; além disso, encontramos a ideia de que o debate tradicional entre os sociólogos sobre a natureza última dos fenômenos sociais é sem sentido, pois cada maneira de abordar o problema não passa de um ponto de vista particular sobre uma realidade complexa e diversificada.

A sociologia de Gurvitch é de inspiração jurídica; seu material é fornecido principalmente pela análise das transformações do direito na sociedade moderna – em especial no que diz respeito ao estatuto da propriedade e do trabalho. Essas transformações mostram que as concepções mais privilegiadas no século XVIII e no início do XIX, de um Estado abstrato, depositário do direito e do poder, suplantador do cidadão isolado, não puderam resistir à pressão de tendências e necessidades concretas. Em lugar dos esforços de juristas para sistematizar uma abstração, ele oferece um quadro variegado do que realmente aconteceu: a formação de uma multiplicidade de grupos, cada um dos quais engendra seu próprio direito, e o estabelecimento progressivo de um equilíbrio entre essas forças antagonistas. Segundo Gurvitch, a vida social, portanto, deveria ser considerada como o manancial de uma multiplicidade continuamente renovada de formas sociais. Esse é o fundamento de seu pluralismo ontológico.

Mas esse pluralismo é também metodológico; não consiste apenas em afirmar que a sociedade se reduz, afinal, a grupos nos quais nunca ocorre a dissociação entre coletivo e individual. Afirma também que a natureza desses grupos se expressa, do ponto de vista fenomenológico, numa multiplicidade de níveis: a base geográfica e demográfica da vida social, o sistema social dos símbolos, as organizações, o comportamento – fixado e não cristalizado –, o mundo das ideias e dos valores, enfim, a consciência coletiva. Esses níveis de realidade não se opõem, muito menos se excluem. O método de Gurvitch visa, portanto, a integrar num todo estruturado todos esses pontos de vista que os sociólogos geralmente consideraram incompatíveis. Seu realismo pluralista esteia um relativismo que é sua consequência e, por sua vez, serve de base para um empirismo positivo.

É difícil dizer antecipadamente se o sistema de Gurvitch, com sua extrema diversidade, poderá se manter sem falhas, pois não sabemos como ele se propõe a concluí-lo. Mas seu esforço é significativo: enquanto o grupo de *L'Année sociologique* sentiu cada vez mais a necessidade de se afastar de suas origens filosóficas e voltar o olhar para a etnologia, Gurvitch, ao contrário, vê a possibilidade de superar os conflitos tradicionais do pensamento sociológico no confronto entre uma posição filosófica francamente admitida e uma experiência sociológica vivenciada. É sem dúvida essa experiência concreta que constitui o fundamento autêntico de sua obra e lhe confere valor original e, ao mesmo tempo, significado. No entanto, pode-se esperar que as noções ricas e novas que Gurvitch até agora aplicou sobretudo à história das ideias logo se exprimam na análise de alguns aspectos concretos da realidade social.[1]

---

[1] Encontra-se um ponto de vista diferente sobre o pensamento de Gurvitch no excelente ensaio de Roger Bastide, "A Sociologia de Georges Gurvitch", *Revista do Arquivo Municipal de São Paulo*, 6 (68), 1940.

III

Que futuro se pode prever para a sociologia francesa?

Durante os últimos quarenta anos, seus principais progressos vêm sobretudo de ter abandonado, sob a influência de Mauss, o método das variações concomitantes e adotado o método dos resíduos. Durkheim considerava que o primeiro era o método fundamental nas ciências sociais.[1] Ele não percebia que, como todos os elementos componentes de dada cultura estão necessariamente interligados, o método das variações concomitantes devia dar sempre uma resposta positiva: em presença de duas séries quaisquer de variações, sempre aparecerá uma correlação. Foi assim que Durkheim conseguiu descobrir, nas sociedades ocidentais, uma correlação entre o progresso na divisão do trabalho e o crescimento da população, tanto em volume quanto em densidade. Célestin Bouglé pôs em prática uma hipótese análoga em seu livro sobre as ideias igualitárias (*Les Idées égalitaires*, 1899). Sem dúvida, existem correlações desse tipo, mas, ao contrário do que pensava Durkheim, elas não oferecem a explicação do fenômeno. Se as séries fossem escolhidas de outro modo, apareceriam outras correlações, provavelmente ao infinito.

O uso que Mauss faz das variações concomitantes é outro. Precisa delas, não tanto para conseguir uma síntese, como fazia Durkheim, quanto para dissociar as séries consideradas segundo as exigências de uma análise crítica. Mas, terminada essa análise, resta alguma coisa, e essa alguma coisa fornece a verdadeira natureza do fenômeno: "As diversas explicações com as quais se poderia tentar apresentar motivos para a crença nos atos mágicos deixam um resíduo que agora precisamos descrever [...]. É aí que [...] se situam as razões profundas dessa

---

1 Émile Durkheim, *Les Règles de la méthode sociologique*, op. cit., p. 159-166.

crença."[1] Esse método não contradiz o de Durkheim, mas o limita e aprofunda. A partir daí, o interesse recairá na análise, e não na síntese.

Outra consideração ajudaria a sociologia francesa a se manter na direção correta. Já vimos como Durkheim hesitou entre um ponto de vista exterior, empirista, sobre os fatos sociais considerados como "coisas", concebidas estas de maneira mecanicista e atomista, e um método que, embora também experimental, teria mais consciência do caráter dialético dos processos sociais. Dessa atitude hesitante decorre, pelo menos em parte, o erro de interpretação de Malinowski sobre o ensinamento de Durkheim, quando tenta transpô-lo em termos de comportamento: "Toda a substância de minha teoria da cultura [...] consiste em reportar a teoria de Durkheim aos termos da psicologia do comportamento."[2] Nada poderia estar mais distante de um correto entendimento do ponto de vista fundamental da sociologia francesa. Mas esta precisa se proteger de um perigo oposto, de querer salvar os direitos do pensamento racional à custa de um misticismo totalmente exterior que, mais tarde, se voltará contra o próprio pensamento racional. É a aventura de Lévy-Bruhl. Já vimos como, partindo de uma teoria sistemática do caráter "pré-lógico" do pensamento primitivo, ele se viu progressivamente restringido a um ponto de vista puramente crítico. Não se fala em "pré-logismo" impunemente. Saindo de um dogmatismo inicial, Lévy-Bruhl termina num agnosticismo completo: sobre o pensamento primitivo nada se pode dizer, senão que é inteira e totalmente diferente do nosso, que pertence ao reino de uma "experiência" de todo heterogênea. E esse mistério que cerca o pensamento primitivo contamina de modo sub-reptício o pensamento moderno: "O que precisaria ser explicado não é o fato de, em tantas sociedades mais ou menos primitivas, se acreditar com toda a simplicidade na ver-

---

[1] Henri Hubert e Marcel Mauss, "Esquisse d'une théorie générale de la magie", *L'Année sociologique*, vol. VII, 1902-1903, p. 106.
[2] Bronisław Malinowski, "Culture", *Encyclopedia of the Social Sciences*, 4, 236.

dade da maioria dessas fábulas, mas, ao contrário, por que, na nossa, há muito tempo se deixou de acreditar."[1] Assim, no início de sua obra, encontramos o pensamento civilizado estudando e julgando, do alto de sua posição segura, o caráter especificamente diferente do pensamento primitivo. Mas o pensamento moderno não tarda a descobrir em seu próprio seio esse mistério que supostamente o distinguia da mentalidade primitiva. Pareceram necessárias, primeiro, uma interpretação dogmática e, depois, uma atitude agnóstica em relação ao pensamento primitivo para salvar o pensamento racional e a liberdade individual. Por fim, é a mente moderna que se mostra inteiramente incapaz de compreender a mentalidade primitiva ao se reduzir a ser apenas o prolongamento dela.

O fracasso de Lévy-Bruhl sem dúvida alguma precaverá a sociologia francesa contra os perigos das teorias gerais. De fato, a era das construções dogmáticas parece definitivamente encerrada. Numa de suas últimas publicações anteriores à guerra, Mauss propunha à sociologia francesa o programa de pesquisas concretas mais detalhado e lúcido que já foi elaborado em seu país.[2] E suas conclusões provam que os sociólogos franceses perceberam claramente as causas de certas desventuras de seus predecessores: "O coroamento de todas essas observações biológicas, psicológicas e sociológicas, da vida geral dos indivíduos dentro de uma sociedade, é a observação, rarissimamente feita, daquilo que deve ser o princípio e o fim da observação sociológica, a saber, o nascimento, a vida, o envelhecimento e a morte de uma sociedade, a partir de três pontos de vista: sociológico puro, sociopsicológico, sociobiológico [...]. É pouco útil filosofar sobre sociologia geral quando ainda se tem tanto por conhecer e saber e quando se tem

---

[1] Lucien Lévy-Bruhl, *La Mythologie primitive*, Paris, PUF, 1935, p. 317.
[2] Marcel Mauss, "Fragment d'un plan de sociologie générale descriptive", *Annales sociologiques*, série A., fasc. 1, 1934.

depois tanto por fazer para compreender."[1] E em outro lugar: "É inútil discutir. É preciso observar e dosar."[2]

Para enfrentar essas novas tarefas, os sociólogos modernos certamente terão em mente o grande exemplo de Émile Durkheim. Durkheim, que tinha formação de filósofo e de historiador das religiões, mas não era praticante da etnografia, escreveu um livro para construir uma nova teoria da origem da religião, baseando-se em pesquisas da época. Em geral se reconhece que seu trabalho é inaceitável como teoria da religião; no entanto, os melhores pesquisadores australianos modernos ainda o saúdam como precursor das descobertas que eles mesmos fizeram só vários anos depois. Qual é a razão desse aparente paradoxo? Em primeiro lugar, não chegara o momento de construir hipóteses gerais sobre a origem das instituições humanas; em segundo, precisamente por conhecer bem os princípios e as classificações das ciências religiosas, Durkheim foi capaz de perceber, nos dados reunidos por outros, os traços essenciais e os significados ocultos que o pesquisador não podia captar sem formação teórica. E agora, a que conclusões chegar? Primeiramente, sem dúvida, que a sociologia deveria desistir dos esforços para descobrir origens e leis de evolução. Essa é a lição que se depreende da parte da obra em que Durkheim fracassou. Contudo, por mais parciais que sejam, seus sucessos nos ensinam outra coisa: o sociólogo não pode se limitar a ser um artesão, formado exclusivamente no estudo de um grupo em particular, ou de um tipo particular de fenômeno social. Mesmo para a pesquisa mais limitada, ele precisa ter familiaridade com os princípios, métodos e resultados de outros ramos do estudo do homem: filosofia, psicologia, história etc. É verdade que ele precisa se voltar cada vez mais para preocupações concretas, mas não pode ter esperança de sucesso sem a ajuda e o amparo constante

---

1 *Ibidem*, p. 56.
2 *Ibidem*, p. 34.

de uma cultura geral e amplamente humana. A origem filosófica da sociologia francesa lhe pregou algumas peças no passado; no futuro, ela poderia ser seu melhor trunfo.

Embaixada da França em Nova York

II
À MEMÓRIA DE MALINOWSKI

ACABA DE MORRER UM GRANDE etnólogo e sociólogo. Sua obra, de uma diversidade prodigiosa, embora baseada no estudo exclusivo de uma província limitada da Melanésia, só pode impressionar todo aquele que, em qualquer campo de estudo, se dedique a uma pesquisa verdadeiramente livre. Graças a ele, as ciências sociais transpuseram várias etapas cruciais, e, em certo sentido, pode-se dizer sem exagero que Malinowski pôs a etnologia no caminho da liberdade. Ele foi o primeiro antropólogo que, após as tentativas promissoras, mas inconclusivas de Freud, tomou a iniciativa de articular as duas disciplinas mais revolucionárias de nosso tempo: a etnologia e a psicanálise. Quer se considerem os fatos, quer sua interpretação, devemos a ele o rompimento com uma ortodoxia mal-informada. Os próprios freudianos perceberão um dia que, ao se recusar a deduzir uma evolução imaginária de sabe-se lá que psiquismo universal e ao subordinar a história psicológica do indivíduo ao âmbito cultural no qual ele cresceu, Malinowski – num campo em que os próprios psicanalistas eram incompetentes – prolongou a psicanálise, seguindo uma direção perfeitamente fiel a suas preocupações originais. Malinowski também foi quem primeiro abordou as sociedades primitivas não só com espírito de abertura e de curiosidade científica, mas, acima de tudo, com uma enorme empatia humana. Ele soube aceitar sem reservas os indígenas que o hospedavam, abandonando por eles todos os interditos e tabus de uma sociedade da qual ele se recusava, mais que qualquer outro, a ser emissário. A partir de Malinowski e depois dele, a etnologia deixa de ser simples profissão ou técnica, para se tornar verdadeira vocação. Na atualidade, para exercer seu ofício, o etnólogo deverá dar mostras de grande independência e verdadeira paixão. Não se pode negar, em sua atitude, certa afetação e o desejo de chocar um público acadêmico que não merecia tanto trabalho. No entanto, sua influência permanecerá tão fecunda e profunda, que no futuro os trabalhos etnológicos provavelmente serão classificados como "pré-malinowskianos" ou "pós-malinowskianos", segundo o grau de engajamento pessoal de seu autor.

A parte teórica da obra de Malinowski suscita dúvidas mais sérias. Aquele intelecto admiravelmente objetivo demonstrou inexplicável desdém pela história e o mais absoluto desprezo pela cultura material. Sua recusa a ver na cultura outra coisa além de uma soma de estados psicológicos, reais ou virtuais, levou-o a elaborar um sistema de interpretação, o funcionalismo, que torna perigosamente possível a justificação de qualquer regime. No entanto, diante desse pensamento sempre vigilante, cujas inteligência e vivacidade nunca fraquejam, somos tentados a esquecer a imperfeição ou até as contradições de alguns raciocínios. Mesmo quando nos sentimos menos inclinados a dar-lhe razão, Malinowski continua sendo um estimulante admirável para a reflexão sociológica. É certo que sua obra passará por momentos de questionamento e esquecimento. Mas, para quem a redescobrir depois desses eclipses aos quais nenhum pensamento vivo escapa, ela sempre conservará o mesmo frescor vibrante.

III
A OBRA DE EDWARD WESTERMARCK

A MORTE DE EDWARD WESTERMARCK foi recebida por todos os sociólogos com enorme tristeza. Ela desperta lembranças e provoca reflexões que ampliam infinitamente os limites da dor tão real causada pelo desaparecimento de um mestre, entre os maiores de seu tempo.

Com Westermarck não é apenas um ilustre cientista que desaparece; é toda uma época do pensamento sociológico que se encerra. Isso por dois motivos. Westermarck era o último e mais célebre representante da escola antropológica inglesa e encarnava, com força militante excepcional, uma corrente de pensamento que renovou nossos conhecimentos sociais e morais e em cujo âmbito se delinearam as primeiras tentativas de elaboração de uma representação global da humanidade. Mas essa filiação não era demonstrada por Westermarck apenas em sua doutrina; ele também a manifestava de um modo mais íntimo e comovente em sua própria pessoa. A idade bastante avançada com que faleceu fazia dele não tanto um continuador quanto um sobrevivente. Esse senhor de 74 anos, que em 1936 ainda polemizava com aqueles que ele considerava audaciosos inovadores – Lowie, Radcliffe--Brown etc. –, conhecera Tylor; durante muitos anos, mantivera uma discussão com Frazer e, entre nós, com Durkheim. Ele era o último remanescente daquele grupo de homens que, dotados de temperamento, capacidade de trabalho, erudição e fecundidade realmente excepcionais, no fim do século XIX desempenharam nas ciências sociais o mesmo papel que os mestres do Renascimento representaram para o pensamento moderno.

Westermarck nasceu em Helsinki em 1862. Seus estudos universitários foram concluídos em 1889 com uma tese de doutorado sobre a origem do casamento; ela deveria constituir o embrião de sua primeira obra de envergadura, *The History of Human Marriage*,[1] que logo se impôs pela naturalidade e delicadeza com que uma erudição considerável era posta a serviço da discussão de temas frequentemente austeros; também se impôs por duas inovações importantes: uma, de método, situava a discussão sociológica no contexto do evolucionismo biológico; a outra consistia no repúdio veemente da teoria da promiscuidade primitiva que, na época, era de regra.

De 1906 a 1908, Westermarck publicou *The Origin and Development of the Moral Ideas*.[2] Nessa obra encontram-se um esforço de interpretação sistemática da natureza e da origem dos juízos morais, e, em seguida, uma pesquisa de grande envergadura, destinada à verificação da teoria submetida à prova da realidade concreta. O ecletismo que norteava essas duas concepções devia granjear para a obra um sucesso duradouro, o que se manifesta pela data de publicação da primeira tradução francesa,[3] vinte anos após o original. Seu último livro, *Ethical Relativity*, atinge suas conclusões no campo da moral teórica.

Já em 1906, Westermarck foi nomeado professor de filosofia prática na Universidade de Helsinki. A Universidade de Londres o incumbira de ministrar cursos sobre o mesmo assunto em 1904 e, em 1907, con-

---

1 Edward Westermarck, *The History of Human Marriage*, Londres, Macmillan, 1891.

2 *Idem, The Origin and Development of the Moral Ideas*, Londres, Macmillan, 1906, 1908.

3 *Idem, L'Origine el le Développement des idées morales*, edição francesa de Robert Godet, Paris, Payot, 1928, 2 vols.

fiou-lhe sua cátedra de sociologia. Ele lecionaria ora em Londres, ora em Helsinki, reservando um semestre em cada cidade, até a fundação da universidade sueca na Finlândia, conhecida com o nome de Universidade Abo Akademi; saiu de Helsinki em 1918 para atuar como reitor da nova universidade até 1921, e lá lecionou até os últimos anos.

Esses pesados encargos pedagógicos não conseguiram afastá-lo do trabalho de campo. Ele passou várias temporadas no Marrocos, e uma parte importante de sua obra é dedicada a monografias de caráter folclórico, principalmente sobre as relações entre as ideias morais e as crenças mágicas. Citaremos especialmente: "The Magic Origin of Moorish Designs"[1]; "Midsummer Customs in Morocco"[2]; *Marriage Ceremonies in Morocco*;[3] por fim, um conjunto de obras em dois volumes: *Ritual and Belief in Morocco*.[4]

Esses trabalhos não despertam apenas um grande interesse para o africanista; também lançam luzes sobre as concepções de Westermarck sobre as relações entre a etnologia e o folclore, de um lado, e entre a reflexão teórica e a pesquisa positiva, de outro. Aliás, foi o *fieldworker* que o Royal Anthropological Institute quis recompensar quando conferiu a Westermarck, em 1928, a Rivers Memorial Medal. Vários anos antes, Rivers o homenageara com seu famoso artigo "The Disappearance of Useful Arts".[5]

***

---

1 Idem, "The Magic Origin of Moorish Designs", *Journal of the Royal Anthropological Institute of Great Britain*, vol. XXXIV, Londres, 1904.

2 Idem, "Midsummer Customs in Morocco", *Folklore. The Journal of the Folklore Society*, 1905, vol. 16, p. 27-47.

3 Idem, *Marriage Ceremonies in Morocco*, Londres, Macmillan, 1914.

4 Idem, *Ritual and Belief in Morocco*, Londres, Macmillan, 1926.

5 P. 109-130 de *Festskrift Tillägnad Edvard Westermarck*, Helsingfors, 1912, reproduzidas depois em Rivers, *Psychology and Ethnology*, 1926.

Ao resenhar *The History of Human Marriage*, Tylor escrevia em 1891: "O caráter distintivo de toda a obra do Dr. Westermarck reside em sua vigorosa tentativa de considerar o lado biológico e o lado cultural da antropologia como elementos de um único sistema interligado." O próprio Westermarck via, em sua crítica à teoria da promiscuidade, não só o início histórico de sua obra, como também o fundamento de sua orientação metodológica ulterior. Em 1890, em geral se acreditava que "o homem primitivo vivia em estado de promiscuidade, que o casamento individual não existia, que todos os homens, dentro da horda ou da tribo, tinham acesso a todas as mulheres, e que as crianças nascidas dessas uniões pertenciam à comunidade em seu conjunto". E, no artigo "Methods in Social Anthropology"[1] – do qual são extraídas essas linhas –, que constitui como que seu testamento filosófico, Westermarck acrescenta imediatamente: "Comecei minha obra como fervoroso adepto dessa hipótese."

O que o afastaria dela – e isso é bem significativo para compreender o movimento de seu pensamento – não foram os fatos sociais considerados em si mesmos, mas as dificuldades que resultam da teoria da promiscuidade ao se pretender integrar os fenômenos de evolução social ao processo mais geral de evolução biológica. Foi quando "se familiarizou com a doutrina da evolução orgânica" que ele concluiu "que os hábitos sociais dos antropoides deviam lançar alguma luz sobre os hábitos do homem primitivo".[2] Assim, na aurora de sua carreira científica, vai ganhando contornos precisos a tendência fundamental que imediatamente o poria em conflito com Durkheim e sua escola e, ao mesmo tempo, com Frazer, bem como,

---

[1] Edward Westermarck, "Methods in Social Anthropology", Huxley Memorial Lecture, *The Journal of the Royal Anthropological Institute of Great Britain and Ireland*, vol. 66, 1936, p. 223-248.

[2] *Ibidem.*

mais tarde, com os "antropologistas culturais" dos Estados Unidos e os "sociólogos puros" do tipo de Radcliffe-Brown; ou seja, para Westermarck, a explicação sociológica nunca é satisfatória em si mesma, e, para perceber o fenômenos numa forma inteligível, é preciso transcender o social e atingir, atrás dele, o plano psicológico sempre e o plano biológico quando for possível.

A crítica à promiscuidade é reveladora nesse aspecto. Segundo Westermarck, os fatos provam que a família constitui a unidade social entre gorilas e chimpanzés; o orangotango e o gibão também viveriam com base na família monogâmica. Por outro lado, as investigações etnográficas mostram que a família é uma instituição universal na humanidade. A partir dessas duas constatações, "um evolucionista [...] admite naturalmente que ela também existia entre os homens primitivos".[1]

Essa conclusão é reforçada por certo número de argumentos de inspiração darwiniana: a seleção natural deve ter favorecido os casais para os quais a vida familiar se estabelecia espontaneamente; entre os grandes macacos, o pequeno número de jovens, somado à longa duração da infância, exigia que o macho, por instinto adquirido, cuidasse da fêmea e dos filhotes. Todas essas considerações são válidas para a espécie humana.

Sendo o primeiro a rechaçar a teoria da promiscuidade, Westermarck antecipava-se em cerca de vinte anos à concordância geral dos especialistas; mas não faltam objeções à sua argumentação e aos postulados que ela implica. Se a promiscuidade tivesse existido em certas sociedades humanas, teria sido como inovação cultural, e não como sobrevivência natural. O exemplo dos antropoides, portanto, não teria valor. Mas, acima de tudo, era uma tentativa bem arriscada querer decidir incertezas relativas aos primeiros estágios da vida humana, recorrendo a hipóteses mais frágeis ainda, referentes ao tipo de vida dos primatas em liberdade.

---

1 *Ibidem.*

Sobre esse assunto, ainda estamos reduzidos a conjecturas; e estávamos muito mais cinquenta anos atrás.[1]

Mas, em Westermarck, a teoria do casamento representa uma ambição mais profunda. A relação que ela estabelece entre sociologia e biologia não vale apenas em si mesma; se tiver fundamento, conferirá à sociologia um valor científico tão eminente quanto o da biologia e talvez até mais. Se, como pensa Westermarck, as instituições sociais se baseiam em instintos, elas serão explicáveis a partir do momento em que conseguirmos reportá-las a estes. No entanto, o sociólogo está em melhor posição que o biólogo, pois este ignora totalmente as causas das variações orgânicas pressupostas pela seleção natural. Ao contrário, as causas dos fenômenos sociais são acessíveis. O método que convém utilizar para descobrir as causas dos fenômenos sociais é o sociológico.

***

Com sua exigência de uma sociologia integralmente explicativa, com sua convicção de que apenas os caracteres fundamentais da natureza humana são capazes de fornecer tal explicação, Westermarck inclui-se entre os defensores do método comparativo. Descoberta de semelhanças entre crenças e instituições, classificação dessas semelhanças, explicação por meio do enunciado de uma lei psicológica ou biológica: segundo ele, essa é a marcha das ciências sociais. Ele não excluía, *a priori*, a interpretação dos fenômenos por meio de empréstimos ou contatos culturais, mas restringia sistematicamente seu campo de aplicação. Como compreender, com efeito, a identidade do comportamento dos animais de uma mesma espécie, senão pela identidade

---

[1] Westermarck, aliás, fez questão de mostrar recentemente que os progressos da observação zoológica confirmaram sua tese. Ver Edward Westermarck, "On Primitive Marriage: A Rejoinder to Mr. V. F. Calverton", *The American Journal of Sociology*, vol. XLI, n. 5, março de 1936, p. 565-584.

de natureza? "De sementes da mesma espécie nascem plantas muito semelhantes." E, invertendo a tese difusionista, Westermarck não hesitava em pensar que não só a proximidade geográfica e a intimidade histórica existentes entre diversos povos são incapazes de provar a ideia de que as semelhanças de suas instituições podem ser explicadas por empréstimos recíprocos, como também, ao contrário, reforçam a probabilidade de evolução independente para cada um deles. Pois, quanto mais semelhantes eles são, mais é previsível que engendrem as mesmas manifestações sociais ou morais. Essa desconfiança em relação à explicação histórica ou local transparece também em suas monografias africanas. A decoração ocelada que se encontra nas cerâmicas marroquinas e o capitel jônico dos gregos não têm necessariamente a mesma origem geográfica, mas os dois devem ser interpretados em função da crença mágica de que o olho protege do mau-olhado.[1] Para Westermarck, o método difusionista baseia-se exclusivamente nas analogias exteriores; é um método de museógrafo, não de sociólogo.

Da explicação por contatos de cultura podem ser excluídos *a priori* os traços mais universais: direito de propriedade, castigo, laços de sangue, casamento, proibição do incesto, exogamia, escravidão etc. Mas, mesmo depois de estabelecida a conexão histórica, não terá havido nenhum progresso no sentido da explicação. Como o fenômeno apareceu em primeira instância? Pois deve haver um começo. Ora, é por comparação que se descobre a origem primeira no resíduo comum a todas as instituições análogas. Em último caso, até a explicação psicológica pode dar resultado se não houver pontos de comparação: "Com muita frequência, o conhecimento da causa de certo costume, observado em um povo, dá indícios do significado do mesmo costume ou de costumes semelhantes encontrados em outros povos."[2] Para Westermarck,

---

[1] *Idem*, "The Magic Origin of Moorish Designs", art. citado.
[2] *Idem*, "Methods in Social Anthropology", art. citado.

essa extrapolação é justificada pelo reconhecimento da existência de um vínculo de "humanidade comum" entre todos os homens.

Mesmo no fim da vida, sua intransigência evolucionista só admitia duas ressalvas. Ele concedia que a escola inglesa cometera duas imprudências: a primeira consistia no abuso da interpretação de fenômenos obscuros como "sobrevivências" de outros fenômenos mais conhecidos. Mas um costume não pode ser uma sobrevivência de outro costume se não for possível reconhecer que se originou logicamente dele. Assim, Briffault interpreta o empréstimo de mulher como uma sobrevivência da promiscuidade, por assimilação do hóspede ao irmão de clã. Mas por que a sobrevivência teria sido mantida no caso excepcional do hóspede, e não no caso, normal e regular, do irmão de clã? Ao lado do uso "extravagante e acrítico" do princípio de sobrevivência, os evolucionistas tornaram-se culpados de outro excesso, qual seja, a tendência "a inferir, sem fundamento suficiente, da predominância de um costume ou de uma instituição entre alguns povos selvagens [...] que esse costume ou instituição pertence a um estágio de desenvolvimento pelo qual toda a humanidade deve ter necessariamente passado".[1] Desse modo Westermarck atacava Lewis Morgan e os quinze famosos estágios que teriam precedido universalmente o casamento monogâmico. Mas, mesmo proscrevendo as sequências unilineares, ele se condenava a traçar esquemas evolutivos bem sumários, pois as instituições, a seu ver, sempre tinham a mesma origem e sempre tendiam ao mesmo fim.

***

Em Westermarck a interpretação evolucionista é sempre limitada e às vezes contraditada pela pesquisa das razões últimas no campo da psicologia. Essa segunda tendência de seu pensamento manifesta-se em especial na sua grande obra *The Origin and Development of the Moral*

---

[1] *Ibidem.*

Ideas. Na primeira parte, o autor propõe vincular diferentes máximas da moral a alguma disposição constitucional da natureza humana em geral, já existente nas sociedades mais inferiores que conhecemos. Isto porque ele acreditava não haver tipos de moral qualitativamente diferentes, mas uma única Moral, da qual as diferentes morais são aproximações progressivas. Em suma, o ponto de vista da antiga filosofia natural. Mas ao qual se soma, como nos autores do século XVIII, o sentimento – contraditório com a tese anteriormente enunciada – de que a moral é coisa complexa, sendo indispensável estudá-la em suas manifestações históricas; estas, aliás, sempre podem ser reportadas a alguns sentimentos elementares.

Por um paradoxo aparente, uma obra que se apresenta sobretudo como um estudo de fatos inicia-se com o enunciado de um sistema moral que se encontra completamente terminado antes da proposta ou da sugestão de qualquer referência ao social. Todo juízo moral, segundo Westermarck, tem origem numa categoria especial de emoções que ele chama de emoções retributivas; diante das ações alheias, manifestamos ora cólera e indignação, ora benevolência e simpatia. Esse processo emocional simples pode ser descoberto por introspecção. Ele é suficiente para constituir o campo da moralidade? Provavelmente não, pois é encontrado tanto no animal quanto no homem. Mas, pelo fato de receber um início de sistematização, de apresentar "certo sabor de generalidade", de oferecer as bases de uma dedução *a priori* das categorias fundamentais do dever, do direito, do justo, do injusto, do bem, do mérito e da virtude, assim constituem-se os suportes gerais da moralidade, com seu caráter de permanência e universalidade. Ainda é kantismo, mas kantismo diluído.

Portanto, a observação social não poderia pretender explicar a moral; nem sequer poderia descobrir a orientação geral da moralidade, porque, postos os suportes, foi posto também, em grande medida, o conteúdo. No máximo, ela pode apresentar uma demonstração, ou melhor, uma ilustração da tese psicológica, e possibilitar definir com precisão desvios, paradas, aberrações e progressos em relação a uma direção que é dada de antemão. Os vícios do método saltam aos olhos. Como escreveu Rivers, "no fim ele nos deixa exatamente onde estávamos no começo".[1] O mais grave, porém, é que essa falha repercute na própria maneira como os fatos sociais são tratados, no rigor com que são introduzidos, criticados, comparados. Quando da publicação da obra, Durkheim já lhe fizera uma crítica veemente. Mostrara, ao mesmo tempo, que o postulado psicológico inicial (que é de toda a escola antropológica inglesa) incitara o autor a limitar-se àquilo que ele chamava de "inventário rápido e tumultuado": se acharmos que as causas da moral devem ser buscadas entre as disposições mais permanentes da natureza humana, "em vez de limitar e circunscrever o campo para ver o que há de específico [...], será preciso estendê-la infinitamente para evidenciar [...] por meio da heterogeneidade [...] os processos gerais que devem ser atingidos".[2] Passa-se então a acumular fatos, em vez de selecionar os que forem claros e demonstrativos. O rigor da reflexão filosófica é relaxado pelo deslocamento da atenção para as pesquisas positivas, ao passo que a seriedade das pesquisas positivas é enfraquecida por sua subordinação à justificação de teses filosóficas preestabelecidas.

Por esse motivo, apesar da vivacidade do estilo, da leveza da discussão e do interesse provocado pela riqueza de informações, cada capítulo de *The Origin and Development of the Moral Ideas* deixa uma vaga sensação de insatisfação e a ligeira ideia de que o esforço feito não é exatamente proporcional ao resultado obtido. A célebre discussão entre Frazer e Westermarck a respeito de *The History of Human Marriage* é um bom exemplo.[3]

---

[1] W. H. R. Rivers, "Sociology and Psychology", *Psychology and Ethnology*, 1926, p. 10.

[2] Émile Durkheim, "Sur l'évolution générale des idées morales", *L'Année sociologique*, 1905-1906, p. 385.

[3] Ver Edward Westermarck, *The History of Human Marriage, op. cit.*; Idem, *The Origin and Development of the Moral Ideas, op. cit.*, cap. XL, e nota adicional p. 362, n. 1 do vol. II (trad. fr.), e James G. Frazer, *Tolemism and Exogamy*, IV.

O próprio Frazer, quando concluía sua análise da proibição do incesto, propondo, como última explicação, certas crenças mágicas relativas à infertilidade das mulheres, estava consciente da fragilidade desse recurso; por um lado, as crenças em questão pressupõem a existência da proibição que se quer ver como decorrente delas; por outro lado, têm um caráter especial e limitado demais para explicar, de modo satisfatório, um costume quase universal. Mas pelo menos, dessa maneira, Frazer tentava explicar um fato cultural por meio de outro fato cultural. Westermarck, ao contrário, depois das críticas que acabam de ser mencionadas, declara que "a casa não se mantém pura de relações incestuosas por força de leis, costumes ou educação, mas por um instinto que [...] torna o amor sexual entre os parentes mais próximos uma impossibilidade psíquica".[1] Essa impossibilidade decorreria da habituação, resultado da proximidade de vida dos pais. Ora, aqui o método psicológico volta-se contra si mesmo; pois, além de essa "impossibilidade" comportar exceções, a sociedade não proíbe indivíduos que vivam em íntima proximidade mantenham relações sexuais (e, entre eles, irmãos e irmãs), mas proíbe os parentes próximos de terem essas relações não em razão da proximidade, e sim de sua relação familiar; essa proibição estende-se a todos os indivíduos que possam ser considerados parentes, ainda que não exista entre eles nenhuma proximidade real. Em outras palavras, na origem da proibição não se encontra nem o vínculo psicológico do parentesco nem o vínculo psicológico da proximidade, mas o elo de irmandade ou de paternidade sob o aspecto exclusivamente institucional.

Ocorre que Westermarck não podia admitir que a origem de uma regra moral estivesse fora do mais profundo recesso da natureza humana. "Todas as teorias [sobre a proibição do incesto] pressupõem

---

1 Edward Westermarck, *The History of Human Marriage*, op. cit.

que os homens evitam os casamentos incestuosos apenas porque lhes foi ensinado a agir dessa maneira."[1] Uma regra social poderá ter outra fonte? Mas uma teoria que faça da moral uma realidade autônoma não pode reconhecer nem a educação nem o desuso: "Mesmo quando o significado de um costume é obscuro ou se perdeu, o conhecimento [do pesquisador] sobre a psicologia indígena e de seus modos de pensar e sentir pode capacitá-lo a fazer conjecturas válidas."[2] Mas, quem assim faz da consciência indígena o microcosmo da cultura do grupo expõe-se a pôr, no lugar da história concreta da sociedade considerada, não os fundamentos psicológicos universais subjacentes, como imagina, mas os subprodutos depositados pelo folclore em consciências crédulas. Contra Radcliffe-Brown e Rivers, considerando o trabalho de campo como base indispensável de toda e qualquer especulação sociológica legítima, Westermarck invocava seus sete anos de pesquisas marroquinas. Em nada diminuiremos o grande valor de sua obra monográfica se lembrarmos que ela é do âmbito do folclore mais do que da etnografia. Porém, no plano teórico também, ele confundia expressamente as duas disciplinas.[3] Embora, como vimos acima, ele estivesse disposto a reconstituir a história psicológica dos costumes, forçando as consciências individuais além dos limites do esquecimento, os "dados imediatos" da consciência indígena lhe pareciam capazes de fornecer a totalidade das instituições. Em "Midsummer Customs in Morocco",[4] ele não hesita em rejeitar a interpretação proposta por Frazer dos jogos de São João como sobrevivências de ritos solares ou pluviais, apenas pela razão de que os berberes interrogados não têm nenhuma lembrança de um significado desse tipo. O esquecimento

---

1 *Ibidem.*
2 *Idem*, "Methods in Social Anthropology", art. citado.
3 *Ibidem.*
4 *Idem*, "Midsummer Customs in Morocco", art. citado.

individual desse significado, porém, não prova que a instituição nunca o tenha possuído.

***

Esses abusos psicológicos levaram alguns teóricos de temperamento polemista a formular julgamentos muito severos. Radcliffe-Brown, por exemplo, chegou a declarar que "na Inglaterra temos pouquíssima coisa que possa ser chamada de sociologia" e que "qualquer explicação de determinado fenômeno social em termos de psicologia é inválida".[1] Westermarck registrara esses ataques com muita amargura, e, no que lhe diz respeito, eles eram muito injustos. Certo dia, durante uma discussão sobre as relações da psicologia com a sociologia, ele interrompeu Rivers para lhe perguntar como ele pretendia explicar a guerra de clãs, senão por desejo de vingança; Rivers respondeu que, ao contrário, é a psicologia da vingança que é ininteligível sem o conhecimento da guerra de clãs. Ver nos costumes e nas regras sociais apenas a expressão histórica de tendências interiores, psíquicas ou orgânicas, é reduzir a cultura a uma transposição temporal e imaginária de um desenvolvimento psicológico autônomo, captável previamente à experiência objetiva. Os acontecimentos reais – migrações, guerras, contatos, empréstimos, invenções e destruições – são (de direito, se não de fato) eliminados como causas do aparecimento ou do desaparecimento desta ou daquela instituição em dado povo e em determinada época e lugar. A história e a geografia dos grupos humanos são abolidas.

No entanto, por mais distante que Westermarck esteja da orientação tomada pelas ciências sociais durante os últimos anos de sua vida,

---

[1] *Presidential Address to the Royal Anthropological Institute of Great Britain and Ireland*, 1931; ver Edward Westermarck, "Methods in Social Anthropology", art. citado.

é em sua obra que se encontra o maior número de pressentimentos e de indicações às vezes proféticas de concepções hoje geralmente difundidas. E, por um curioso paradoxo, embora seu método psicológico tenha restringido constantemente o alcance científico de sua obra, foi seu senso vigoroso da realidade psicológica que tornou seu pensamento avançado, sob muitos aspectos, em relação às teorias de seu tempo; ele também responsável pelo frescor e pela vivacidade que fazem de Westermarck o mais atual dos grandes mestres da escola inglesa.

Sem dúvida, o caráter monumental continua sendo o traço mais marcante da obra. Nas ciências sociais não só nunca se viu maior esforço de síntese, como também esse esforço sempre se encontra respaldado por uma erudição realmente prodigiosa. A compilação dos autores é feita com a constante preocupação de só citar referências seguras. Em nenhum outro lugar – salvo em Frazer – encontraríamos a reunião de um conjunto tão considerável de informações sobre as opiniões humanas.

Mas, acima de tudo, nunca será demais insistir na importância do avanço que Westermarck propiciou à sociologia, ao liquidar com a teoria da promiscuidade. Essa teoria se interpunha, como tela deformadora, entre a psicologia primitiva e a nossa; afligia aquela com o que podia parecer, a depender do observador, escândalo, absurdo ou enigma. Obrigava os teóricos a multiplicar as instituições intermediárias infinitamente, e sem esperanças, pois era preciso explicar a transição hipotética entre as duas formas de casamento mais opostas que se possa imaginar: promiscuidade e casamento monogâmico. Assim se abria um fosso cada vez mais profundo entre os primitivos e nós. Sem dúvida a crítica de Westermarck não é satisfatória. A melhor prova disso é que a refutação da teoria à promiscuidade, que devia dar o golpe decisivo ao evolucionismo sociológico, baseia-se essencialmente numa argumentação evolucionista. Não unicamente, porém. Por trás do aparato de provas e discussões, adivinha-se o que constitui o fundo sólido e duradouro de sua obra: a empatia humana, o bom senso psicológico, que sempre e em qualquer situação o afastaria das extravagâncias dos teóricos. À parte o Marrocos, ele nunca tivera contato direto com primitivos de verdade; mas uma espécie de intuição secreta o impedia de atribuir às instituições deles motivos ou explicações que fossem completamente irredutíveis à norma de "humanidade comum" à qual ele se referiu com tanta frequência.

Assim, seu "psicologismo" teve duas consequências, uma negativa, outra positiva, mas ambas fecundas. Em primeiro lugar, a contradição que sua obra manifesta, entre a diversidade dos fatos reunidos e a simplicidade das explicações propostas, ajudou seus sucessores a compreender que os elementos psicológicos, precisamente por serem universais e permanentes, não poderiam explicar os fenômenos sociais, que são diversos, particulares, contingentes. Como reação quase automática às teses da escola inglesa, tornou-se clara a distinção entre *natureza* e *cultura*, possibilitando a interpretação cultural e histórica dos fenômenos sociais.

Mas, embora as culturas devam ser tratadas como realidades específicas e às vezes heterogêneas, a partir daí será preciso lembrar que os indivíduos que participam dessas culturas estão unidos por um elo de fraternidade psicológica, e que, apesar da diversidade de técnicas, crenças ou costumes, o selvagem da África ou da América e o civilizado da Europa são, como indivíduos, semelhantes e permeáveis um ao outro e reagem por via dos mesmos mecanismos, ainda que em contextos diferentes.

Essa noção de "humanidade permanente" e essa crença numa constante psicológica constituem o fundo e a grande originalidade da obra de Westermarck. Elas emergem a cada momento e em todas as ocasiões. São elas, em especial, que se encontram na base de sua crítica ao evolucionismo unilinear de Spencer e de Lewis Morgan. Pois a evolução humana, para ele, não consistia numa passagem por estágios cada vez mais heterogêneos, e sim numa verificação arriscada e progressiva de noções e tendências fundamentais. O esquema evolutivo que constitui o arcabouço geral de *The History of Human Marriage* e os arcabouços específicos de cada capítulo de *The Origin and Development of the Moral Ideas* é, em suma, o seguinte: uma humanidade primitiva na qual se esboçam aproximações confusas e variadas dos grandes imperativos psicológicos e morais do homem; depois, com as culturas intermediárias da Antiguidade e da Idade Média – Egito, Grécia, Roma, Europa cristã, Índia, China, México –, uma série de deformações e especializações em relação a essas tendências primitivas; por fim, a partir do Renascimento e com o desenvolvimento do pensamento crítico, uma racionalização progressiva que tende a levar a humanidade à consciência e à aplicação refinadas dos imperativos fundamentais. Desse modo, ele pressentira uma das manifestações mais originais do pensamento sociológico contemporâneo. Sua interpretação das culturas intermediárias como culturas situadas fora do processo geral de evolução prenuncia a teoria difusionista de Rivers e de Elliot Smith, que não vê na civilização mediterrânea uma transição necessária, mas um acontecimento histórico excepcional, sensacional e temível ao mesmo tempo.

Por outro lado, a preocupação constante de Westermarck em ressaltar as semelhanças entre os costumes morais das culturas aparentemente mais distanciadas e em atribuir às grandes civilizações, de que nos consideramos herdeiros, a responsabilidade por regras ou costumes com frequência qualificados de "selvagens", confere à sua obra um valor crítico e militante do qual ele estava plenamente consciente. A evolução moral, para ele, tinha um sentido: devia aproximar a humanidade de um ideal de liberalismo e racionalismo, emancipá-la dos erros e dos preconceitos. Foi quem primeiro sentiu o que o evolucionismo unilinear podia apresentar de esterilmente conservador, justificando todas as instituições, ao mostrá-las como modalidades ineludíveis de um desenvolvimento necessário. Mas, para Westermarck, a sociologia não tem o papel de justificar o que foi e muito menos o que é, mas de preparar o que deve ser. Ele considerava a crítica relativista um instrumento de libertação mental.

Para nos convencermos disso, basta nos reportarmos a uma das últimas polêmicas que ele sustentou, no fim da vida, contra um discípulo de Briffault, que retomava a defesa da promiscuidade.[1] A injustiça para com sua obra parece-lhe residir não tanto na interpretação errônea de seus argumentos ou no desconhecimento das provas acumuladas em cinquenta anos a seu favor, quanto na acusação, que lhe parece intolerável, de se valer da crítica à promiscuidade para fundamentar em bases transcendentais a moralidade do casamento monogâmico. E, querendo resumir o significado de meio século de atividade científica, ele concluía com a seguinte frase, que aqui deixaremos com toda a energia do texto inglês: *Both in my book* The Origin and Development of the Moral Ideas *which appeared before the war, and in my recent book* Ethical Relativity, *I have emphatically refuted the objectivity and absoluteness of all moral values.*[2]

---

[1] *Idem*, "On Primitive Marriage: A Rejoinder to Mr. V. F. Calverton", art. citado.
[2] *Ibidem*.

IV
O NOME DOS NHAMBIQUARAS

NUMA COMUNICAÇÃO RECENTEMENTE PUBLICADA NESTA revista,[1] os srs. Emilio Willems e Egon Schaden objetaram à transcrição de certos nomes de tribos, à sua localização e sua afiliação linguística propostas pelo dr. Steggerda.[2] Como aponta o diretor de publicação, algumas observações deles são pertinentes, outras não; o fato é que o texto em seu conjunto dá mostras de um pedantismo totalmente inútil na abordagem da questão dos nomes de tribos, pedantismo ao qual seria bom renunciar de uma vez por todas, em especial no que se refere à América do Sul. O melhor exemplo disso é o nome dos nhambiquaras.

Os autores criticam o dr. Steggerda por grafá-lo "nambiquara" ou "nambikuara"; afirmam doutamente que não se trata de uma palavra espanhola, mas tupi, e que seria preciso escrever "nhambikwara". Uma vez que se trata apenas de uma designação de origem estrangeira totalmente desconhecida pelos próprios indígenas, poderíamos concluir

---

1 Emilio Willems e Egon Schaden, "Stature of South American Indians", *American Anthropologist*, vol. 47 (3), julho-setembro de 1945, p. 469-470.

2 Morris Steggerda, "Stature of South American Indians", *American Journal of Physical Anthropology*, I, nº 1, 1943.

que a questão da ortografia não é da mais alta importância. Mas não é só isso.

O nome "nambikuara" aparece pela primeira vez no início do século XVIII, pela pluma de Antônio Pires de Campos, que o reporta de segunda mão. Em seguida, é encontrado várias vezes em referência a uma tribo desconhecida, situada perto da nascente do rio Tapajós, com grandes variações ortográficas entre os documentos. Quando começou a explorar o território situado entre os rios Tapajós e Ji-Paraná, em 1907, o general (então coronel) Cândido Mariano da Silva Rondon encontrou um grupo desconhecido, cujos integrantes falavam vários dialetos de uma língua desconhecida, e não hesitou em identificá-lo com a tribo frequentemente mencionada nos antigos documentos. Foi nessa época que se adotou definitivamente o nome "nhambikwara", com a fixação de sua ortografia, e que se deu o reconhecimento de que se tratava de uma designação tupi com o significado de "orelhas grandes". Alguns antropólogos, porém, continuam um tanto insatisfeitos, pois as orelhas dos nhambiquaras não são especialmente grandes e neles não se encontra nenhum daqueles ornamentos que provocam o avolumamento do lobo da orelha, como ocorre em outras regiões do Brasil. Ora, a designação tupi sugeria, evidentemente, algum costume ostentatório desse tipo.

Estava nesse pé a questão quando, durante minha expedição de 1938-1939 entre os nhambiquaras, chamou-me a atenção uma tribo que nunca havia sido mencionada na literatura, mas era bem conhecida por alguns habitantes daquelas regiões (aliás quase desertas), por ter atacado e parcialmente destruído o posto telegráfico de Parecis alguns anos antes. Também houvera outros incidentes com garimpeiros e seringueiros que tinham se aventurado a penetrar demais no interior nas terras.

Não tive a sorte de observar os indígenas pessoalmente, mas, quando estava lá, pude ver de longe a fumaça de suas fogueiras e observar que os habitantes brasileiros da fronteira se tornavam cada vez mais inquietos à medida que elas se aproximavam. Mostraram-me as armas que eles tinham abandonado depois da última incursão, além de alguns outros objetos, nenhum deles atribuível à cultura material nhambiquara.

Além disso, há dois fatos interessantes: o território dessa tribo é próximo ao dos nhambiquaras, porém mais a leste. Isso significa que uma expedição vinda da região de Cuiabá (como ocorria com os viajantes do século XVIII) devia primeiro atravessar o território deles antes de chegar ao dos nhambiquaras. Ademais, os aventureiros de hoje, que, em busca de ouro, diamantes ou borracha, deparam com esses temidos indígenas, dão a eles a alcunha de *beiços de pau*. Todos concordam em relatar que esses indígenas usam discos de madeira no lobo da orelha e no lábio inferior, o que explica a frequência da expressão hoje amplamente usada no sertão a noroeste de Cuiabá. Isto posto, proponho a seguinte hipótese: é essa tribo que constitui os "orelhas grandes" dos tupis e da antiga literatura, e por erro essa designação foi transferida para os nhambiquaras no início do século XX, pois na época não se conhecia outra tribo instalada na região. O nome "nhambiquara" não é apenas uma denominação de origem estrangeira; nem mesmo foi concebido para os índios que designa e que, provavelmente, continuarão sendo identificados desse modo para sempre.

Visto que eles são assim denominados há cerca de quarenta anos, só se aumentaria a confusão caso se decidisse mudar o nome dos modernos nhambiquaras. Seria preciso criar artificialmente um nome novo, pois eles mesmos só têm nomes para as diferentes aldeias e não dispõem de uma denominação geral que se aplique ao grupo linguístico em seu conjunto. A solução razoável, portanto, parece ser conservar o nome atual de "nhambiquara", sempre tendo em mente que, em tais circunstâncias, a palavra é absolutamente desprovida de sentido e constitui um simples código, ao qual só convém uma ortografia fiel à pronúncia.

Contei essa história porque se encontram numerosos casos análogos na América do Sul e em outros lugares e porque ela contém uma lição mais geral. A questão dos nomes de tribos não deve ser tratada com um espírito excessivamente dogmático. Há outros assuntos que merecem mais cuidado e atenção do estudioso.

Indivíduo e sociedade

V
Cinco resenhas

Simmons (Leo W.) (org.), *Sun Chief, The Autobiography of a Hopi Indian*, published for the Institute of Human Relations, New Haven, Yale University Press, 1942, 397 p., apêndices 56 p.

Todos sabem que a etnologia americana se preocupa, de modo crescente, com o problema das relações entre o indivíduo e o grupo. Esse interesse ocasionou o aparecimento de grande número de autobiografias indígenas, em que o papel do etnólogo se limita geralmente a provocar a iniciativa e a organizar discretamente o material redigido pelo informante. Esse tipo de pesquisa, conhecido nos Estados Unidos desde o início do século XIX, por meio de narrativas de caráter factual (*The Autobiography of Black Hawk*, 1834; *Lives of Illustrious Indians*, 1843; *Life of Tecumseh*, 1841 etc.), assumiu caráter científico com as três publicações sucessivas de Paul Radin: *Personal Reminiscences of a Winnebago Indian* (1913); *The Autobiography of a Winnebago Indian* (1920); e *Crashing Thunder, the Autobiography of an American Indian* (1926). Por fim, nos últimos anos, tivemos a publicação de outros trabalhos de primeira ordem, entre os quais são mais notáveis: Walter Dyk, *Son of Old Man Hat, a Navaho Autobiography* (1938); Clellan S. Ford, *Smoke from their Fires* (1941), e a obra aqui examinada, que, para o etnólogo e o psicólogo, constitui um documento de valor excepcional.

Foi em 1938 que Leo Simmons ficou conhecendo, na aldeia indígena de Oraibi, o índio hopi Don Talayesva; ele tinha cerca de cinquenta anos, e sua experiência passada fizera dele uma testemunha especialmente sensível do conflito entre as tradições indígenas e a marcha da civilização: inadaptado desde o início, parece, a seu meio de origem, aos dez anos Don foi enviado para uma escola americana e chegou a achar que estava definitivamente integrado ao mundo moderno. Mas, aos vinte anos, ficou gravemente doente e, no leito de hospital, foi assediado pelos deuses e mitos da infância; seu espírito guardião o censurou, apresentando-lhe suas provações físicas como castigo de sua traição. É um novo homem que sai do hospital e volta à sua aldeia natal para lá se tornar o fiel seguidor dos costumes e dos ritos hopi. O que esse conservador esclarecido, esse reacionário voluntário e consciente faz não é apenas a descrição de seu povo, mas um pleito constante, obcecado pela preocupação de justificar seu retorno à terra natal e explicar a transformação interior que o conduziu ao respeito mais estrito pelas tradições que para ele voltaram a ser vivas e veneráveis.

Considerado de um ponto de vista psicológico e romanesco, o documento é inigualável. E seu valor não é menor para o etnólogo. Em primeiro lugar, pela riqueza de detalhes e pela massa de informações novas que contém sobre a sociedade hopi que, no entanto, é muito bem conhecida. Mas sobretudo porque logo ele consegue aquilo que o pesquisador de campo mais peleja para atingir, muitas vezes sem sucesso: reconstituir uma cultura indígena, digamos, "por dentro", como um conjunto vivo e governado por uma harmonia interior, e não como um amontoado aleatório de costumes e instituições cuja presença só pode ser observada. Assim compreendemos como as situações objetivas nas quais a criança é colocada desde que nasce podem conferir ao mundo sobrenatural uma realidade maior que as aparências quotidianas; ou ainda que dominar as sutilezas do sistema de parentesco não é menos difícil para o indígena do que para o teórico; ou seja, o que se mostra contraditório para este não é menos contraditório para aquele, e, por meio do mesmo esforço de reflexão, os dois conseguem penetrar o significado do sistema; significado que, afinal, é o mesmo para ambos.

A nosso ver, o que constitui o principal mérito dos trabalhos baseados em autobiografias indígenas é essa função "catártica". O autor de *Sun Chief* decerto lhes atribui importância maior; espera delas a solução de problemas que até então passaram despercebidos. Mas isso é verdadeiro apenas em sentido negativo. Os costumes e as instituições que, vistos de fora, aparecem como completos enigmas, esclarecem-se à luz da experiência psicológica, imediatamente universalizável porque psicológica, e o mistério se desfaz diante da intuição de uma situação em que a mesma conduta parecerá, também para nós, razoável. Assim, não descobrimos novos problemas, mas conseguimos eliminar muitos problemas antigos, aos quais a artificialidade da observação externa conferia aparência de realidade.

Kluckhohn (Clyde), "The Personal Document in Anthropological Science", in *The Use of Personal Documents in History, Anthropology and Sociology*, New York, Social Science Research Council, bulletin 53, 1945, XIII, 243 p.

Nesse notável estudo acompanhado por preciosa bibliografia de cerca de duzentos títulos, são desenvolvidas visões bem diferentes das apresentadas na resenha anterior. O autor classifica e analisa as principais autobiografias indígenas publicadas até hoje nos Estados Unidos e em outros lugares, discutindo seu valor metodológico e informativo. Depois, num capítulo de cunho teórico (p. 133-149), tenta mostrar como as histórias individuais podem não só ajudar a eliminar falsos problemas, como também a criar outros, e busca descobrir novos métodos para tratar problemas já conhecidos. É fácil concordar com sua penetrante análise dos recursos oferecidos por esse tipo de documento: meio de verificar e superar a pesquisa etnográfica; acesso mais direto e intuitivo ao "estilo" próprio de cada cultura; estabelecimento dos status individuais e quadro mais concreto da hierarquia social; apresentação da vida de uma comunidade indígena; estudo dos procedimentos e mecanismos por meio dos quais o indivíduo adquire a cultura de seu grupo; substituição da história esquemática dos etnólogos pelo acontecimento vivido; aperfeiçoamento da técnica de estudo de uma personalidade por outra; papel da ortodoxia e da heterodoxia no grupo social etc. No entanto, sentimos alguma preocupação quando, na conclusão, vemos a afirmação de que o estudo sistemático e comparativo dos documentos individuais pode abrir uma nova era nas pesquisas etnológicas. Porque é a singularidade de tais documentos que lhes confere valor excepcional: eles mais fazem reviver do que ensinam. Porém os elementos de uma sistematização teórica, seja ela qual for, não se mostram mais ao sujeito que se observa do que ao pesquisador que o observa. Tudo o que um estrangeiro diga sobre sua experiência de sujeito falante não nos ensinará muita coisa sobre a estrutura fonológica de sua língua, que é a única verdade científica. De nossa parte, continuamos convencidos de que os fatos sociais devem ser estudados como coisas. Ao reduzirem algumas dessas "coisas" a experiências, os documentos individuais não podem nos convencer de que o estudo científico deve se estabelecer no nível da experiência, mas apenas que as pretensas "coisas" com as quais nos contentamos imprudentemente são sempre parte do fenômeno e que o verdadeiro objeto situa-se mais além. Eles possibilitam uma crítica do objeto, mas não o atingem.

Llewellyn (Karl N.) e Adamson Hoebel (Edward), *The Cheyenne Way, Conflict and Case Law in Primitive Jurisprudence*, Norman, University of Oklahoma Press, 1941, 360 p.

Raras são as obras dedicadas ao direito e à jurisprudência dos povos primitivos. Trataremos com mais simpatia desta, nascida da colaboração entre um teórico e um pesquisador de campo, já bem preparado para as pesquisas desse tipo por seus trabalhos anteriores. Com efeito, um ano antes, Hoebel publicara uma monografia, *The Political Organization and Lawways of the Comanche Indians* (Memoirs of the American Anthropological Association, nº 54, 1940), concebida de acordo com um modelo bastante tradicional, mas cheia de observações finas e precisas. Ousaremos dizer que preferimos esse trabalho mais clássico a certo desregramento intelectual que tem livre curso em *The Cheyenne Way*. Não que a obra esteja desprovida de mérito. Inteiramente construída com base no estudo de 53 debates jurídicos, nela se analisam e classificam os princípios que guiaram sua solução, estuda-se sua repercussão na consciência pública, com uma engenhosidade que merece muitos elogios. Do ponto de vista teórico, os autores souberam dar destaque a certos aspectos fundamentais do direito primitivo, em especial os mecanismos de compensação que, tratando o crime e sua punição como duas rupturas – idênticas desse ponto de vista – da ordem social, procuram restabelecer o equilíbrio em benefício do culpado após a punição, tal como a punição o fizera de início em benefício da sociedade. Desse modo, o crime exige punição, e a punição demanda medidas de redenção que o culpado precisa legitimar por meio das provas rituais. O choque inicial é progressivamente amortecido por uma série de oscilações cada vez mais fracas, algumas dirigidas contra o criminoso, enquanto outras atuam em seu proveito.

O que mais se deve lamentar é o simplismo do pensamento e da expressão. Com o objetivo de popularizar a questão, o que é infinitamente perigoso em se tratando de problemas tão técnicos, os autores orientam a discussão para um paralelismo entre o direito cheyenne e o direito americano contemporâneo. Seria como comparar um alazão e uma ostra: a conclusão seria de que um tem patas, o outro não, um é peludo, o outro é viscoso, o cavalo é amarelo, e a ostra é verde etc., e pouco se avançaria. O que realmente se pode comparar são vertebrados e invertebrados, mamíferos e moluscos. Ocorre que não se encontra a menor tentativa de classificar em tipos e famílias as formas concretas dadas ao observador. A descrição nunca predomina nos fenômenos empíricos, a não ser para dar lugar a comentários entusiasmados sobre a profundidade e a elevação dos Salomões indígenas. Assim, passa-se imperceptivelmente para uma apologética que subtrai muito do valor científico do trabalho, evocando, de modo bastante desagradável, o elogio ao "bom selvagem", a idade de ouro e a simplicidade primitiva.

Esse senão precisa ser ressaltado, porque está diretamente ligado ao renascimento moderno do providencialismo comumente denominado funcionalismo. Malinowski e seus alunos tiveram o grande mérito de demonstrar, contra um empirismo histórico estéril, que as culturas formam todos em que cada elemento funciona em relação com o conjunto. Mas, se o postulado da definição de todo sistema social é que ele funciona, não há motivo de espanto quando se constata que a lei pune o crime ou que a família cria os filhos. A explicação fica condenada a girar em círculo, diante da constatação de que as instituições e os costumes servem precisamente para o que servem, e o efeito é que a ciência social se reduz a uma descrição fenomenológica que sacrifica a história sem nada pôr em seu lugar. Ora, a função das instituições não é necessariamente – e raras vezes é – sua função consciente, e os mecanismos pelos quais elas a cumprem nem sempre são os que se mostram de imediato à observação. Em sociologia, como em qualquer outra ciência, a explicação não pode resultar imediatamente da descrição.

Opler (Morris E.), *An Apache Life-Way, The Economic, Social and Religious Institutions of the Chiricahua Indians*, Chicago, The University of Chicago Press, 1941, XVII, 500 p.

Goodwin (Grenville), *The Social Organization of the Western Apache*, Chicago, The University of Chicago Press, 1942, XIX, 569, apêndices 230 p.

É possível fazer uma comparação muito instrutiva entre essas obras dedicadas a duas seções vizinhas do mesmo grupo linguístico e produzidas por dois dos mais brilhantes etnólogos americanos da jovem geração: Opler e Goodwin (este, infelizmente desaparecido pouco depois de terminar a obra e antes até de sua publicação). Pois, embora o assunto seja praticamente o mesmo, o método e as preocupações dos dois autores são bem diferentes. Goodwin escreveu uma monografia sistemática que, concebida de acordo com os grandes modelos clássicos, procura reconstituir um passado ainda recente, apesar do colapso cultural e demográfico de sua tribo, enquanto Opler, mais sensível ao estado atual de um grupo social em vias de rápida assimilação, descreve os apaches no presente. Essa divergência já ressalta na leitura dos sumários. Goodwin trata sucessivamente de: morfologia, evolução histórica, clã, família, parentesco e casamento, regras sociais, ciclo da vida individual, representações e costumes; Opler, ao contrário, segue fases sucessivas da existência individual: infância, maturação, vida adulta, crenças, atividades políticas e econômicas, vida sexual e conjugal, enfim os grandes ritmos da vida indígena. Um busca restabelecer o quadro da sociedade apache, o outro, descrever os apaches como indivíduos, naquilo que hoje lhes serve de sociedade.

A obra de Goodwin vale-se de observações feitas ao longo de um período de dez anos. E não se pode deixar de admirar o talento que nela se manifesta, quando se pensa que essas setecentas páginas de análises e discussões resultam, na maioria, do testemunho de 34 velhos informantes. Apesar da dificuldade apresentada por pesquisas feitas em tais condições, o material é de rara riqueza e constitui sem dúvida nossa melhor fonte sobre a organização social de uma tribo norte-americana.

A teoria do clã (p. 97-122) desperta especial interesse. A sociedade apache se subdivide numa hierarquia de agrupamentos unilineares em que é possível distinguir clãs, grupos de clãs estreitamente aparentados e formações mais vastas de clãs que reconhecem parentesco distante entre si. Essa situação exerce influência sobre o sistema de parentesco (p. 193-283), produzindo um conflito entre duas terminologias – a baseada no parentesco consanguíneo e a utilizada para definir as relações de parentesco clânico – e uma interessantíssima precedência dos laços de parentesco entre primos paralelos em linha paterna sobre todos os outros laços.

Mais ainda que Goodwin, Opler vale-se do testemunho dos informantes. Seu livro apresenta uma espécie de trama na qual vão sendo costuradas suas observações, seus comentários e suas reflexões. É preciso grande paciência e muita habilidade para construir um todo com tantos retalhos, e o aspecto frustrante do conjunto é menos atribuível ao talento do autor, que é grande, do que às características intrínsecas do objeto estudado. Assim, num exemplo brilhante, apresenta-se a questão dos chamados estudos de "aculturação", tão em voga, hoje, nos Estados Unidos.

Os estudos de aculturação podem inspirar-se em duas preocupações igualmente válidas: ou a extinção rápida da maioria das sociedades primitivas obriga os jovens pesquisadores a trabalhar com grupos decadentes, na prática os únicos que continuam acessíveis; ou se estuda a miséria econômica e mental desta ou daquela sociedade que desmorona em contato com uma civilização mais poderosa, pesquisando-se em campo os remédios convenientes a seus males particulares. Os dois livros recentes de Clyde Kluckhohn e Dorothea C. Leighton – *The Navaho* e *Children of the People* (Cambridge, Harvard University Press, 1946 e 1947) – representam um exemplo especialmente simpático daquilo que dois excelentes observadores e teóricos, com longo conhecimento de um grupo social em decomposição, seu passado, sua língua e suas instituições tradicionais, podem fazer para tornar esses problemas inteligíveis à opinião pública do país, aos educadores e aos servidores públicos. Desse modo, preparam soluções práticas e urgentes, facilitando a assimilação de uma comunidade sofredora e desdenhada.

Mas suspeita-se que os especialistas em aculturação se propõem fazer coisa bem diferente da adaptação dos métodos de preparação dos jovens etnólogos para as condições do século XX ou da laicização do esforço missionário. Seus trabalhos baseiam-se em visões teóricas para as quais o grupo decadente é um objeto equivalente, do ponto de vista da pesquisa etnológica, à sociedade mais bem preservada. De fato, a distinção não será puramente subjetiva? Toda sociedade acaso não está em perpétua transformação? O grupo decadente se define como tal em relação a uma situação da qual nós mesmos participamos: ele decaiu em contato com nossa civilização. Mas a sociedade indígena que tenha permanecido mais isenta de contatos com os brancos, que choques terá recebido, em passado próximo ou distante, de outras sociedades indígenas talvez tão distantes dela quanto nós, cujo efeito e cuja influência somos incapazes de reconhecer e distinguir, em razão de nossa ignorância sobre sua história? Colocando-nos em outro ponto de vista, também podemos dizer que toda coletividade humana é um objeto sociológico pelo simples fato de existir e, existindo, dever funcionar. Portanto, cada uma constituiria uma experiência, sem dúvida única em virtude de suas modalidades particulares, mas, como experiência, com o mesmo valor de todas as outras.

Esses postulados implícitos nos parecem perigosos principalmente porque, do grande número de monografias já dedicadas a povos "aculturados", começa a emergir uma impressão de conjunto que é bastante desalentadora: cada uma delas, em vez de acrescentar alguma coisa ao quadro iniciado pelos anteriores, parece repetir-se na exemplificação de uma mesma indigência horrível. Porque, embora haja uma infinidade de formas de sociabilidade, só existe uma maneira de perder radicalmente as que se possui para adotar outras impostas de fora. E esse processo não constitui uma nova forma de sociabilidade; é uma doença comum a todas, ou melhor, todas estão igualmente passíveis de contraí-la.

O método monográfico, portanto, parece ser o menos apropriado para os estudos de aculturação. Pois não lidam com *sistemas* (que por hipótese já não existem, ou, se subsistem, não são precisamente o objeto da pesquisa), mas com *sintomas*. Ora, esses sintomas são pouquíssimo numerosos: todas as sociedades convergem no momento em que se desfazem, por mais diferentes que tenham sido em seu estado original. Há culturas melanésias, africanas, americanas; a decadência só tem um rosto.

Portanto, uma monografia que se coloca no ponto de vista do indivíduo, como a de Opler, oferece poucas coisas ao etnólogo: entre estas, não se inclui a descrição de técnicas, crenças ou costumes, pois, numa sociedade "aculturada", por definição tudo isso desmoronou, sem ter sido substituído por outra coisa que constituísse uma cultura nova e viva. Só restam atitudes. Ora, por mais interessantes que possam ser para psicólogos, servidores públicos ou administradores coloniais, essas atitudes são incrivelmente semelhantes em todas as sociedades que se encontrem na mesma situação: misto de humildade e arrogância, dogmatismo descarnado que mal dissimula uma conformidade obsequiosa para com os novos modelos, e busca de conciliação dessas atitudes contraditórias em racionalizações de um sincretismo elementar. Tudo isso é bastante dramático, mas cabe perguntar se a etnologia, cujo objetivo é o estudo das culturas e da Cultura, pode passar impunemente a estudar a cultura de indivíduos que foram privados dela. Essa pesquisa é sem dúvida legítima, e dela é possível esperar alguns resultados, mas diz respeito a preocupações e métodos bem diferentes. Também se pode perguntar se dela é possível esperar grandes resultados teóricos. Quando, já em 1895, Boas propunha o estudo dos fenômenos de aculturação como um dos dois métodos capazes de fundamentar a etnologia como ciência histórica (o outro seria o estudo dos fenômenos de distribuição), o que ele entendia por aculturação (conforme esclareceria depois) era "o modo como elementos estrangeiros são modificados em função dos tipos predominantes em seu novo meio" ("The Methods of Ethnology", *American Anthropologist*, new series, vol. 22, 1920), ou seja, exatamente o contrário daquilo que hoje se designa com o mesmo termo, ou seja, o modo como os elementos autóctones se desintegram em consequência da invasão de uma cultura estrangeira. Portanto, já não se trata do modo como uma cultura se faz, mas como se desfaz; já não se trata de uma genética, mas de uma patologia. É preciso estar consciente disso.

Nimuendajú (Curt), *The Apinayé*, **Washington, The Catholic University of America, Anthropological Series, n° 8, IV, 1939, 189 p.;** *The Serenté*, **Los Angeles, Publicações of the Frederick Webb Hodge Anniversary Publication Fund, vol. IV, IX, 1942, 106 p.;** *The Eastern Timbira*, **Berkeley e Los Angeles, University of California Publications in American Archaeology and Ethnology, vol. 41, V, 1946, 357 p., 42 pranchas. Três volumes traduzidos por Robert H. Lowie.**

Por certo nunca se conhecerá o doloroso segredo que se esconde como pano de fundo da obra etnográfica desse grande pesquisador, morto subitamente em 10 de dezembro de 1945, entre os índios que ele tanto amou. Quarenta anos de trabalhos ininterruptos, mais de trinta publicações: esses números não dão clara ideia de uma obra que é o próprio exemplo de uma etnografia "engajada". Ninguém terá contribuído mais que Nimuendajú para o conhecimento dos indígenas do Brasil e, particularmente, dos níveis primitivos do Centro e do Leste, sobre os quais ele faria revelações impressionantes, cuja essência está resumida nessas três obras, traduzidas e publicadas diligentemente por Robert Lowie.

Os apinagés, xerentes e timbiras participam de uma cultura material muito elementar, mas sua organização social apresenta singular complexidade. Entre os apinagés, encontra-se uma divisão em metades, acompanhada por uma repartição em quatro "lados" ou *kiyé*, que regula os casamentos. Essa curiosa estrutura social só tem aparência de exogamia, pois o *kiyé* se transmite por linha materna para os homens e por linha paterna para as mulheres; os *kiyé* que compartilham o *connubium* se dissociam, portanto, em verdadeiras seções endogâmicas. Os homens também são organizados em classes etárias, em número de quatro, com cerimônias de iniciação, notavelmente descritas pelo autor. A organização social dos xerentes compreende metades exogâmicas (diferentemente das dos apinagés), cada uma dividida em três clãs primitivos, mais um formado pela adoção de tribos estrangeiras; a isso se somam equipes esportivas e associações masculinas e femininas, cujo papel social é fundamental.

A monografia sobre os timbiras, de longe a mais desenvolvida, abarca o conjunto da vida material e da organização social. Esta apresenta o mais surpreendente empilhamento de classes e metades: metades matrilineares exogâmicas; metades não exogâmicas, chamadas "estação das chuvas"; grupos chamados "praça da aldeia"; metades "praça da aldeia"; faixas etárias; metades de faixas etárias; sociedades masculinas, em número de seis. Sobre cada um desses tipos de organização Nimuendajú dá informações preciosas. Nenhum dos três estudos, porém, poderia pretender esgotar a prodigiosa riqueza sociológica dessas tribos que durante muito tempo foram menosprezadas e cuja rápida extinção decerto não permitirá que outro pesquisador lhes dedique os anos de fervorosa e paciente amizade que fizeram de Nimuendajú um deles e lhe deram acesso a suas instituições. Pela grandeza do monumento erguido por sua obra e pelas tantas lacunas que só ele poderia ter preenchido, será possível dimensionar melhor o valor do homem e a perda irreparável sofrida pelo americanismo e por toda a sociologia com seu desaparecimento.

VI
A TÉCNICA DA FELICIDADE

NENHUM GRUPO HUMANO SUGERE COM mais força a existência de leis sociais do que a sociedade americana. Os resultados frequentemente impressionantes a que chegam as pesquisas do Instituto Gallup são menos o triunfo de uma ciência nova, que se reduz na verdade a métodos extraordinariamente grosseiros, do que consequência natural das propriedades do meio social: quando da eleição presidencial do mês de novembro,[1] os dois grandes jornais nova-iorquinos, *Times* e *Tribune*, que apoiavam, respectivamente, Roosevelt e Dewey, publicaram primeiras edições idênticas que anunciavam a reeleição do presidente, quando apenas 10% dos votos tinham sido apurados; e o candidato republicano admitiu a derrota quando cerca de um quarto dos resultados ficou sendo conhecido. Parece até que nos Estados Unidos o que é válido para a parte também é válido para o todo. Mesmo não negando o lado superficial de uma conclusão tão apressada, é preciso considerar que a vida do grupo parece dirigida por um determinismo próprio que ultrapassa as consciências particulares e que o indivíduo

---

1 Esse estudo foi escrito em 1944.

mais apreende de fora do que percebe em seu foro íntimo, num esforço de análise e reflexão.

Esse primado do grupo e da atividade do grupo não constitui um caráter diferencial da sociedade americana. Ele define toda vida social. No entanto, as aquisições culturais se sedimentam numa direção e num ritmo diferentes, segundo consideremos sociedades de formação recente ou outras mais antigas. Nestas últimas, o indivíduo sempre apresenta um terreno mais rico que seu meio; e o movimento social parece destinado a reajustar perpetuamente o grupo ao nível desse indivíduo que o supera e o julga. As sociedades novas apresentam o fenômeno inverso: as camadas de cultura nelas se depositam mais depressa e com mais densidade em torno das instituições e das atividades coletivas. São estas que primeiramente ganham forma, e as grandes estruturas da vida social se solidificam antes que o ciclo de enriquecimentos individuais comece a desenvolver-se.

No entanto, cometeria grave engano quem visse nos Estados Unidos apenas uma sociedade jovem. Jovem a América é sem dúvida, uma vez que ela se cria a cada dia como uma realidade original; mas aquela província distante da Europa, que ela tendeu de início a constituir, ainda não desapareceu completamente. Tradições e tipos arcaicos de vida às vezes se conservam com mais persistência e fidelidade do que nas próprias regiões das quais foram primitivamente transplantados. A civilização americana forma-se na convergência de dois folclores. Um antigo, de origem europeia ou criado *in loco* nos primeiros séculos da colonização: o dos hinos – *spirituals*, lamentos do Far West; o das festas – Ação de Graças, Natal, Halloween; o da vida rural – *Hillbillies*, caubóis, população do *bayou*; e, por outro lado, o folclore sempre efervescente dos apocalipses urbanos, com seu *slang*, que é bem mais que uma gíria, com suas *gestas* autenticamente populares do submundo americano – Damon Runyon, Raymond Chandler, Dashiell Hammett; com suas crenças e superstições – cultos, ritos da Califórnia moderna; com seus prazeres – *swing* e *hot*; "Jitterbug" e *boogiewoogie*;

com seus *movies*, "burlesques" e *crooners*. Apesar de ir mordendo cada dia mais essas duas zonas de sombra, a civilização americana ainda está submetida ao fatalismo da exterioridade: ora maravilhada, ora assustada, a cada dia ela se descobre de fora para dentro.

Somente nessa perspectiva se pode compreender a oposição – por certo não exclusiva dos Estados Unidos, mas que lá se destaca de maneira notável – entre a plasticidade, a imprecisão muitas vezes, das reações individuais e a coerência e firmeza das articulações coletivas: a ossatura da sociedade americana ainda é externa. Assim se explicam alguns aparentes paradoxos da vida americana, encontrados nas mais diversas esferas: na vida agrícola, o fato de o agricultor alimentar-se de conservas, em vez dos frutos de sua terra, pois, antes mesmo que ele comece a produzir alimentos, já está implantado o sistema de preparação e distribuição do qual ele os receberá de volta; na vida industrial e comercial, o fato de a grande empresa aparecer menos como servidora atenta dos desejos individuais do que como a criadora responsável pela forma e pela tendência desses desejos, pretendendo até exercer função de educação geral; na vida política, enfim, o fato de o governo estar mais avançado que a opinião pública. O liberalismo americano, tão audacioso na aparência, exige ser interpretado segundo as mesmas linhas; pois, mais didático que revolucionário, ele traduz a vontade de disciplinar as reações informes dos indivíduos em nome de um ideal coletivo existente, em vez de uma rebelião do indivíduo contra uma ordem social obsoleta.

Os Estados Unidos de hoje, portanto, ainda vivem sob o signo da autoestranheza; seria possível até dizer que essa situação tende a se exacerbar, pois é bem recente o aparecimento da consciência do fenômeno, que devia ser percebido antes, para desenvolver todas as suas potencialidades. Um dos maiores sucessos de livraria dos dois ou três últimos anos é uma análise da sociedade americana contemporânea escrita por uma etnóloga, Margaret Mead, mais competente no estudo das tribos melanésias do que no de uma grande civilização moderna.[1] O mundo científico não acompanhou a senhora Mead, mas o grande público a acolheu com entusiasmo; e na administração pública, etnógrafos e antropólogos estão ganhando espaço cada vez maior. Os que recebem maior atenção são os que se dedicam ao estudo dos tipos sociais mais distantes do nosso, os mais difíceis de abordar e analisar. Mas é que cada vez mais o pensamento americano se impregna da convicção de que toda sociedade, inclusive (e talvez em primeiro lugar) a própria sociedade americana, apresenta à consciência individual um conjunto tão irredutível quanto os costumes estranhos dos selvagens oceânicos. O homem médio sofre inconscientemente essa heterogeneidade do grupo. O americano culto e otimista vê no corajoso reconhecimento do fenômeno a condição prévia para a busca das soluções.

Partindo de postulados tão diferentes daqueles aos quais estamos tradicionalmente habituados, a filosofia social americana não pode adotar as mesmas perspectivas que nós. Pois, se é o grupo social que constitui uma realidade objetiva e resistente, e é o indivíduo que atua como mediador plástico e instável, é ao indivíduo, e não ao grupo, que um esforço inteligente de melhoria social deve recorrer; para falar a linguagem da psicologia americana moderna, o "condicionamento" deve ser feito "por dentro". Quando todos os sistemas sociais se mostram irredutíveis e heterogêneos, seria inútil perguntar qual é o melhor: todos serão ruins, se o indivíduo não conseguir criar para si uma atmosfera familiar. Felizmente, o indivíduo sempre pode ser modificado para adaptar-se ao grupo no qual nasceu, seja qual for a forma deste. No sentido mais amplo do termo, pode-se dizer, portanto, que o pensamento americano é conservador. Quer, em primeiro lugar, manter esses elementos da vida social americana que o indivíduo conseguiu integrar e aos quais ele, de alguma maneira, conseguiu se

---

[1] Margaret Mead, *And Keep Your Powder Dry*, Nova York, William Morrow and Company, 1943.

fixar: o *American way of life* forma um bloco até nos detalhes mais íntimos – cinema do sábado à noite ou *huckleberry pie*... Mas a realidade americana ultrapassa em todos os sentidos essa ilhota de clareza e segurança. Mistério a seus próprios olhos, ela aspira a se compreender e a se dominar, muito mais do que a se transformar. Confrontado com as preocupações sociais da Europa, o americano vê primeiro sua própria sociedade, e prefere pensar que ninguém deve se meter a reformar a casa quando não tem nem a planta nem o inventário dos materiais. Por isso, não é de surpreender que os Estados Unidos tenham visto o problema da reconstrução política da Europa como o de uma restauração.

O indivíduo não espera; para integrá-lo no grupo, levá-lo a aceitar o grupo, dar-lhe pelo menos a ilusão de compreendê-lo, em suma, para lhe dar felicidade, é preciso ser rápido; todo método é válido, desde que comprove eficácia. Portanto, em primeiro lugar é preciso dirigir-se à criança ou, mais exatamente, à infância eterna que todo ser humano inevitavelmente carrega em si. Em cada sociedade, desde a mais primitiva até a mais complexa, o indivíduo encerra no mais profundo de si mesmo, como uma chaga desconhecida e sempre aberta, a frustração de sua sensibilidade infantil que, a partir de determinada idade – diferente segundo a cultura, mas sempre prematura –, é submetida às rígidas disciplinas do grupo. Sempre e em todo lugar, o que se põe como ideal é o pensamento do adulto, a sensibilidade do adulto, a atividade do adulto; mas esse modelo social do adulto é atingido por quantos adultos? A psicologia experimental revela que a idade mental da imensa maioria dos indivíduos está bem aquém de sua idade física. Como as sociedades ignorantes desse fato importantíssimo deixariam de disseminar sofrimento ao exigirem de seus integrantes sempre mais do que eles podem dar, e dando-lhes, em outros campos, bem menos do que eles desejam, inconscientemente, receber? Não ousaríamos afirmar que a América percebeu claramente esse problema. Mas, como aconteceu com frequência ao longo dos séculos passados, ela parece tê-lo sentido intuitivamente bem antes que ele fosse formulado em termos científicos e ter lhe preparado esboços de solução, de modo ainda confuso e empírico.

A vontade obscura de reconhecer, legitimar e satisfazer essa parte de infância que vive em cada um de nós pode ser encontrada com facilidade nos Estados Unidos, em tipos sociais nos quais se modelam inconscientemente a vida privada e a vida pública. A mulher americana é e sempre será, antes de mais nada, *Mom*, "mamãe": verdadeira constante da sensibilidade americana média, em cujo prestígio crescente alguns sociólogos dos Estados Unidos – mais sensíveis sem dúvida às analogias superficiais do que à verdadeira substância dos fenômenos sociais – já advinham o advento de um matriarcado moderno. O respeito ao governo no poder, mesmo por seus adversários políticos, é um aspecto da vida americana que seria útil toda democracia ver como exemplo; mas é difícil duvidar que essa deferência quase sagrada do cidadão pelo presidente dos Estados Unidos ou do funcionário por seu *boss* não se reduza, em última análise, à veneração pela "gente grande", sempre viva no coração do adulto, na qual a sociedade americana soube encontrar um eficaz instrumento de disciplina coletiva. A grande distração nacional, o beisebol, com seu ritual minucioso, sua complexidade e suas rivalidades briguentas, é menos um esporte do que a apoteose de uma brincadeira infantil. Na América inteira, da infância à velhice, a *drugstore* e sua *"soda fountain"* de mil torneiras constituem a materialização – ajudada por toda a magia doméstica do mundo moderno – do palácio de *Dame Tartine*, com paredes de pralinas, móveis de caramelo, lagoas de melado e riachos de geleia. E a cada domingo, os *comics* – suplementos ilustrados dos jornais – inebriam todas as idades de aventura e maravilha, com *Dick Tracy, Superman, Buck Rogers*; ou iniciam nos problemas e conflitos da vida americana: marido e mulher, com *Mr e Mrs, Homer Hopee, Polly and Her Pals*; pais e filhos, com *Teena, Our Jim, Bringing up Father*; a mocinha e a mulher solitária, em *Little Orphan Annie, Dixie Dugan, Debbie Dean*... Por fim, seria difícil entender a posição do rádio e do automóvel na vida americana, o interesse apaixonado (ou, mais precisamente, passional) que atrai para os modelos novos ou afasta de repente dos modelos do ano anterior, se não adivinhássemos neles verdadeiros brinquedos de adultos; assim como o reconhecimento oficial e, muitas vezes, a organização coletiva dos *hobbies* confirma para todas as idades o direito e quase a obrigação, a legitimidade, enfim, de brincar.

É de se prever que os adultos nos quais a criança eterna não tenha sido e não venha a ser jamais lesada saberão conviver com mais naturalidade e boa vontade do que se sua juventude tiver sido alimentada de amargura. E, de fato, nos Estados Unidos o problema de estabelecer relações harmoniosas entre os indivíduos e de tornar a vida social um mecanismo bem lubrificado apresenta-se em termos de espantosa simplicidade. Também nesse caso, a técnica se empenha na eliminação de choques ou mesmo de pequenos atritos. Em primeiro lugar, é no domínio da vida material que uma incansável engenhosidade elimina o esforço, o gesto inútil, por meio da multiplicação dos *gadgets* ou pequenas invenções. A beleza física pode ser adquirida com uma alimentação frequentemente abominável, mas cuja eficácia é comprovada pela adolescência americana; e até para aquelas das quais a natureza parece ter desistido, há as "*finishing schools*", de onde a gorda sai magra, a corcunda, ereta, e a insípida, picante. A higiene corporal é ensinada como elemento de sucesso em sociedade, do mesmo modo que a conversação fácil. *To be a good conversationalist* – "ser um bom papo" – é algo que se aprende com receitas simplórias e às vezes até por correspondência. Em outro plano, um novo funcionário e até um professor universitário não serão escolhidos apenas por suas qualidades profissionais; além da competência, espera-se que ele seja aquilo que lá se diz ser *a nice guy*: "um sujeito legal", ou seja, nunca comprometer o fluido funcionamento da pequena comunidade que se prepara para recebê-lo com coisas como instabilidade, esquisitices, problemas da vida pessoal. Esse cuidado de evitar tudo o que pode causar embate, chocar, pôr em perigo a harmonia coletiva não deixa de ter inconvenientes; é possível responsabilizá-lo pela sensaboria que impregna com excessiva frequência as relações coletivas. Um acadêmico americano objetava a um colega europeu que se admirava com a pouca animação das reuniões científicas: *But you, European people, you argue too much*; e, quando o outro perguntou como é possível "discutir demais" a resposta foi: *You might hurt somebody*, "Você pode ferir alguém".

O que se quer evitar não são apenas os conflitos entre indivíduos, mas também os conflitos, não menos fatais para a boa consciência, do indivíduo consigo mesmo. Os mil procedimentos com os quais a vida americana oferece relaxamento ou consolida o controle sobre seus membros constituem uma hierarquia minuciosa. Poucos conselhos se encontram com tanta frequência na escola, nos anúncios publicitários ou na conversa corrente do que *relax*, ou seja, "relaxe", "não se irrite". O hábito de mascar chiclete provavelmente não teria se implantado tão solidamente nos costumes se não tivesse essa função social, ao mesmo tempo que produz resultados mecânicos ou psicológicos. O mesmo ocorre com o esporte e sobretudo com a religião, cujo papel social parece ultrapassar cada dia mais a satisfação das necessidades propriamente espirituais. Por fim, a extraordinária voga da psicanálise (acaso um cabeleireiro da popular rua 23, em Nova York, não oferece às clientes sentadas sob o secador os cuidados combinados de manicure, pedicure e psiquiatra?) não deve levar a esquecer as modificações introduzidas no método e nos princípios de Freud. Porque já não se trata de desnudar conflitos interiores do indivíduo que, esclarecido sobre si mesmo, continua senhor da escolha do caminho que pretende tomar. Cada vez mais, a psicanálise americana concentra-se na readaptação do indivíduo às normas do grupo: não o despertar do paciente para a liberdade, mas a recondução para a felicidade.

Essa sociologia otimista já conta em seu ativo com interessantes sucessos. A felicidade material, resultante da simplificação sistemática da vida cotidiana e dos elevados níveis de vida (que, não se deve esquecer, não passam de exceção), constitui um tema suficientemente conhecido pelo leitor francês para que nos limitemos aqui a um lembrete. Gostaríamos de insistir mais no contraste entre a infância europeia e a infância americana: esta, tão livre, tão rodeada de comodidades, tão maravilhosamente inconsciente de qualquer barreira entre crianças e adultos; depois, no colégio e na universidade, tão entusiasmada de saber que uma classe superior americana abole todo sentido da expressão "mau aluno". No adulto, caberia primeiro destacar a consciência profissional que, principalmente no servidor público e no pesquisador científico, garante que um problema sempre seja considerado com atenção e estudado com método até se chegar à sua solução; depois, o civismo americano, que é a aplicação à vida coletiva da seriedade com que se encara tudo: desde o *paper salvage* ou o *tin can salvage* – recuperação de jornais velhos e de latas de conserva vazias – até a venda dos bônus do Tesouro, pretexto para competições ardentes e amistosas entre cidadezinhas vizinhas. E onde veríamos, como na América, empresas comerciais convidando o público a só comprar seus produtos como segunda opção, dando preferência às obrigações de guerra? Este relógio, esta farinha, esta gravata, sim... *but buy a War Bond first*. Por fim, sem deixar de reconhecer a violência excepcional que os antagonismos coletivos podem assumir nos Estados Unidos, somos constantemente impressionados pela facilidade das relações individuais. Em todos esses pontos, a técnica da felicidade foi incontestavelmente bem-sucedida, e seu símbolo mais tocante talvez seja representado pelos milhares de esquilos que povoam os jardins públicos americanos e cujo encantador sentimento de segurança entre os visitantes deporia, até o dia do Juízo Final, a favor de uma infância sem malícia, uma adolescência sem ódio, uma humanidade sem rancor.

 Porém não é impunemente que a técnica, mesmo que da felicidade, se apodera do indivíduo como sua matéria-prima. A civilização americana, desejando tão ardentemente ser uma sociedade sem drama, já tem alguns motivos de ansiedade. Métodos tão eficazes, quando aplicados ao indivíduo, revelaram-se até agora impotentes em relação a grupos. Na verdade, a sociedade americana vive sob o ritmo duplo da permeabilidade individual e da impermeabilidade coletiva. Nada é mais suave, espontâneo e fluido que a relação entre *uma* criança e *um* adulto, *um* homem e *uma* mulher, *um* patrão e *um* operário. Mas também em nada há maior estranhamento do que entre gerações, sexos e classes. Uma criança americana é mais facilmente acessível do que mil de seus congêneres europeus; no entanto, a infância americana produz grandes acidentes patológicos como *Sinatra's fans*, *hoodlums* e *victory girls*,[1] que os pais descobrem chocados e os mecanismos coletivos precisam admitir que são impotentes para controlar. A franqueza das relações sociais entre homem e mulher não consegue dissipar o antagonismo latente da vida americana, resultante de a mulher já não ser apenas a guardiã do lar e o elemento de segurança de uma vida incerta, como na época dos pioneiros, mas sim, cada dia mais, a impiedosa propagadora de normas que esse modo de transmissão não consegue enriquecer nem humanizar. Por fim, todos conhecem a brutalidade das greves e dos *lockouts*; brutalidade só menor que a dos trágicos conflitos raciais.

Mesmo no plano individual, o problema ainda está longe da solução. Pois, se não existe nenhum país como os Estados Unidos onde seja mais fácil ser feliz como todo mundo, também não há nenhum onde seja mais arriscado o destino dos que não podem ou não querem se satisfazer com as soluções coletivas. E é aí que se mostra o drama verdadeiro, o drama fundamental da civilização americana, drama que a técnica da felicidade conseguiu circunscrever, mas não resolver, e que, do ponto de vista da consciência individual, pode ser chamado medo da solidão. Pois a felicidade americana é duplamente una: em primeiro

---

1 Ou seja: os jovens admiradores de Frank Sinatra, cujos excessos eram manchete em 1942-1943; jovens delinquentes que agiam em bandos; moças que, durante a guerra, manifestavam patriotismo oferecendo companhia ou favores sexuais aos soldados. *(Nota do editor francês.)*

lugar porque a sociedade só oferece um modelo; em segundo, porque todos os seus elementos são solidários e não resta possibilidade de escolha. A civilização americana é um bloco: é preciso aceitá-la por inteiro ou conformar-se com o abandono.

Por isso, já na infância, a alma americana sente o peso de uma angústia que é própria dela: a angústia de ficar sozinha, de ser deixada para trás; ela tenta escapar disso por meio de uma sociabilidade, de certo modo, implacável. Na escola ou na faculdade a maior preocupação é ser *popular*, ou seja, ter muitos amigos, encontros, correspondência copiosa. Mais tarde, será o grande número de clubes, associações mais ou menos misteriosas, *parties* – visitas ou excursões coletivas –, e até essas férias americanas, tão desconcertantes para uma mentalidade europeia, em que tudo parece organizado para excluir a solidão da natureza e a intimidade consigo mesmo. O arranha-céu, por fim, símbolo da civilização americana para o restante do mundo, é bem menos um desafio da técnica ou o resultado de uma necessidade econômica ou geográfica do que a expressão patética da necessidade de proximidade, da angústia de comunhão.

A técnica da felicidade conseguirá superar esses obstáculos ou encontrará, na resistência sempre recuada mas desesperadamente irredutível do indivíduo, um limite absoluto em que o pensamento europeu possa confirmar a persistência de seus valores tradicionais? Definitivamente, trata-se de saber se é possível criar uma civilização em que a massa e a elite encontrem satisfação. À parte alguns extremistas que se proclamam prontos a sacrificar a segunda, a América contemporânea responde que sim, com vigoroso otimismo. A Europa sofredora, que mal sai de uma crise que poderia facilmente convencê-la da esterilidade de seu destino, deve observar com grande interesse uma experiência cuja originalidade de inspiração e fecundidade não pode levar a esquecer que ela se desenvolve num terreno espiritual e moral que constitui, para sempre, o patrimônio comum do Antigo e do Novo Mundo.

Reciprocidade e hierarquia

VII
GUERRA E COMÉRCIO ENTRE OS ÍNDIOS DA AMÉRICA DO SUL

POUCOS ASPECTOS DA CULTURA DOS índios da América do Sul impressionaram tanto a imaginação dos primeiros viajantes quanto os relativos à preparação, à condução e às consequências da guerra. Parece que o contraste entre o nível primitivo da vida dos indígenas do Brasil, por exemplo, e o desenvolvimento de suas técnicas bélicas, a importância e a frequência das operações militares entre os diferentes grupos forneceram aos antigos cronistas uma espécie de ponto de referência no qual eles reencontravam a atmosfera conturbada da Europa do século XVI numa região distante e entre povos de fato muito estranhos.

As obras de autores como Jean de Léry, Hans Staden, André Thevet, Yves d'Évreux e outros ainda reservam bom espaço às ocupações desse tipo. O estudo das relações intertribais das populações da costa brasileira revestia uma importância política de primeira ordem para os primeiros navegantes. Bastava que os portugueses estabelecessem relações amistosas com uma tribo para que os vizinhos hostis a ela acolhessem calorosamente os franceses, rivais dos portugueses, e os ajudassem em suas contendas. Além disso, o caráter dramático das expedições guerreiras dos tupinambás, que nos são contadas principalmente por Jean de Léry, basta para excitar a imaginação. Desde a indumentária, suntuosa e terrível ao mesmo tempo – guerreiros coroados de plumas e pintados de vermelho e preto, de urucum e genipapo –, até a engenhosa utilização das flechas incendiárias e da fumaça asfixiante da pimenta, todos os detalhes dos preparativos bélicos são motivo de horror ou admiração. O quadro da vida intertribal do Brasil assim reconstituída apresenta a imagem de uma multidão de grupos essencialmente ocupados em combates sangrentos, travados às vezes entre tribos vizinhas que falavam a mesma língua e cuja separação datava de poucos anos.

Essa imagem deve corresponder amplamente à realidade. Seria difícil explicar a fragmentação dos povos primitivos da América do Sul, seu espalhamento numa verdadeira poeira de pequenas unidades sociais muitas vezes pertencentes às mesmas famílias linguísticas, no entanto isoladas em extremos opostos da floresta ou do planalto brasileiro, caso não se admitisse que, na história pré-colombiana da América tropical, as forças de dispersão sobrepujaram em muito as forças de união e de coesão. Não é de duvidar que em época antiga, como aliás na atualidade, os grupos vizinhos se tratassem mais como inimigos do que como aliados, que se temessem mutuamente e fugissem um do outro, e que essa atitude tivesse razões muito válidas. No entanto, percebe-se com clareza, mesmo da leitura dos antigos autores, que essa atitude dos grupamentos indígenas tinha um limite, e que nem tudo em suas relações era determinado por razões negativas. Vale mencionar o frequente uso de objetos ou de matérias-primas cuja proveniência só pode ser externa, comprovando a existência de relações comerciais entre grupos distantes: tal como daquelas pedras preciosas verdes, descritas por Yves d'Évreux e Jean de Léry, que os índios da costa usavam incrustadas nos lábios, nas bochechas e nas orelhas e consideravam seu bem mais precioso.

Mas, se lermos atentamente Jean de Léry, perceberemos que, entre os tupinambás do Rio de Janeiro, a guerra estava muito longe de ser resultado de alguma desordem ou expressão de uma situação puramente anárquica. As guerras tinham um objetivo, que, aliás, impressionava bastante os viajantes: obter prisioneiros destinados a ser comidos nas refeições antropofágicas, depois de um ritual perfeitamente elaborado. Essas refeições, horror de Léry, que as presenciou, e muito mais de Staden, que várias vezes correu o risco de ser sua vítima, assumem múltiplas funções na sociedade tupinambá, o que explica a posição essencial que essas cerimônias ocupam na cultura indígena. Os rituais antropofágicos estão associados tanto a ideias mágicas e religiosas quanto à organização social; implicam crenças metafísicas, garantem a perenidade do grupo, e é por meio deles que se define e se transforma o status social dos indivíduos. O fato de as guerras travadas pelos índios terem essencialmente por objetivo garantir o funcionamento regular desse ritual é algo suficientemente indicado pelo desalento que os domina quando Villegaignon os obriga a vender-lhe seus prisioneiros: "De que serve a guerra – exclamam –, se já nem dispomos de nossos prisioneiros para comê-los?" Assim, da leitura das antigas obras emerge uma imagem completamente diferente da atividade guerreira: já não apenas negativa, mas positiva; já não necessariamente retrato de uma crise, de um desequilíbrio nas relações entre os grupos, mas, ao contrário, o meio regular destinado a garantir o funcionamento das instituições – opondo, sem dúvida, as diversas tribos psicológica e fisicamente, mas ao mesmo tempo estabelecendo entre elas o elo inconsciente da troca – talvez involuntária, mas sempre inevitável – de serviços recíprocos essenciais à manutenção da cultura.

No entanto, foi só no fim do século XIX que as importantes viagens de Karl von den Steinen esclareceram um fato de que os viajantes dos séculos anteriores apenas suspeitavam: ao lado das lutas e das oposições, havia múltiplos fatores de coesão entre as pequenas unidades sociais que constituem a América indígena. As condições da vida social nas regiões onde von den Steinen esteve como primeiro estudioso, em 1884 e 1887, prestavam-se admiravelmente a constatações desse tipo, e não é inútil esboçar sua morfologia.

O curso superior do Xingu, afluente da margem direita do Amazonas, divide-se em vários ramos que correm em paralelo ao longo de quase todo o percurso. Naquela vasta rede fluvial, fixadas às ribas das margens como aos dentes de algum pente enorme, von den Steinen descobriu uma dúzia de pequenas tribos pertencentes a grupos diferentes, representando as mais importantes famílias linguísticas do Brasil. Essas tribos viviam a pequena distância umas das outras, e suas afinidades culturais ou linguísticas não determinavam necessariamente sua proximidade geográfica. Ao contrário, aldeias que falam a mesma língua estão frequentemente isoladas umas das outras por tribos diferentes, que, por sua vez, constituem enclaves de grupos afastados. Desde as viagens de Von den Steinen, o Xingu foi visitado várias vezes por outros etnógrafos ou viajantes: Hermann Meyer, Max Schmidt, Fawcett, Hintermann, Dyott, Petrullo e, recentemente, Buell Quain. Os levantamentos da distribuição dos grupos, feitos por essas diferentes testemunhas, às vezes apresentam grandes variações em relação ao de von den Steinen, mostrando que a localização das tribos é temporária, pelo menos no detalhe. Mas as características essenciais da morfologia do Xingu subsistiram até hoje: continuamos diante da concentração relativa, num território limitado, de grande número de grupos heterogêneos, quer pertençam a famílias diferentes, quer se considerem assim, mesmo quando falam a mesma língua.

Embora Petrullo insista na homogeneidade da cultura material em toda a área geográfica, o certo é que outrora reinou grande especialização entre as tribos. A homogeneidade é só aparente e se explica sobretudo como resultado do comércio entre os grupos. Esse fenômeno manifesta-se especialmente no que se refere à cerâmica, que, na época de von den Steinen, era fornecida aos bacairis e aos nauquás pelos custenaus e pelos meinacos, e aos trumais e às tribos de língua tupi, pelos uaurás. Esse sistema de trocas subsiste até hoje, pelo menos em suas características essenciais. Em 1887, os bacairis eram especializados na produção de urucum e algodão, bem como na confecção de redes de dormir, peças de casca de coco em formato retangular e outros. Os vizinhos consideravam os nauquás como os melhores fabricantes de recipientes de calabaça, de pérolas de cascas de coco e de madrepérola. Os trumais e suiás detinham o monopólio da fabricação de armas e ferramentas de pedra, tendo desenvolvido a cultura do tabaco. A preparação do sal de aguapé e de cinzas de palmeira pertencia e continua a pertencer aos trumais e aos meinacos. As tribos de língua aruaque trocavam sua cerâmica com as calabaças dos nauquás, e, ainda em 1938, Quain confirmava a constatação de von den Steinen, de que os arcos dos trumais eram de manufatura kamaiurá.

Essa especialização artesanal era acompanhada por diferenças no nível de vida: a pobreza dos yaulapítis impressionara von den Steinen; a alimentação desses índios era magra, e os objetos manufaturados, pouco numerosos. Tal situação podia resultar de má colheita ou de algum ataque imprevisto, pois as relações intertribais não são inteiramente pacíficas no Alto Xingu.

Cada tribo possui seu próprio território, delimitado por fronteiras bem conhecidas, que na maioria das vezes acompanha margens de rios. O curso desses rios é considerado rota livre, mas as barragens de pesca construídas perpendicularmente constituem propriedades tribais e, como tais, são respeitadas. Apesar dessas regras simples, os grupos vizinhos dão mostras de pouca confiança recíproca, e essa atitude é demonstrada pelo costume dos viajantes de acender uma fogueira de sinalização várias horas e às vezes vários dias antes de atingirem a aldeia que pretendem visitar. As tribos são classificadas em "boas" ou "más", segundo se espere acolhida mais generosa ou menos generosa, ou de acordo com a atitude conciliadora ou agressiva que se pressinta por parte de um vizinho temido. Quando von den Steinen explorava o Culiseu, um dos afluentes do Xingu, os trumais acabavam de ser atacados pelos suiás, que antes haviam feito grande número de prisioneiros entre os manitsauás. Os bacairis, em compensação, temiam os trumais, que eles acusavam de afogar seus prisioneiros de guerra depois de os amarrar. Em 1938, tal como em 1887, os trumais fugiam dos suiás, dos quais tinham muito medo. Esses conflitos muitas vezes ocorrem entre grupos que falam a mesma língua, por exemplo entre as diferentes aldeias do grupo nauquá.

No entanto, embora os estrangeiros que os visitam sejam muitas vezes vítimas de roubo, os laços que unem as tribos sem dúvida são mais fortes que as antipatias. Quain, por exemplo, observa o poliglotismo geral que reina em toda a área geográfica, e nota que, na maioria das aldeias, encontra-se um contingente de visitantes pertencente aos grupos vizinhos. Com muita frequência o motivo dessas visitas são costumes intertribais e a exigência do funcionamento normal das instituições: já referimos as trocas comerciais entre as tribos, que frequentemente se dão na forma de jogo, tal como a "permuta em leilão". Também ocorrem partidas de luta esportiva entre integrantes de diferentes grupos, e as aldeias se convidam reciprocamente para a celebração de suas festas. Pode ser que esses convites não sejam apenas um gesto de cortesia ou um chamado à abertura de negociações comerciais, mas representem uma verdadeira necessidade ritual: parece que algumas cerimônias importantes, como os ritos de iniciação, só podem ser celebradas com a cooperação de um grupo vizinho.

Dessas relações meio bélicas, meio amistosas, muitas vezes resultam casamentos entre integrantes de grupos diferentes. Na época de von den Steinen, esses casamentos ocorriam entre meinacos e nauquás; entre meinacos e auetis; entre estes e kamayurás; entre bacairis, por um lado, e custenaus e nauquás, de outro. Esses intercasamentos, quando praticados sistematicamente entre dois grupos, podem dar origem a uma nova unidade social, como, por exemplo, a aldeia arauiti, composta de casais de auetis e yaulapitis.

Portanto, percebe-se que, na região do Xingu, as oposições guerreiras são apenas a contrapartida de relações positivas, e estas apresentam um caráter ao mesmo tempo econômico e social. Verifica-se o mesmo no caso de índios tupis-cauaíbes, que vivem à margem do rio Machado, afluente da margem direita do rio Madeira.

Quando descobertos, em 1914, pelo general (então coronel) Cândido Mariano da Silva Rondon, esses índios, apesar de falarem a mesma língua e de se mostrarem conscientes de sua homogeneidade linguística e social, estavam dispersos numa área bastante grande e dividiam-se em aproximadamente vinte clãs, aliados ou inimigos entre si. Sob o impulso de um chefe muito enérgico, um desses clãs estava para assumir a hegemonia sobre todo o grupo, por meio de uma série de guerras vitoriosas. Essa ambição nunca se realizou completamente, uma vez que os tupis-cauaíbes caíram em total decadência psicológica e social logo depois de entrarem em contato com os brancos. Mas, ainda em 1938, pudemos notar entre seus últimos sobreviventes que, como contrapartida da guerra, havia uma política de intercasamentos, e, em muitos casos, a guerra só ocorria quando fracassassem os esforços prévios para impor esse tipo de aliança.

***

Contudo, nenhum exemplo esclarece melhor a correlação íntima entre as atividades guerreiras e ligações de outro tipo do que o dos índios nhambiquaras estudados por nós em 1938-1939. Os fatos que colhemos mostram com nitidez o caráter indissolúvel dos diferentes tipos de relações intertribais cuja análise é impossível encetar sem indicar previamente, de modo muito rápido, as características gerais do meio cultural no qual eles se situam.

Os índios nhambiquaras habitam uma das regiões mais mal conhecidas e desfavorecidas do Brasil. O planalto de formação antiga, que ocupa todo o Leste e o Centro do continente sul-americano, termina a oeste na vasta alça formada pela confluência dos rios Guaporé e Madeira. Nessas terras altas, cuja altitude varia de 300 a 800 metros, um solo saibroso, formado pela decomposição do arenito, no mais das vezes só oferece à vegetação um suporte estéril. Esse rigor é aumentado pela distribuição irregular das chuvas ao longo do ano: torrenciais de outubro a março, estão quase totalmente ausentes nos outros meses. A única vegetação que consegue subsistir nessas condições se reduz a um capim alto, queimado pelo sol durante a estação seca, e arbustos que crescem a distâncias irregulares, com cascas espessas e troncos tortuosos. Os raros animais refugiam-se na mata de galeria que acompanha o curso dos rios e nas matas ciliares que se formam em torno das nascentes. Os índios nhambiquaras ocupam a parte meridional dessa zona, e seus pequenos bandos seminômades erram pelo planalto, principalmente entre os vales dos tributários do Tapajós e do rio Roosevelt. Foi o general Rondon que os descobriu em 1907, por ocasião da construção da linha telegráfica estratégica do Mato Grosso ao Amazonas.

Os nhambiquaras têm um dos níveis de cultura mais elementares atualmente na América do Sul. Durante a estação chuvosa, fixam-se em aldeias compostas por ocas primitivas, às vezes até simples abrigos, na proximidade de algum curso de água. Em capoeiras circulares no interior da mata de galeria, eles praticam algumas culturas, principalmente a da mandioca. Essas culturas lhes garantem a subsistência durante o período sedentário e em parte também durante a estação seca, uma vez que conseguem conservar a mandioca, enterrando grandes tortas no chão. Quando chega a seca, a aldeia é abandonada, e seus integrantes dispersam-se em vários pequenos bandos nômades que raramente têm mais de trinta a quarenta pessoas. Essa família transporta, em um ou vários balaios, todos os seus bens materiais, que consistem em tortas de mandioca, cabaças, algodão fiado, blocos de cera ou resina e alguns instrumentos de pedra e às vezes de ferro, atualmente. Durante sete meses do ano, esses bandos deslocam-se pela savana em busca de pequenos animais, lagartos, aranhas, cobras ou outros répteis, frutos e grãos silvestres, raízes comestíveis e, de modo geral, tudo o que possa impedir que morram de fome. Seus acampamentos, montados para durar um dia ou vários, às vezes algumas semanas, reduzem-se a uma dúzia de abrigos sumários, formados por folhas de palmeira ou galhos fincados em semicírculo na areia. Cada família constrói seu abrigo e acende seu próprio fogo.

    A vida desses acampamentos, em cuja intimidade convivemos com os indígenas, merece ser rapidamente descrita. Os nhambiquaras despertam com o raiar do dia, reanimam o fogo, aquecem-se sumariamente do frio da noite, depois se alimentam levemente com os restos de beiju de mandioca da véspera. Um pouco mais tarde, os homens saem juntos ou separadamente para uma expedição de caça. As mulheres ficam no acampamento, onde se ocupam da tarefa de cozinhar. O primeiro banho é tomado quando o sol começa a esquentar. As mulheres e as crianças frequentemente se banham juntas, brincando, e às vezes é acesa uma fogueira, diante da qual todos se acocoram para se aquecerem ao saírem da água, exagerando por brincadeira o tiritar natural. As ocupações do dia variam pouco. A preparação da comida é a que exige mais tempo e cuidados. Quando sentem necessidade, mulheres e crianças saem em expedição para a coleta ou a colheita. Caso contrário, as mulheres fiam acocoradas no chão, recortam contas de casca de coco, catam piolhos, zanzam ou dormem.

    Nas horas mais quentes, o acampamento fica mudo; os habitantes, silenciosos ou adormecidos, gozam a sombra pr cária dos abrigos. No restante do tempo, as ocupações desenrolam-se em meio a conversas animadas. Quase sempre alegres e risonhos, os indígenas trocam piadas e, às vezes também, com gestos nada equívocos, frases obscenas ou escatológicas, saudadas por gargalhadas. O trabalho é frequentemente interrompido por visitas recíprocas ou perguntas. As crianças ficam à toa durante grande parte do dia; as meninas dedicam-se em alguns momentos aos mesmos afazeres das mais velhas; os meninos ficam ociosos ou pescam na beira dos cursos de água. Os homens que ficaram no acampamento dedicam-se à feitura de cestos, fabricam flechas e instrumentos musicais e às vezes realizam pequenos serviços domésticos. Geralmente, reina grande entendimento entre os casais. Por volta de três ou quatro horas, os outros homens voltam da caça, o acampamento se anima, as falas se tornam mais vivazes, formam-se grupos, diferentes das aglomerações familiares. Todos se alimentam de beiju de mandioca e de tudo o que foi encontrado durante o dia: peixes, raízes, mel silvestre, morcegos, bichos capturados e pequenos frutos adocicados da palmeira "bacaiuva". Às vezes uma criança começa a chorar e é logo consolada por outra mais velha. Quando a noite cai, algumas mulheres designadas a cada dia vão buscar a provisão de lenha para a noite, que é recolhida ou cortada no mato vizinho. Os galhos são juntados num canto do acampamento, e cada um vai se abastecendo na medida da necessidade. Os grupos familiares se reúnem em torno de suas respectivas fogueiras, que começam a brilhar. O começo da noite é passado em conversas, cantos e danças. Às vezes essas distrações adentram mais a noite, mas, em geral, após algumas brincadeiras carinhosas e lutas amistosas, os casais se unem mais estreitamente, as mães abraçam o filho já adormecido, tudo fica silencioso, e a noite fria passa a ser animada apenas por algum estalido nas fogueiras, pelos passos leves de alguém em busca de lenha, por latidos dos cães ou pelo choro de alguma criança.

Entre os numerosos bandos como o que acabamos de descrever, cabe distinguir os que são aparentados por laços familiares e muitas vezes representam os habitantes de uma aldeia – ou de um grupo de aldeias – que "explodiu" com a perspectiva da vida nômade. Esses bandos mantêm relações normalmente pacíficas, embora o contrário às vezes ocorra como consequência de alguma questão comercial ou amorosa. Outros, ao contrário, são estranhos entre si, compostos por indivíduos que não são parentes nem aliados; esses são originários de territórios muito afastados um do outro e podem até ser separados por diferenças de dialeto, visto que o nhambiquara não é uma linguagem homogênea. Esses bandos têm atitude ambígua uns com os outros. Temem-se e ao mesmo tempo sentem que há necessidades recíprocas entre eles. Porque, quando se encontram, podem obter artigos desejados, que só um deles possua ou seja capaz de produzir ou fabricar. Esses artigos dividem-se essencialmente em três categorias: mulheres, que só podem ser raptadas em expedições vitoriosas; sementes, em especial de feijão; cerâmica e até fragmentos de cerâmica, usados para fazer fusaiolas. Assim, os nhambiquaras orientais, que ignoram a fabricação da cerâmica e têm nível cultural nitidamente inferior ao dos vizinhos ocidentais e meridionais, recentemente haviam empreendido várias campanhas guerreiras para, no dizer de seu chefe, obter sementes de feijão e cerâmica para fusaiolas.

Por isso, é bastante notável o comportamento de dois bandos que se sabem vizinhos. Os indígenas temem e, ao mesmo tempo, desejam o encontro. É impossível que ele ocorra por acaso: durante várias semanas, os dois bandos podem espreitar reciprocamente a fumaça vertical das fogueiras de seus acampamentos, visível a vários quilômetros no céu claro da estação fria. E um dos espetáculos mais impressionantes do território nhambiquara é esse das fumaças preocupantes, que de repente, ao entardecer, povoam um horizonte que se acreditaria estar deserto. Os indígenas lançam olhares ansiosos para o céu límpido do crepúsculo: "São índios acampados..." Mas que índios? O bando que se aproxima será amistoso ou hostil? Discute-se durante muito tempo, junto às fogueiras, a conduta que deverá ser adotada. O contato pode mostrar-se inevitável e, nesse caso, pode ser melhor tomar a iniciativa. Se o grupo se sentir suficientemente forte, ou se estiver precisando de certos produtos considerados indispensáveis, o encontro, ao contrário, será desejado e buscado. Durante semanas, os grupos se evitam e mantêm razoável distância entre suas fogueiras. Depois, um dia, toma-se a decisão, ordena-se às mulheres e às crianças que se dispersem na mata, e os homens partem para enfrentar o desconhecido.

Participamos de um desses encontros que constituem o acontecimento mais marcante da vida nhambiquara. Os dois bandos, reduzidos a seus elementos masculinos, aproximam-se com hesitação um do outro e, em seguida, tem início uma longa conversação. Mais exatamente, os líderes de cada grupo, cada um por sua vez, proferem uma espécie de longo monólogo, entrecortado por exclamações e emitido num tom lamuriento e choroso em que a voz se arrasta de modo anasalado no fim de cada palavra. O grupo inspirado por intenções bélicas expõe suas queixas; os pacíficos, ao contrário, asseveram suas boas intenções. Infelizmente, é impossível reconstruir *a posteriori* o texto exato desses discursos parlamentares, proferidos segundo o impulso do momento. Mas eis um fragmento que ilustra sua estrutura e seu tom específico: "Nós não estamos irritados! Nós somos seus irmãos! Nós estamos com boas intenções! Amigos! Bons amigos! Nós compreendemos vocês! Nós viemos amistosamente!" etc. O mesmo estilo oratório também é empregado para as invocações preliminares a uma declaração de guerra.

Depois dessas trocas de asseverações pacíficas, as mulheres e as crianças voltam a se reunir aos grupos, estes se reconstituem e organiza-se um acampamento. Cada grupo, porém, conserva sua individualidade, pondo suas fogueiras próximas umas das outras. Muitas vezes se dá um sinal para que ocorram cantos e danças (essas duas atividades, na verdade inseparáveis, no vocabulário indígena são designadas pela mesma palavra); e cada grupo, obedecendo à etiqueta, deprecia sua própria exibição e exalta a dos parceiros do encontro: "Os tamandés cantam bem! Mas, para nós, cantar bem acabou..." Cada equipe, ao terminar de cantar ou dançar, exclama em tom pungente, afetando tristeza: "Oh, que canto horrível!", enquanto os presentes protestam calorosamente: "Não! Não! Foi bonito!"

No caso que testemunhamos, essas regras de cortesia não foram observadas por muito tempo. Ao contrário, o tom geral elevou-se depressa na excitação provocada pelo encontro, e a noite ainda não estava muito avançada quando as discussões, misturadas aos cantares, começaram a produzir um alarido extraordinário, cujo significado nos escapou completamente de início. Ensaiavam-se gestos de ameaça, às vezes até explodiam brigas, enquanto alguns indígenas se interpunham como mediadores. Essas manifestações hostis, porém, não conseguiam dar a impressão de desordem, pois se desenrolavam pausadamente e, apesar do barulho, em meio a certo decoro. A cólera nhambiquara exprime-se por meio de gestos estilizados, implicando, na maioria das vezes, os órgãos sexuais. Por exemplo, o homem segura seu próprio "sexo" com as duas mãos e o aponta para o adversário, projetando o ventre e flexionando os joelhos. A segunda etapa consiste na agressão ao inimigo, para arrancar o tufo de palha preso acima do baixo-ventre a um fino cinto de contas. Pois a palha "tapa o sexo", e luta-se "para arrancar a palha". Mas, mesmo supondo que essa operação tenha sucesso, seu caráter será puramente simbólico, visto que o tapa-sexo (que muitas vezes se deixa de usar) é feito de material tão frágil que não tem a função de dar proteção nem de dissimular o órgão. Por fim, o insulto supremo é apoderar-se do arco e das flechas, que vão ser depositados na mata vizinha. Em tais circunstâncias, os indígenas conservam calma aparente, mas sua atitude é tensa, como se estivessem (e provavelmente estão) em estado de cólera violenta e contida. Essas brigas sem dúvida degeneram às vezes em conflito generalizado, mas no caso que presenciamos elas se acalmaram de madrugada. Sempre no mesmo estado de irritação aparente e com gestos nada delicados, os adversários puseram-se a inspecionar-se mutuamente, apalpando com rapidez, uns nos outros, ornamentos de orelhas, pulseiras de algodão, pequenos enfeites de pluma, murmurando palavras rápidas: "Isso... isso... ver... bonito..."

Essa *inspeção de reconciliação* marca a conclusão normal do conflito. É ela que introduz o novo aspecto das relações entre os dois grupos: as trocas comerciais. Por mais sumária que seja a cultura material dos nhambiquaras, os produtos da indústria dos diferentes grupos são muito apreciados por seus vizinhos. Os grupos orientais precisam de cerâmicas e sementes; os grupos setentrionais e centrais consideram que os vizinhos do sul fazem colares preciosos. Por isso, o encontro de dois grupos, quando pode desenrolar-se de modo pacífico, tem como consequência uma série de presentes recíprocos: o conflito sempre possível dá lugar ao negócio. Mas esse negócio apresenta características notáveis. Se considerarmos as transações como uma sucessão de presentes, será preciso reconhecer que o recebimento deles não comporta nenhum agradecimento nem demonstração de satisfação; e, se foram encaradas como trocas, estas se realizam sem nenhum regateio, sem nenhuma tentativa de valorizar o artigo por parte de quem oferece ou, ao contrário, de depreciá-lo, por parte de quem o recebe, e sem manifestação de desacordo entre as partes. Na verdade, há repulsa a admitir que estão ocorrendo trocas: cada indígena cuida de suas ocupações habituais, e os objetos ou produtos passam silenciosamente de um a outro, sem que aquele que dá faça notar o ato com o qual deposita seu presente, e sem que aquele que recebe aparente prestar atenção a seu novo bem. Desse modo trocam-se algodão descaroçado e novelos de fio; blocos de cera ou de resina; barras de corante de urucum; cascas de coco, ornamentos de orelhas, pulseiras e colares; tabaco e sementes; plumas e lascas de bambu destinadas à confecção de flechas; meadas de fibra de palmeira; espinhos de ouriço; potes inteiros e cacos de cerâmica; calabaças.

Essa misteriosa circulação de mercadorias ocorre sem pressa durante metade de um dia ou um dia inteiro. Depois, os grupos retomam seus caminhos diferentes e nas etapas seguintes cada um faz o inventário do que recebeu e recorda o que deu. No que se refere à equidade das transações, os nhambiquaras confiam inteiramente na boa-fé ou na generosidade do parceiro. Para eles, é totalmente estranha a ideia de que se pode avaliar, discutir ou pechinchar, exigir e cobrar. Por exemplo, prometemos a um indígena um facão de mato como pagamento por uma missão que ele deveria cumprir para nós junto a um grupo vizinho. Quando o mensageiro voltou, deixamos de lhe dar imediatamente a recompensa combinada, acreditando que ele viria pessoalmente buscá-la. Não veio, e no dia seguinte não conseguimos achar o interessado; ele tinha ido embora, irritadíssimo, disseram seus companheiros, e nunca mais o vimos. Nessas condições, não é surpreendente que, terminadas as trocas, um dos grupos se vá descontente com seu quinhão e, ao fazer o inventário de suas aquisições e rememorar seus próprios presentes, acumule, durante semanas ou meses, um ressentimento que se tornará cada vez mais agressivo. Muitas vezes, ao que parece, as guerras entre bandos não têm outra origem. Mesmo assim, também existem causas diferentes: vingança de um assassinato ou rapto de mulheres, quer se deseje tomar a iniciativa, quer se pretenda vingar um ataque anterior. Mas, em geral, um bando não se sente coletivamente obrigado a represálias por algum dano causado a um ou vários de seus integrantes. Com muito mais frequência, em vista da forte e permanente animosidade que reina entre os grupos, esses pretextos servem para aquecer os ânimos e são acatados de bom grado, principalmente quando o bando se sente com força. A proposta de guerra é apresentada por um indivíduo bastante exaltado, que expõe diante dos companheiros as queixas especiais que o afligem. Seu discurso é construído no mesmo estilo e proferido no mesmo tom das interpelações entre grupos estranhos que se encontram: "Olá! Venha aqui! Escute! Estou nervoso! Muito nervoso! Quero flechas! Flechas grandes!"

Mas, antes que a expedição seja decidida, é preciso consultar os presságios, por intermédio do chefe ou do curandeiro, nos grupos em que chefe e curandeiro são pessoas diferentes. Usando indumentária ritual, com tufos de palha sarapintada de vermelho e a cabeça coberta por pele de onça-pintada, os homens executam os cantos e as danças de guerra, enquanto crivam de flechas um poste simbólico. Em seguida, o oficiante esconde solenemente, num recesso da mata, uma flecha que deverá ser encontrada no dia seguinte manchada de sangue para que os auspícios sejam considerados favoráveis. Muitas expedições guerreiras assim decididas terminam depois de alguns quilômetros de marcha: a excitação e o entusiasmo arrefecem, e o pequeno exército volta ao acampamento. Outras guerras chegam à realização e podem ser muito mortíferas. Os nhambiquaras atacam habitualmente ao alvorecer e esperam a hora do assalto espalhados na mata. O sinal de ataque é dado pelo pequeno apito duplo, que os indígenas usam amarrado a um barbante em torno do pescoço, chamado de "grilo", por causa da semelhança do som que emite com o estridular desse inseto. As flechas de guerra são as mesmas utilizadas normalmente para a caça de grandes animais; mas, antes de serem usadas contra seres humanos, os bordos de sua larga ponta lanceolada são serrilhados. As flechas envenenadas com curare, de uso corrente na caça, nunca são empregadas na guerra.

Nessas técnicas guerreiras há tantos detalhes semelhantes às descrições dos antigos viajantes e de outras mais recentes, em relação a tribos diferentes, que não hesitaríamos muito em generalizar, pelo menos em certa medida, os fatos que relatamos, cuja observação foi menos frequente. Entre os nhambiquaras, como sem dúvida em numerosas populações da América pré-colombiana, a guerra e o comércio constituem atividades que é impossível estudar isoladamente. As trocas comerciais representam guerras potenciais resolvidas pacificamente, enquanto as guerras são resultantes de transações malsucedidas. No século XVI eram encontrados objetos de proveniência inca nas mãos dos habitantes mais primitivos da floresta e da costa do Brasil. Na outra mão, o ferro trazido pelos primeiros colonizadores penetrou nas regiões mais recuadas do continente vários decênios antes do avanço de quem o trouxera. Esses fatos mostram bem que as relações positivas entre os grupos (como a colaboração no plano da vida social para garantir o funcionamento regular das instituições) e as trocas econômicas equilibravam em grande parte os conflitos, que, por serem mais espetaculares, na origem foram os únicos notados. O caráter profundamente heterogêneo da maioria dos dialetos sul-americanos – cujos vocabulários refletem origens tão diversas que, em numerosos casos, só é possível vinculá-los a esta ou àquela família linguística pelo arriscado jogo das porcentagens – é mais um indicador da multiplicidade dos contatos e das trocas que devem ter ocorrido em passado próximo ou distante.

***

Outros indicadores emergem do estudo dos complexos sistemas de organização social, que contrastam fortemente com o baixo nível econômico e com as técnicas elementares das tribos que os desenvolveram. Estamos apenas começando a descobrir, na América do Sul, a existência desses sistemas que nada ficam a dever aos refinamentos sociológicos das sociedades australianas.[1] Tribos pouco numerosas, cuja estrutura supostamente não deveria ocultar nenhum mistério, de repente revelam a uma investigação mais atenta um extraordinário empilhamento de clãs, faixas etárias, sociedades e fratrias, entre os quais os indivíduos se distribuem, naturalmente acumulando vários títulos. Quase todas essas sociedades apresentam uma divisão em duas metades, que se alternam no papel de garantir a execução das cerimônias e, às vezes, também de gerir os casamentos. Mas, na América do Sul, essa instituição, tão disseminada em outras regiões do mundo, apresenta uma característica extra: a assimetria. Pelo menos no nome que ostentam, essas metades são desiguais em grande número de tribos. Temos, por exemplo, pares de "Fortes" e "Fracos", "Bons" e "Maus", "Os de montante" e "Os de jusante" etc. Essa terminologia é parecida demais com a que tribos diferentes usam para designar-se reciprocamente, e o próprio sistema lembra demais a organização dualista do império dos incas – com a dicotomia entre "Os de cima" e

---

[1] Curt Nimuendajú, *The apinayé*, Washington, The Catholic University of America, Anthropological Series n. 8, 1939, e os outros trabalhos desse admirável etnólogo sobre os xerentes e os ramkokamekrás. *(Nota do editor francês: ver a resenha dessas obras neste volume, capítulo V.)*

"Os de baixo", cuja origem histórica é suficientemente atestada pelas fontes – para que hesitemos muito em reconhecer, nessas divisões, os vestígios de um estágio em que os grupos fundamentais constituíam unidades isoladas. Entre os nhambiquaras, convivemos com dois grupos que falavam dialetos diferentes e, decidindo em comum acordo fundir-se, tinham estabelecido entre seus respectivos integrantes um sistema artificial de parentesco que redundou em relações idênticas às que poderiam existir entre os integrantes das metades exogâmicas de uma mesma sociedade.[1] Aliás, está fora de dúvida, desde a descoberta das Antilhas, habitadas no século XVI por indígenas caribes – cujas mulheres, com sua língua especial, comprovam suas origens aruaques –, que processos de assimilação e dissimilação sociais não são incompatíveis com o funcionamento das sociedades centro- e sul-americanas. Mais recentemente, como vimos, von den Steinen foi testemunha do mesmo fenômeno na aldeia arauiti, do Alto Xingu. Mas, tal como no caso das relações entre guerra e comércio, os mecanismos concretos dessas articulações passaram despercebidos durante muito tempo.

Neste artigo, tentamos, justamente, mostrar que na América do Sul os conflitos bélicos e as trocas econômicas não constituem apenas dois tipos de relação coexistentes, mas sim os dois aspectos, opostos e indissolúveis, de um único e mesmo processo social. O exemplo dos índios nhambiquaras revela as modalidades em que a hostilidade dá lugar à cordialidade, a agressão à colaboração, ou vice-versa. Mas a continuidade dos elementos do todo social não para por aí. Os fatos indicados no parágrafo anterior mostram que as instituições primitivas dispõem de meios técnicos para fazer que as relações hostis evoluam para além do estágio das relações pacíficas e sabem utilizar estas relações para integrar novos elementos ao grupo, mesmo modificando profundamente sua estrutura.

---

[1] Esses fatos são objeto de um estudo especial, *The Social Use of Kinship Terms Among Brazilian Indians*, que deve ser publicado em data próxima. *(Nota do editor francês: neste volume, capítulo XIII.)*

Está claro que não pensamos em afirmar que todas as organizações dualistas da América do Sul resultam da fusão de grupos. No grupo já constituído também podem ocorrer processos inversos – de dissimilação neste caso, e não mais de assimilação. Um desses processos poderia, por exemplo, resultar da coexistência, em numerosas tribos sul-americanas, do casamento avuncular (tio materno e sobrinha) e do casamento entre primos cruzados (respectivamente nascidos de um irmão e uma irmã). Do fato de, normalmente, dois indivíduos pertencentes a gerações diferentes competirem pela mesma mulher poderia surgir uma dicotomia dentro do grupo entre os "Mais velhos" e os "Mais novos". Esses são, de fato, os nomes com que os tupis-cauaíbes designam suas metades, sem que daí decorra, necessariamente, a aplicação neste caso da hipótese que acaba de ser formulada como possibilidade teórica. Mas, se isso ocorresse, seria interessante notar que o sistema dualista citado por último apresenta diferenças consideráveis em relação aos outros conhecidos. Sejam quais forem as ressalvas que se façam diante de interpretações excludentes da origem das organizações dualistas, é muito provável que, em certos casos, a explicação por integração represente uma resposta satisfatória. A guerra, o comércio, o sistema de parentesco e a estrutura social devem ser estudados em íntima correlação. Até que ponto é possível avançar no estudo dessas correlações é outra questão. Um esforço de síntese excessivamente sistemático levaria com facilidade aos intoleráveis abusos da interpretação funcionalista. Embora, por exemplo, não hesitemos em ver em certas estruturas dualistas o feliz resultado da integração dinâmica de um antigo sistema de aliança, é muito mais duvidoso que a diferenciação dos clãs por privilégios de técnicas – como aquela cuja existência mostramos entre os bororos[1] – possa ser interpretada como sobrevivência de uma especialização industrial das tribos, tal como,

---

[1] Claude Lévi-Strauss, "Contribution à l'étude de l'organisation sociale des Indiens bororo", *Journal de la Société des américanistes de Paris*, 2, 1936.

ainda atualmente, existe uma no Xingu. O sociólogo, porém, precisa ter sempre em mente que as instituições primitivas não são apenas capazes de conservar o que há ou de reter provisoriamente os vestígios de um passado que se desfaz, mas também de elaborar inovações audaciosas, ainda que as estruturas tradicionais precisem ser profundamente transformadas.

VIII
A TEORIA DO PODER NUMA SOCIEDADE PRIMITIVA[1]

NADA É MAIS DUVIDOSO DO que a ideia de que grupos humanos pouco desenvolvidos na cultura material ou na organização social podem nos dar informações sobre as etapas primitivas da evolução da humanidade. Uma sociedade arcaica em certos aspectos pode ser muito refinada em outros, como mostra a sutileza australiana em matéria de sistemas de parentesco. Como essas sociedades primitivas têm uma história, seria grave erro acreditar que essa história pode ser desconsiderada, com o pretexto de que nada conhecemos a seu respeito. As semelhanças parciais que os achados arqueológicos nos possibilitam inferir entre as sociedades primitivas e as do homem pré-histórico, apesar de serem hipotéticas, não obliteram as tremendas diferenças que há em campos que a arqueologia não atinge. Essas razões, que são apenas algumas entre outras, levaram numerosos antropólogos, nos últimos anos, a considerar cada grupo humano como um caso particular a ser estudado, analisado e descrito do ponto de vista de sua

---

[1] Agradecemos à New York Academy of Sciences pela autorização de traduzir do inglês e publicar aqui o texto desse estudo, que foi publicado na versão original em *Transactions of the New York Academy of Sciences,* series II, vol. 7, n. 1, novembro de 1944.

originalidade, sem a pretensão de utilizar os resultados para formular conclusões gerais e entender melhor a natureza humana.

Por mais útil que tenha sido essa atitude após os excessos evolucionistas, e por mais fecundos que tenham sido os resultados obtidos, ela comporta perigos que devem acarretar preocupações. Acaso estamos todos condenados, como novas Danaides, a encher sem fim o tonel das ciências humanas, amontoando monografias em vão, sem jamais colher um resultado mais rico e duradouro? Felizmente, não precisamos considerar as sociedades primitivas como etapas ilusórias do desenvolvimento da humanidade para atingirmos a verdades universalmente válidas. O fato de pelo menos algumas delas (e todas em algum aspecto) serem sociedades mais simples que as nossas não precisa ser tomado como prova de seu arcaísmo. Mas, embora não nos possam esclarecer sobre a história da humanidade, pelo menos nos ajudam a compreender melhor certas formas de atividade que se encontram, sempre e em todos os lugares, como prerrequisitos para a existência da sociedade humana.

Os organismos mais simples possibilitam um estudo melhor das funções orgânicas de outros que exibem as mesmas funções, porém de forma mais complexa. Os grupos humanos mais simples prestam ao antropólogo o mesmo tipo de serviço, sem a necessidade de se supor que representam sobrevivências de formas mais antigas de organização. Recorrer à noção de função no campo da antropologia não é uma novidade. Essa noção, introduzida nas ciências sociais por Émile Durkheim em 1894,[1] foi muitíssimo explorada desde então, às vezes de modo extremamente abusivo. De fato, há funções da vida social assim como há funções da vida orgânica, mas nem num campo nem no outro é possível dizer que tudo corresponde a um valor funcional e pode ser justificado por ele. Afirmar o contrário só poderia levar a

---

1 Émile Durkheim, *Les Règles de la méthode sociologique, op. cit.* : "Função é a correspondência entre o fato considerado e as necessidades gerais do organismo social", p. 117.

dois resultados: ou o retorno da antropologia a um providencialismo do século XVIII, em que a cultura desempenharia, em relação ao homem, o mesmo papel tutelar atribuído à natureza pelo autor de *Paulo e Virgínia*;[1] ou a redução da noção de função a pura tautologia – dizer, por exemplo, que o talhe da lapela de nossos paletós tem a função de satisfazer a um senso estético não teria sentido algum; nesse caso, evidentemente, o senso resulta do costume, e não o inverso. O costume tem uma história que explica sua existência. Nas condições atuais, não tem função.

As considerações acima podem parecer uma introdução bem pesada a um estudo dedicado aos aspectos psicológicos do poder político numa pequena tribo do interior do Brasil. Mas não acredito que os dados abaixo, se vistos apenas como descrição das formas de comando num grupo ainda pouco conhecido, despertariam muito interesse. Fatos análogos foram coligidos com frequência e podem ser encontrados, juntos ou separados, em numerosos documentos. Os nhambiquaras despertam interesse por nos colocarem diante de uma das formas de organização social e política mais simples concebíveis. O poder político existe sob múltiplos aspectos nas sociedades humanas, mas seria inútil tentar descobrir o valor funcional de cada uma dessas modalidades numa pesquisa que fosse até os mais ínfimos detalhes. O poder sem dúvida tem uma função, mas esta só pode ser atingida por meio de uma análise dos princípios fundamentais da instituição. Voltando à comparação acima, da diferença de estrutura entre o estômago do homem, do boi, do peixe e do molusco, é absurdo concluir pela existência de funções diferentes da digestão. A função é sempre a mesma, mas é mais fácil estudá-la e entendê-la nos locais em que ela se mostra na forma mais simples, por exemplo na ostra. Como escreveu Robert H.

---

1 Em *Études de la nature* [*Estudos da natureza*] (1784), Bernardin de Saint-Pierre sugeria que a natureza dera estrias ao melão para que fosse mais fácil dividir o fruto em família, e fizera as pulgas pretas para que fosse mais fácil agarrá-las.

Lowie, para ser um estudo científico, a sociologia só pode ter por objeto a sociedade em seu conjunto, e não os grupos particulares que existem em todas as partes do mundo. O papel das culturas particulares é apenas oferecer, de acordo com suas próprias características, pontos de vista especiais, a partir dos quais as funções básicas da cultura, apesar de sua aplicação universal, podem ser mais facilmente atingidas.

Essas reflexões nos ajudarão a eliminar certo número de questões preliminares que de outro modo poderiam apresentar extrema dificuldade. O debate deste momento, por parte de antropólogos da América do Sul e de outros lugares, consiste em saber se as tribos mais primitivas da América do Sul (nômades, com uma economia de coleta e apanha, agricultura quase ou totalmente inexistente, pouca ou nenhuma cerâmica e, em certos casos, habitações que não passam de abrigos grosseiros) devem ser consideradas sobrevivências autênticas de uma cultura arcaica, ou se foram levadas a reconstituir, sob a influência de condições desfavoráveis, condições pseudoprimitivas que sucederam a um nível mais elevado de cultura material e de organização social. Os nhambiquaras pertencem a esse conjunto primitivo, com os sirionós do outro lado do vale do Guaporé, os caiapós, bororos e carajás do Brasil central, e os grupos erroneamente reunidos sob o nome jê do Brasil central e oriental. Essas diversas tribos formam um núcleo de baixas culturas, cercado a oeste pelas sociedades mais avançadas do alto Amazonas, da planície boliviana e do Chaco, e desde o estuário do Orenoco até o estuário do rio de la Plata, por uma franja costeira ocupada principalmente pelas famílias linguísticas aruaque, caribe e tupi-guarani. Os nhambiquaras constituem um grupo linguístico isolado, dividido em vários dialetos, e oferecem ao pesquisador o espetáculo de uma das culturas mais atrasadas que se possam encontrar hoje na América do Sul e mesmo no mundo. Alguns de seus bandos não constroem ocas e ignoram completamente a cerâmica; e em todos os grupos essas duas técnicas são muito pobres. A tecelagem é inexistente, exceto no que se refere às estreitas tiras de algodão usadas nos braços e nas pernas. Homens e mulheres não usam roupas; redes e plataformas para dormir são desconhecidas; os indígenas dormem no chão, sem proteção de cobertas, esteiras ou peles de animais. A horticultura é praticada apenas durante a estação chuvosa e em escala insuficiente para evitar que os nhambiquaras levem vida errante, durante os sete meses da estação seca, à procura de raízes, frutos e grãos silvestres, pequenos animais como lagartos, cobras, morcegos, aranhas, gafanhotos e, de modo mais geral, tudo o que possa impedir que morram de fome. Na verdade, o meio geográfico (que corresponde à parte ocidental e setentrional do estado de Mato Grosso e compreende o curso superior do Tapajós, do rio Roosevelt e do rio Ji-Paraná) se reduz a uma savana desolada, pobre em vegetação e principalmente em caça.

Se tivéssemos adotado um ponto de vista diferente do esboçado nos parágrafos anteriores, não teríamos evitado uma longa discussão sobre a pré-história sul-americana: essas características primitivas são realmente arcaicas, constituem uma sobrevivência de condições de vida anteriores na América do Sul, ou são fenômenos mais recentes (embora sem dúvida pré-colombianos) de regressão resultante de choques de cultura e migrações? Seja qual for o caso, a questão não se altera substancialmente: conservando instituições antigas ou retrogradando a condições pseudoprimitivas, a sociedade nhambiquara não deixa de funcionar, atualmente, como um dos tipos sociais mais simples imagináveis. Não procuraremos entender a história que a manteve nessa forma excepcionalmente elementar ou que a fez retroagir a esse estado. Consideraremos apenas a experiência sociológica que se desenrola hoje diante de nossos olhos.

Isso é especialmente verdadeiro em relação à vida social e política. Ignoramos qual era a cultura material dos nhambiquaras quarenta anos atrás (antes de terem sido descobertos em 1907), mas sabemos que o número deles foi brutalmente reduzido após seu contato com a civilização. O general (então coronel) Cândido Mariano da Silva Rondon, que os descobriu e estudou pela primeira vez, calculou seu número inicial em cerca de 20.000. Isso foi por volta de 1915. Esse número provavelmente é exagerado, mas, mesmo reduzido à metade, ainda é bem superior ao atual, que é da ordem de 2.000. As epidemias explicam a diferença. O que isso significa do ponto de vista de nosso estudo? Durante a estação seca, os nhambiquaras vivem em bandos nômades, cada um deles sob o comando de um chefe que, durante o período de vida sedentária, pode ser um chefe de aldeia ou uma personalidade marcante. Rondon escreveu que, na época em que explorava a região, não era raro ver bandos de 200 a 300 pessoas em média. Hoje é raro encontrar mais de 60 a 70 pessoas de uma só vez, e o contingente médio dos bandos pode ser fixado em cerca de 20 pessoas, incluindo mulheres e crianças. Tal colapso demográfico não pode ter ocorrido sem afetar a estrutura do bando. Mas, também nesse caso, não precisamos nos preocupar com o tipo de organização social que possa ter existido antes. Talvez seja mais difícil reconstituir a sociologia nhambiquara hoje do que há trinta anos. Ao contrário, é possível e até provável que o bando nômade nhambiquara, em seu estado de empobrecimento atual, constitua um terreno privilegiado para um estudo teórico. Precisamente por causa desse empobrecimento, a estrutura política da sociedade nhambiquara revela funções elementares que podem permanecer ocultas em sistemas de governo mais complexos e desenvolvidos.

A cada ano, no fim da estação das chuvas, ou seja, no final de abril ou início de maio, as aldeias semipermanentes instaladas nas proximidades da mata de galeria (onde as hortas são desbravadas e cultivadas) são abandonadas, e a população divide-se em pequenos bandos livremente organizados. Cada bando compreende cerca de duas a dez famílias, habitualmente ligadas por parentesco. Esse detalhe pode enganar à primeira vista, pois poderia parecer que o bando é formado por uma família indivisa. No entanto, percebe-se rapidamente que o laço de parentesco entre duas famílias pertencentes a bandos diferentes pode ser tão estreito (e em certos casos mais estreito) que o laço que une duas famílias do mesmo bando. Os nhambiquaras têm um tipo simples de sistema de parentesco, baseado no casamento de primos cruzados[1] e na dicotomia entre "cruzados" e "paralelos" em cada geração. Assim, todos os homens da mesma geração são "irmãos" ou "cunhados", e os homens e as mulheres são, uns em relação aos outros, ou "irmãos" e "irmãs" (reais ou classificatórios), ou "esposos" (reais ou classificatórios). Do mesmo modo, as crianças, para os adultos, ou são "filhos" e "filhas" (reais ou classificatórios), ou "sobrinhos" e "sobrinhas", ou seja, também "genros" ou "noras", reais ou potenciais. A escolha dos termos disponíveis de parentesco, portanto, é reduzida e, por essa razão, as relações de parentesco dentro do mesmo bando podem parecer mais estreitas do que são de fato, e as relações de parentesco entre pessoas de bandos diferentes, mais distantes do que revelaria o exame das genealogias. Além disso, o sistema de casamento entre primos cruzados bilaterais, quando aplicado dentro de um grupo pequeno, produz o encolhimento e, ao mesmo tempo, a multiplicação das relações de parentesco. Por conseguinte, as relações familiares não podem desempenhar papel decisivo na constituição do bando. Pode-se dizer que dentro de um bando, assim como em bandos diferentes oriundos da população da mesma aldeia, todos são parentes de todos, e mais ou menos da mesma maneira.

Como explicar então a divisão em bandos? Do ponto de vista econômico, a pobreza em recursos naturais e a grande superfície necessária para alimentar um indivíduo durante o período nômade tornam quase obrigatória a dispersão em pequenos grupos. O verdadeiro problema, portanto, não é saber por que essa dispersão ocorreu, mas em que bases o agrupamento ocorre. Dissemos acima que ele ocorre livremente, mas essa liberdade não é arbitrária. No grupo inicial há vários homens

---

[1] Filhos, respectivamente, de um irmão e de uma irmã, ao passo que os chamados primos "paralelos" são filhos de dois irmãos ou duas irmãs, e designam-se mutuamente irmãos e irmãs. Entre "paralelos" de gerações diferentes, os termos em uso são os mesmos que entre pais e filhos; os "cruzados" da mesma geração designam-se "esposos" e "esposas", portanto "sogros" e "genros/noras" quando pertencentes a duas gerações consecutivas.

reconhecidos como chefes (reputação provavelmente adquirida em razão de sua atitude durante a vida nômade), que formam os núcleos relativamente estáveis em torno dos quais o agrupamento se produz. A importância e a permanência do agrupamento durante determinado período dependem em grande parte da capacidade de cada um desses chefes para conservar sua posição e possivelmente melhorá-la. O poder não se mostra como resultado das necessidades do grupo, mas é o grupo que recebe forma, tamanho e até origem do chefe potencial que lhe é preexistente.

Há, porém, uma função contínua de comando, embora este não seja permanentemente exercido pelo mesmo indivíduo. Entre os nhambiquaras, o poder não é hereditário. O chefe que envelhece ou adoece, sentindo-se incapaz de assumir suas pesadas funções, designa seu sucessor: "Este será o chefe..." No entanto, parece que esse poder autocrático é mais aparente que real. Adiante veremos como é fraca a autoridade do chefe, e, nesse caso como em todos os outros, a decisão definitiva parece ser precedida por um exame cuidadoso da opinião pública; o herdeiro designado é o mais apoiado pela maioria. Mas a designação do novo chefe não é limitada apenas pelos votos ou pela não aceitação do grupo; também precisa corresponder aos planos do interessado. Não é raro a oferta do poder colidir com uma recusa veemente: "Não quero ser chefe." Nesse caso, é preciso fazer outra escolha. De fato, o poder não parece ser ardentemente cobiçado, e os diferentes chefes que conhecemos demonstravam mais motivos para queixar-se dos pesados encargos e das muitas responsabilidades do que para orgulhar-se de sua importância. Quais são então os privilégios do chefe e quais são suas obrigações?

Montaigne, quando conheceu em Rouen (por volta de 1560) três índios brasileiros levados por algum navegante, perguntou a um deles quais eram os privilégios do chefe (disse "rei") em seu país; e o indígena, que era chefe, respondeu: marchar à frente na guerra. Montaigne relatou essa história num célebre capítulo dos *Ensaios*,[1] maravilhando-se com essa altiva definição. Mas para nós foi maior motivo de assombro e admiração receber exatamente a mesma resposta quatro séculos depois. Os países civilizados sem dúvida não dão mostras de semelhante constância em sua filosofia política! Por mais impressionante que seja, essa fórmula é menos significativa do que o nome que serve para designar o chefe na língua nhambiquara. *Uilikandê* parece querer dizer "aquele que une" ou "aquele que junta". Essa etimologia sugere que a mente indígena está plenamente consciente desse fenômeno capital que ressaltamos já no início, qual seja: o chefe aparece como causa do desejo do grupo de se constituir como grupo, mais do que como efeito da necessidade de uma autoridade central, sentida por um grupo já constituído.

O prestígio pessoal e a aptidão para inspirar confiança, portanto, são os fundamentos do poder na sociedade nhambiquara. E, de fato, ambos são indispensáveis àquele que se tornar o guia da aventurosa experiência que é a vida nômade da estação seca. Durante seis ou sete meses, o chefe será inteiramente responsável pela direção de seu bando. É ele que organiza a partida para a vida errante, escolhe os itinerários, estabelece as etapas e a duração das paradas (que variam de um ou dois dias a várias semanas). Ele decide as expedições de caça, pesca, coleta ou colheita e determina a política do bando em relação a grupos vizinhos. Quando o chefe de bando é também um chefe de aldeia (dando-se à palavra "aldeia" o sentido restrito de instalação semipermanente para a estação das chuvas), suas obrigações não se limitam a isso. É ele que determina o momento e o lugar da vida sedentária, dirige o plantio e escolhe as culturas; de modo mais geral, orienta as ocupações em função das necessidades e possibilidades sazonais.

---

1 Michel de Montaigne, "Dos canibais", *Ensaios*, Livro I, XXXI (fim do capítulo).

Cabe notar desde já que essas múltiplas funções do chefe não são facilitadas por um poder definido nem por uma autoridade publicamente reconhecida. O consentimento está na origem do poder, e é também o consentimento que fornece a medida de sua legitimidade. Uma conduta desordeira (do ponto de vista indígena) ou manifestações de má vontade por parte de um ou dois descontentes podem comprometer seriamente o programa do chefe e o bem-estar de sua pequena comunidade. Em semelhante eventualidade, porém, o chefe não dispõe de nenhum poder de coerção. Ele só pode se livrar dos elementos indesejáveis se for capaz de fazer que sua opinião seja compartilhada por todos. Portanto, ele precisa, o tempo todo, dar mostras de uma habilidade que é mais própria do político em busca do controle de uma maioria indecisa do que de um soberano onipotente. Não lhe basta manter a coesão de seu grupo. O bando, mesmo vivendo praticamente isolado durante o período da vida nômade, não se esquece da existência dos grupos vizinhos. Não basta o chefe agir bem; ele precisa tentar – e seu grupo conta com ele para isso – agir melhor que os outros.

Pois não existe estrutura social mais frágil e efêmera do que o bando nhambiquara. Se o chefe parecer exigente demais, se reivindicar mulheres demais para si (analisaremos adiante as características da poligamia do chefe), ou se for incapaz de dar solução satisfatória ao problema do abastecimento em período de escassez, o descontentamento geral começará a manifestar-se. Indivíduos ou famílias inteiras se separarão do grupo e irão juntar-se a outro bando que goze de melhor reputação. Pode ser que esse bando tenha alimentação mais rica, graças à descoberta de novas áreas de caça ou coleta; ou que tenha maior riqueza em ornamentos e instrumentos em decorrência de trocas comerciais com grupos vizinhos, ou até que tenha se tornado mais poderoso depois de uma expedição vitoriosa. Dia virá em que o chefe estará à frente de um grupo reduzido demais para enfrentar os problemas cotidianos e proteger suas mulheres contra a cobiça dos outros grupos. Nesse caso, ele não terá outra opção, senão abandonar o comando e, com seus últimos companheiros, unir-se a um grupo mais bem-sucedido. Percebe-se, então, que a estrutura social nhambiquara está em estado continuamente fluido. O bando forma-se e desorganiza-se, cresce e desaparece. No intervalo de alguns meses, às vezes, sua composição, seus integrantes e sua distribuição tornam-se irreconhecíveis. Intrigas políticas dentro do mesmo bando e conflitos entre bandos vizinhos impõem o ritmo dessas variações, e a grandeza e decadência dos indivíduos e dos grupos se sucedem de modos muitas vezes surpreendentes.

Como o chefe enfrenta essas dificuldades? O primeiro e principal instrumento de poder consiste em sua generosidade. A generosidade – importantíssimo atributo do poder na maioria dos povos primitivos, de maneira muito especial na América – desempenha papel essencial, mesmo nessas culturas elementares em que os bens materiais se reduzem a armas e instrumentos grosseiros, a pobres ornamentos de plumas, cascas de coco e ossos, e a algumas matérias-primas, como blocos de resina e cera, meadas de fibras e fragmentos de bambu para fazer pontas de flecha. Na verdade, não pode haver grandes distinções econômicas entre famílias que precisam juntar todas as suas riquezas em balaios carregados pelas mulheres durante as longas viagens da estação seca. Mas o chefe, mesmo não parecendo gozar de situação privilegiada, precisa ter sempre à mão excedentes de alimentos, instrumentos, armas e ornamentos, que, apesar de ínfimos, têm valor considerável em vista da pobreza geral. Quando um indivíduo, uma família ou o bando todo tem um desejo ou uma necessidade, é ao chefe que se recorre para obter satisfação. Assim, a generosidade é a qualidade essencial que se espera de um novo chefe. Essa é a corda constantemente tangida, que confere ao consentimento um som harmonioso ou dissonante. Não se pode duvidar de que, nesse aspecto, as habilidades do chefe são exploradas ao extremo. Os chefes de bando eram meus melhores informantes, e, consciente de sua posição difícil, eu gostava de recompensá-los com liberalidade, mas raramente vi um de meus presentes ficar nas mãos deles por um período superior a uns poucos dias. Toda vez que me despedia de um bando após algumas semanas ou alguns meses de convivência, os indígenas tinham tido tempo de tornar-se os felizes proprietários de machados, facas, pérolas etc. Mas, em geral, o chefe estava tão pobre quanto no momento de minha chegada. Tudo o que ganhara de mim (que estava consideravelmente acima da média atribuída a cada um) fora extorquido dele. Essa avidez coletiva muitas vezes põe o chefe numa posição desesperada. Nessa democracia primitiva, a recusa de dar desempenha então mais ou menos o mesmo papel que a questão de confiança tem num parlamento moderno. Quando atinge o ponto de dizer: "Chega de dar! Chega de ser generoso! Que outro seja generoso em meu lugar!", o chefe precisa estar realmente seguro de seu poder, pois seu reinado está atravessando sua crise mais grave.

A engenhosidade nada mais é que a forma intelectual da generosidade. Um bom chefe precisa dar mostras de iniciativa e competência. É ele que fabrica o veneno para as flechas, apesar de a preparação do curare entre os nhambiquaras ser uma atividade puramente profana, não cercada por proibições cerimoniais ou prescrições mágicas. É ele também que fabrica a bola de borracha usada nos jogos que praticam eventualmente. O chefe precisa ser bom cantor e bom dançarino, um folião sempre disposto a distrair seu bando e alegrar a monotonia da vida cotidiana. Esse papel conduziria facilmente ao xamanismo, e alguns chefes também são curandeiros e feiticeiros. Porém, entre os nhambiquaras, as preocupações místicas ficam sempre em segundo plano, e as funções mágicas, quando se manifestam, reduzem-se a atributos secundários do comando. Com mais frequência, o poder temporal e o poder espiritual são divididos entre dois indivíduos. Nesse aspecto, os nhambiquaras diferem profundamente dos vizinhos do noroeste, os tupis-cauaíbes, entre os quais o chefe é, acima de tudo, um xamã, habitualmente um psicopata dado a sonhos premonitórios, visões, transes e desdobramentos.

Mas, apesar de orientadas para uma direção mais positiva, a habilidade e a engenhosidade do chefe nhambiquara não deixam de ser impressionantes. Ele precisa ter um conhecimento perfeito dos territórios frequentados por seu grupo e pelos grupos vizinhos, ter familiaridade com as áreas de caça e com a localização de árvores frutíferas silvestres, saber em que período estão amadurecendo, ter uma ideia aproximada dos itinerários dos bandos vizinhos, amistosos ou hostis. Portanto, precisa viajar mais e com mais rapidez do que seu povo, ter boa memória e às vezes pôr seu prestígio em jogo em contatos arriscados com grupos estranhos e perigosos. Está constantemente envolvido em alguma forma de reconhecimento ou exploração e mais parece girar em torno de seu bando do que conduzi-lo.

À parte um ou dois homens sem autoridade real, mas dispostos a colaborar em troca de recompensa, a passividade do bando contrasta fortemente com o dinamismo do chefe. É como se o bando, abrindo mão de certas vantagens em favor do chefe, confiasse a ele inteiramente a tarefa de cuidar de seus interesses e de sua segurança. Presenciei esse contraste em circunstâncias bem curiosas. Depois de várias semanas de negociações, obtive de um chefe o favor de me levar, com alguns companheiros e bois carregados de presentes, à sua aldeia semipermanente, desabitada naquele período do ano. Era uma ocasião única de penetrar mais profundamente em território inexplorado e de entrar em contato com grupos tímidos demais para aventurar-se fora dos limites. Pusemo-nos em marcha juntos, para uma viagem que deveria ser curta. Mas o chefe decidira que seria impossível a nosso pequeno grupo e, especialmente, às mulas e aos bois, viajar pelo itinerário habitual da mata. Resolveu levar-nos por campinas, perdeu-se várias vezes, e não conseguimos chegar à aldeia na data prevista. As provisões estavam esgotadas, e não havia caça à vista. A perspectiva de um dia de jejum, aliás não inabitual, mostrou-se sinistra. Mas daquela vez a culpa era do chefe. Todo o projeto era dele, assim como a tentativa de descobrir um caminho mais cômodo. Por isso, em vez de procurar comida, os indígenas famintos deitaram-se à sombra dos arbustos, deixando para o chefe o cuidado de resolver a situação. Ele não se deu o trabalho de esperar nem de discutir, mas, como se considerasse normal o incidente, deixou o acampamento acompanhado por uma de suas mulheres. Todos passaram o dia a dormir, conversar e gemer. Não houve almoço nem jantar. No crepúsculo o chefe e sua mulher reapareceram, dobrados sob balaios cheios até a borda. Tinham caçado gafanhotos o dia todo, e embora, em língua nhambiquara, a expressão "comer gafanhotos" tenha mais ou menos o sentido de "matar cachorro a grito", essa iguaria foi acolhida, compartilhada e devorada com renovado bom humor. Na manhã seguinte, todos se armaram com galhos desfolhados e saíram para caçar gafanhotos.

Referimo-nos várias vezes às mulheres do chefe. A poligamia, que é praticamente privilégio dele, constitui a compensação moral e sentimental de suas pesadas obrigações, ao mesmo tempo que lhe propicia o meio prático de cumpri-las. Salvo raras excepções, só o chefe e o feiticeiro (quando essas funções são divididas entre dois indivíduos) podem ter várias mulheres. Mas trata-se de um tipo de poligamia bem especial. Em vez de um casamento plural no sentido próprio do termo, tem-se um casamento monogâmico ao qual se somam relações de natureza diferente. Já notamos que o casamento de primos cruzados representa o tipo o mais frequente entre os nhambiquaras. Mas há também outro tipo de casamento, de um homem com uma mulher pertencente à geração imediatamente inferior, filha de mulher (verdadeira ou classificatória) ou filha de irmã. Essas duas formas de casamento não são raras na América do Sul e foram observadas com frequência, em conjunto ou separadamente. O que ocorre no caso do chefe? Há, primeiro, um casamento monogâmico do tipo "primo cruzado", ou seja, quando a mulher pertence à mesma geração do marido. Essa primeira mulher desempenha o papel habitual da mulher monógama nos casamentos comuns. Ela segue os usos da divisão de trabalho entre os sexos, cuida dos filhos, cozinha e colhe produtos selvagens.

A esse casamento soma-se uma união ou várias, reconhecidas como casamentos, mas de outro tipo. As mulheres secundárias pertencem a uma geração mais jovem. A primeira mulher as chama de "filhas" ou "sobrinhas". Além disso, elas não obedecem às regras da divisão sexual de trabalho, mas participam tanto de ocupações masculinas quanto femininas. No acampamento, desprezam os trabalhos domésticos e ficam ociosas, ora brincando com as crianças, que pertencem de fato à sua geração, ora acariciando o marido, enquanto a primeira mulher se atarefa em torno do fogo e da comida. Mas, quando o chefe sai em expedição de caça ou exploração, ou para alguma outra atividade masculina, suas mulheres secundárias o acompanham e lhe prestam assistência física e moral. Essas moças com jeito de molecas, escolhidas pelo chefe entre as mais bonitas e sadias do grupo, são mais amantes que esposas para ele. Ele vive com elas na base de uma camaradagem amorosa que contrasta fortemente com a atmosfera conjugal da primeira união.

Esse sistema acarreta graves consequências para a vida do grupo. Ao retirar periodicamente mulheres jovens do ciclo regular dos casamentos, o chefe provoca desequilíbrio entre o número de rapazes e moças em idade núbil. Os homens jovens são as principais vítimas dessa situação e se veem condenados ao celibato durante vários anos ou a casar-se com viúvas ou mulheres velhas repudiadas pelos maridos. O privilégio da poligamia, portanto, representa uma concessão considerável que o grupo faz a seu chefe. O que isso significa do ponto de vista deste último? Sem dúvida, o acesso a moças jovens e bonitas lhe propicia uma satisfação que é buscada não tanto do ponto de vista físico (visto que, nesse aspecto, os nhambiquaras dão mostras da discrição habitual aos índios da América do Sul) quanto do ponto de vista psicológico e sentimental. Mas, acima de tudo, o casamento poligâmico e seus atributos específicos constituem o meio técnico que o grupo põe à disposição do chefe para lhe dar condições de enfrentar seus esmagadores encargos. Se estivesse sozinho, ele dificilmente poderia fazer mais que os outros. Suas mulheres secundárias, liberadas por seu status especial das servidões habituais de seu gênero, dão-lhe ajuda, assistência e conforto. São, ao mesmo tempo, recompensa e instrumento do poder. Do ponto de vista indígena, será possível dizer que o prêmio vale a pena? Para responder a essa pergunta, precisamos encarar o problema de um ângulo mais geral e indagar o que o bando nhambiquara, considerado como estrutura social elementar, pode nos ensinar sobre a origem e a função do poder.

Passaremos rapidamente pela primeira questão. Os fatos observados entre os nhambiquaras somam-se a outros para refutar a velha teoria sociológica, temporariamente ressuscitada pela psicanálise, segundo a qual o chefe primitivo teria como protótipo um pai simbólico, e as formas elementares do Estado teriam sido progressivamente desenvolvidas a partir da família. Na base das formas mais grosseiras de poder, pudemos discernir uma atitude decisiva, que introduz um elemento inteiramente novo em relação aos fenômenos biológicos: essa atitude consiste no *consentimento*. O consentimento é, ao mesmo tempo, origem e limite do poder. Relações unilaterais, como as que se expressam na gerontocracia, na autocracia ou em qualquer outra forma de governo, podem aparecer em grupos de estrutura já complexa. Elas são inconcebíveis em formas simples de organização social, como a que tentamos descrever aqui. Nesse caso, ao contrário, as relações entre o chefe e seu grupo reduzem-se a uma espécie de arbitragem perpétua entre, de um lado, os talentos e a autoridade do chefe e, de outro, o tamanho, a coesão e a boa vontade do grupo; todos esses fatores interagem e exercem influência recíproca.

Se houvesse tempo e fosse pertinente ao tema, gostaria de poder mostrar aqui o considerável apoio que a etnologia contemporânea dá, nesse aspecto, às teses dos filósofos do século XVIII. Estou bem consciente de que o "contrato social" de Rousseau, que é a medida por meio da qual os indivíduos renunciam à sua autonomia em favor da vontade geral, é profundamente diferente das relações quase contratuais que existem entre o chefe e seus companheiros. No entanto, é verdade que Rousseau e seus contemporâneos deram mostras de profunda e penetrante intuição sociológica quando entenderam que atitudes e elementos culturais como o "contrato" e o "consentimento" não são processos secundários, como afirmavam seus oponentes, em especial Hume: são as matérias-primas da vida social, e é impossível conceber qualquer forma de organização política na qual eles não estejam presentes. Se bem entendi, as análises recentes, feitas por etnólogos americanos contemporâneos, das sociedades militares entre índios das Planícies indicam a mesma conclusão.[1]

A segunda observação decorre da primeira: o *consentimento* é o fundamento psicológico do poder, mas na vida cotidiana é expresso e dimensionado por um jogo de troca de serviços entre o chefe e seus companheiros, tornando a noção de *reciprocidade* um atributo fundamental do poder. O chefe tem o poder, mas precisa ser generoso. Tem obrigações, mas tem direito a várias mulheres. Entre ele e o grupo estabelece-se um equilíbrio perpetuamente renovado de benefícios e privilégios, serviços e obrigações. Cabe a Marcel Mauss uma introdução à noção de reciprocidade, que foi brilhantemente desenvolvida por Malinowski em seu livro *Crime and Custom in Savage Society*. Referindo-se ao poder, ele escreve: "Os direitos do chefe sobre seus súditos, do marido sobre sua mulher, dos pais sobre os filhos e vice-versa não são exercidos arbitrariamente e de modo unilateral, mas de acordo com regras definidas e organizados em cadeias equilibradas de serviços recíprocos."[2] Essa afirmação demanda alguma correção. Malinowski tem razão quando aponta que a relação entre o chefe e seus súditos,

---

[1] Robert H. Lowie, *The Origin of the State*, Nova York, Harcourt, Brace and Company, 1927, p. 76-107; Karl N. Llewellyn e Edward A. Hoebel, *The Cheyenne Way*, Norman, University of Oklahoma Press, 1941, parte II. cap. 5.

[2] Bronisław Malinowski, *Crime and Custom in Savage Society*, Nova York, 1940 (3ª edição), p. 46.

assim como todas as relações na sociedade primitiva, baseia-se na reciprocidade. Mas, no primeiro caso, essa reciprocidade não é do mesmo tipo que nos outros. Em toda sociedade, primitiva ou civilizada, estão constantemente em ação dois ciclos de reciprocidade: primeiro a série de benefícios individuais que interligam os integrantes isolados do grupo; segundo, uma relação de reciprocidade que liga o grupo considerado como grupo (e não como coleção de indivíduos) e seu dirigente. No caso estudado, isso é claramente ilustrado pelas regras de casamento. Tomada no sentido mais amplo, a proibição do incesto significa que cada integrante do grupo é obrigado a ceder a irmã ou a filha a outro homem e, reciprocamente, tem o direito de receber uma mulher de outro homem (quer seja o mesmo indivíduo, como no caso de casamento por troca, quer de qualquer outro). Assim, cria-se, direta ou indiretamente, uma cadeia contínua de benefícios recíprocos entre todos os elementos do grupo, coletivos ou individuais.[1] Esse tipo de reciprocidade pode ser chamado de *reciprocidade qualitativa*. Mas a proibição do incesto também estabelece uma reciprocidade de um tipo que pode ser chamado de quantitativo. Podemos considerá-lo uma medida de "congelamento", que, ao mesmo tempo que proíbe apropriar-se das mulheres que estão naturalmente à disposição, prepara a elaboração de regras de casamento que possibilitem a cada indivíduo encontrar uma esposa. Há, portanto, estreita relação entre os graus de proibição e a medida em que a poligamia é permitida em qualquer sociedade. Como essas considerações se aplicam aos nhambiquaras? Se eles tivessem um sistema de casamento por primos cruzados, associado exclusivamente à monogamia, estaríamos diante de um sistema absolutamente simples de reciprocidade (do ponto de vista do indivíduo), tanto qualitativa quanto quantitativa. Mas essa fórmula teórica é subvertida pelo privilégio poligâmico do chefe. A suspensão da regra mais simples a favor

---

[1] Ver a respeito a análise de Francis E. Williams, *Papuans of the TransFly*, Oxford, Clarendon Press, 1936, p. 167-169.

do chefe cria, para cada indivíduo, um elemento de insegurança que de outro modo não existiria. Em outros termos, a concessão de um privilégio ao chefe significa que o grupo trocou *elementos individuais de segurança* resultantes da regra monogâmica pela *segurança coletiva* oferecida pela liderança. Cada homem recebe uma mulher de outro homem, mas o chefe recebe várias mulheres do grupo. Em troca, oferece uma garantia contra a carência e o perigo, não aos indivíduos cujas irmãs ou filhas ele desposa, não àqueles que se verão privados de mulheres por seu direito à poligamia, mas ao grupo considerado como um todo. Pois foi o grupo considerado como um todo que suspendeu o direito comum a favor dele. As considerações acima podem ter relevância para um estudo teórico da poligamia, mas, acima de tudo, servem para nos lembrar que a concepção de Estado como sistema de garantias, recentemente reatualizada pelas discussões sobre um regime nacional de garantias (como o plano Beveridge e outros), não é um desenvolvimento moderno. É um retorno à natureza fundamental da organização social e política.

Esse é o ponto de vista do grupo sobre o poder. Qual é a atitude do chefe em relação à sua própria função? Quais são as motivações que o levam a aceitar um cargo sobre o qual não fizemos uma descrição muito favorável? Vimos que o chefe de bando nhambiquara tem um papel difícil e penoso; que precisa esforçar-se o tempo todo para manter sua posição. Além disso, se não melhorar constantemente, correrá o risco de perder tudo o que levou meses ou anos para conquistar. Isso explica por que muitos homens, como vimos, se esquivam do poder. Mas por que outros o aceitam e até o buscam? Sempre é difícil julgar motivações psicológicas, tarefa que se torna quase impossível diante de uma cultura profundamente diferente da nossa. No entanto, pode-se dizer que o privilégio da poligamia, seja qual for seu valor do ponto de vista sexual, sentimental e social, seria por si só insuficiente para determinar essa vocação. O casamento poligâmico é uma condição técnica do poder; do ponto de vista das satisfações individuais, só pode ter valor acessório. Deve haver algo mais. Tentando rememorar os traços morais e psicológicos dos diversos chefes nhambiquaras que conheci e buscando captar as nuances fugazes e únicas de sua personalidade mais íntima (cuja precisão nenhuma análise científica pode afirmar, mas que adquirem uma espécie de valor intuitivo baseado no sentimento de amizade e comunicação humana), sinto-me irresistivelmente levado à seguinte conclusão: há chefes porque há, em todo grupo humano, homens que, diferentemente de seus companheiros, gozam de prestígio por si sós, têm forte senso de responsabilidade, e para eles o peso dos afazeres públicos é em si mesmo a recompensa. Sem dúvida as diversas culturas ressaltam e "embelezam" essas diferenças individuais em diferentes graus. Mas sua clara existência numa sociedade tão pouco inspirada pelo espírito de competição, como a nhambiquara, é forte indício de que sua origem não é social. Ao contrário, fazem parte da matéria-prima psicológica da qual toda cultura é feita. Os homens não são todos semelhantes, e, mesmo nas sociedades primitivas, que os antigos sociólogos acreditavam ser esmagadas pelo poder irresistível da tradição consuetudinária, essas diferenças individuais são percebidas e decifradas com tanta argúcia quanto em nossa chamada civilização "individualista".

Em tais questões, é notável como a experiência prática dos administradores coloniais se mostra avançada em relação aos estudos teóricos dos sociólogos. Durante os últimos vinte anos, a avaliação pessimista de Lowie sobre os trabalhos etnológicos no campo das instituições políticas não perdeu pertinência.[1] Temos muito o que aprender com aqueles que, sem terem formação científica, estão em contato diário com as instituições indígenas. Mencionarei aqui, não sem reservas, a afirmação de Lyautey: "Há em toda sociedade uma aristocracia nas-

---

1 Robert Lowie, *Primitive Society*, Nova York, Boni & Liveright, 1920, início do cap. XIII.

cida para comandar, sem a qual nada pode ser realizado."[1] O que é verdade para as estruturas sociais simples não pode ser considerado igualmente válido para as mais complexas, onde a função de comando já não se manifesta em estado "puro". Mas ouçamos o que diz o governador-geral Éboué, ao falar das tribos nômades da África Equatorial francesa que, como ele escreve, vivem "em regime de anarquia organizada" : "Quem deverá ser chefe? Não responderei, como em Atenas, 'o Melhor'. Não há chefe melhor, há apenas chefe [...] o chefe não é intercambiável [...] o chefe preexiste."[2] Foi exatamente isso que nossa análise da sociedade nhambiquara nos indicou desde o início.

Ao desenvolverem o estudo das instituições políticas, os etnólogos deverão dar cada vez mais atenção à noção de "poder natural". Estou ciente de que essa expressão parece quase contraditória. Não há nenhuma forma possível de poder que não receba configuração e especificidade em dado contexto sociológico. No entanto, essa expressão tem valor aproximativo e pode ser tomada como um limite, no sentido da matemática. Embora o limite nunca seja atingido, as estruturas sociais simples, em virtude de sua simplicidade, nos dão uma aproximação cada vez maior dele. Em tais estudos, portanto, podemos ver grandes oportunidades de trabalho conjunto entre a antropologia e a psicologia.

---

1 Citado no memorando sobre a política indígena do governador-geral Éboué, 8 de novembro de 1941. (*French Colonial Policy in Africa*, Special Issue n. 2, French Press and Information Service, Nova York, 1944.)

2 *Ibidem.*

IX
Reciprocidade e hierarquia

O 89º volume (março-abril de 1943) da excelente revista brasileira *Revista do Arquivo Municipal de São Paulo* contém informações importantes e novas sobre a estrutura da organização dualista dos bororos, que eu gostaria de discutir brevemente. Essas informações se encontram num artigo de Manuel Cruz, "O exorcismo da caça, do peixe e das frutas entre os bororo". M. Cruz não é antropólogo, mas há muitos anos mora na região de Lageado e, por isso, pode ser considerado um de nossos mais confiáveis informantes da vida e dos costumes dos bororos.

A descrição dos rituais alimentares dos bororos, feita por M. Cruz, não acrescenta muito ao que já sabíamos graças aos estudos de Frič e de Colbacchini,[1] mas lança novas luzes sobre certos traços específicos da organização social em metades. M. Cruz explica que o xamã bororo (*bári*) oferece alimento aos maus espíritos (*maeréboe*), em nome do filho do espírito, caso a oferenda provenha de um membro da metade

---

[1] V. Frič e P. Radin, "Contributions to the Study of the Bororo Indians", *Journal of the Royal Anthropological Institute*, vol. XXXVI, 1906; Pe. Antonio Colbacchini e Pe. Cesar Albisetti, *Os Borôros Orientais*, São Paulo, Companhia Editora Nacional, 1942.

tugaregue, e em nome do genro do espírito (ou neto, uma vez que o termo de parentesco *auaguédu – waguedo* segundo Colbacchini – pode significar ambas as coisas), caso a oferenda seja oferecida por um membro da metade exérae.* No entanto, ele destaca que "Os exéraes são tratados pelo bári como filhos, e os tugaregues, como genros." (nota 1, p. 154). Portanto, o *bári* situa-se numa relação com os membros das metades que é oposta à que o *maeréboe* mantém com eles. M. Cruz não comenta esse fato, que terá explicação se o *bári* se situar em relação ao *maeréboe* como um filho em relação ao pai. Essa interpretação é confirmada por Colbacchini, que, em sua própria descrição dos rituais alimentares, escreve que o *bári* chama o *bope* (outro nome do *maeréboe*) de *i oga*, "meu pai".[1] Nos dois casos, portanto, o *bari* pertence à metade tugaregue.

No entanto, isso é explicitamente contradito por Colbacchini, que, em outro capítulo, escreve que "o *bári exeraeddo*, quando se dirige ao sol, que é *exeraeddo*, diz *i eddoga*, 'meu avô', enquanto um tugaregueddo dirá *i ogwa*, 'meu pai'."[2] E acrescenta em outro local: "Todo individuo, [...] pode ser *bári*."[3] Além disso, a equivalência entre o sol e o *maeréboe*, ou seja, as almas dos *baire* (plural de *bári*) mortos, parece ser um fato bem estabelecido: "São eles os que presidem aos fenômenos celestes, levam o sol em seu curso diário, ou melhor, são os *baire* mesmos (ou *maeréboe*) que, levando um metal incandescente na cabeça (*aro-meriurugo*), aquecem com este os homens ao olhar a terra."[4]

---

* Neste ponto, a nota do editor francês diz: "Usamos aqui a grafia que Lévi-Strauss utiliza em outros textos posteriores [*cera*] (em *Tristes tropiques* ele explica que se deve pronunciar *tchéra*)". Segundo a pronúncia francesa, a palavra seria lida como *tcherá*. Aqui usamos a grafia encontrada no texto de Manuel Cruz. [N.T.]

1 Pe. Antonio Colbacchini, *Os Boróros Orientais, op. cit.*, p. 126.

2 *Ibidem*, p. 43.

3 *Ibidem*, p. 111.

4 *Ibidem*, p. 97.

Temos, portanto, vários fatos convergentes: o sol é exérae; o *maeréboe* é exérae; e o *maeréboe* e o *bári* estão, pois, em relações opostas de "pai" e "avô" (ou "sogro") relativamente aos respectivos membros de uma ou de outra metade. O único elemento que se opõe a essas conclusões é a afirmação discordante de Colbacchini, segundo a qual um *bári* pode ser exérae ou tugaregue. Se essa afirmação for correta, o conjunto do sistema se tornará ininteligível (pelo menos com base nas informações disponíveis), pois os *bope*, ou seja, as almas dos *baire* falecidos, coletivamente designados como *maeréboe*, deveriam pertencer às duas metades, mas então o que acontece com o sol e com a lua, que, como sabemos, são *maeréboe*, ao mesmo tempo que pertencem, indubitavelmente, à metade exérae?[1] Se, inversamente, os *baire* sempre fossem tugaregues, todo o sistema de designações se tornaria muito mais claro.

O interessante artigo de M. Cruz suscita outra observação. Pelo que sabemos do sistema de metades entre os bororos, está claro que as metades estão interligadas por trocas de serviços recíprocos em festas, funerais, ritos de iniciação etc. Mas, ao mesmo tempo, como se observa em Assam[2] e em outros lugares, existe uma relação de subordinação evidente entre as metades: os exéraes, dos quais saíram os dois chefes da aldeia bororo e que possuem os ornamentos mais preciosos, são "superiores" aos tugaregues. O informante de Colbacchini desmente com veemência a ideia de que as acepções usuais dos termos "forte" e "fraco" possam ser aplicadas aos nomes das duas metades.[3] Ao contrário, os bororos do rio Vermelho, quando os visitei em 1936, garantiram que *exérae* significa "fraco".[4] Isso está de acordo com as designações

---

[1] *Ibidem*, p. 196-197.

[2] J. K. Bose, "Social Organization of the Aimol Kukis" e "Dual Organization in Assam", *Journal of the Department of Letters*, University of Calcutta, vol. 25, 1934.

[3] Pe. Antonio Colbacchini, *Os Boróros Orientais, op. cit.*, p. 30.

[4] Claude Lévi-Strauss, "Contribution à l'étude de l'organisation sociale des Indiens bororo", *Journal de la Société des américanistes de Paris*, 2, 1936.

"desiguais" das metades encontradas em outras tribos sul-americanas: os "Mais novos" e os "Mais velhos" entre os tupis-cauaíbes; os "Bons" e os "Maus" entre os terenas etc. Entre os bororos, a aparente contradição resulta do fato de que a metade "superior" é ao mesmo tempo "fraca", e a metade "inferior", "forte". Isso talvez seja explicado pelo uso dos termos de parentesco, relatado por Cruz e por Colbacchini: se uma metade exogâmica considera como seus os heróis culturais e os seres sobrenaturais da tribo, obtendo desse modo supremacia política e cultural sobre a outra metade, o resultado imediato, num sistema matrilinear em que a filiação patrilinear segue a alternância de gerações, é que os membros dessa primeira metade se afastam um grau a mais de seus ancestrais masculinos do que os membros da metade oposta. O Sol e a Lua e os heróis Bakororo e Itubori, se oriundos da metade exérae, só podem ser os avós dos homens exérae, ao mesmo tempo que se tornam pais dos tugaregues destronados. Estes, por sua vez, tornam-se os "mais velhos" da classe dominante dos exérae. Em consequência de análises talvez demasiadamente unilaterais, as organizações dualistas muitas vezes foram explicadas por um princípio de reciprocidade que seria, ao mesmo tempo, sua principal causa e seu resultado. Portanto, é bom lembrar que o sistema de metades pode expressar não só mecanismos de reciprocidade, como também relações de subordinação. Porém, mesmo nessas relações de subordinação, o princípio de reciprocidade está em ação, pois a própria subordinação é recíproca: a prioridade obtida por uma metade em dado nível é perdida para a metade oposta em outro nível. A supremacia política é adquirida ao preço de uma posição subordinada no sistema das gerações.

É possível que o sistema de múltiplos pares de metades entrecruzadas, típico das organizações dualistas da América do Sul (e nada comparável aos sistemas australianos, pois no primeiro caso o papel de classes de casamento nunca é desempenhado por mais de um par de metades), possa ser explicado como uma tentativa de superar a contradição resultante dessas consequências opostas. Numerosas indicações levam a pensar que as atuais relações entre as metades exérae e tugaregue dos bororos não são muito antigas.[1] Seja como for, não é esse sistema, mas sim o tipo secundário das metades "a montante" e "a jusante" do São Lourenço[2] – que, por sua vez, provavelmente corresponde a uma organização semelhante das margens do rio das Garças[3] – que parece ter os equivalentes mais numerosos dentro e fora da área cultural considerada: entendo com isso os numerosos sistemas "superior" – e – "inferior" articulados à oposição entre leste e oeste, que, entre os bororos, corresponde mais exatamente a concepções metafísicas, sistemas dos quais Lowie acaba de trazer à luz novos exemplos.[4] É aí que se deve buscar o núcleo das organizações dualistas da América do Sul.

---

1 Pe. Antonio Colbacchini, *Os Boróros Orientais, op. cit.*, p. 136.

2 Claude Lévi-Strauss, "Contribution à l'étude de l'organisation sociale des Indiens bororo", art. citado.

3 Pe. Antonio Colbacchini, *Os Boróros Orientais, op. cit.*, p. 31, 35 e 95.

4 Robert H. Lowie, "A Note on the Social Life of the Northern Kayapó", *American Anthropologist*, vol. 45 (4), 1943.

X
A POLÍTICA EXTERIOR DE UMA SOCIEDADE PRIMITIVA

O ASSUNTO DESTE ARTIGO APRESENTA algo de paradoxal em seu próprio enunciado. Não pensamos espontaneamente que uma sociedade primitiva – ou pelo menos esse conjunto de extraordinária diversidade que agrupamos, mais ou menos a esmo, sob um rótulo que não significa grande coisa – possa ter uma política exterior. A razão disso é que pensamos as chamadas sociedades primitivas como conservatórios, museus vivos. De modo mais ou menos consciente, imaginamos que elas não poderiam ter preservado estilos de vida arcaicos ou muito distantes dos nossos, se não tivessem permanecido como mundinhos fechados, completamente desconectados de quaisquer contatos com o exterior. E só na medida em que representassem experiências isoladas do restante do universo social é que elas poderiam reivindicar o título de "sociedades primitivas".

Esse tipo de raciocínio conduz a um gravíssimo erro de método, pois, se é verdade que, em relação a nós, as chamadas sociedades primitivas são heterogêneas, isso não implica de modo algum que o sejam em relação a outras.

É evidente que essas sociedades têm uma história, que seus representantes viveram no globo terrestre por um período tão longo quanto quaisquer outros; que, para elas, também *aconteceu alguma coisa*. Essa história talvez não seja a mesma que a nossa. Mas não é menos real por não se definir no mesmo sistema de referências. Penso numa pequena aldeia situada numa das regiões mais afastadas do centro da ilha de Bornéu, que, tendo se desenvolvido e vivido durante séculos sem grandes contatos com o mundo exterior, foi palco de um acontecimento extraordinário alguns anos atrás: um grupo cinematográfico chegou lá para filmar um documentário. Rebuliço total da vida indígena: caminhões, aparelhos gravadores de som, geradores, projetores, tudo isso, acredita-se, deixaria uma marca indelével na mente dos indígenas. No entanto, quando um etnógrafo[1] esteve nessa aldeia três anos depois desse incidente excepcional e perguntou aos indígenas se se lembravam dele, obteve a seguinte resposta: "Dizem que isso aconteceu em tempos muito antigos." Ou seja, usaram a fórmula estereotipada de que os indígenas se valem para começar a narração de seus mitos.

Portanto, um acontecimento que, para nós, teria sido eminentemente histórico é pensado pela mente indígena numa dimensão desprovida de historicidade, porque não se insere na sequência de acontecimentos e circunstâncias que afeta o essencial de sua vida e de sua existência.

Mas não é dessa região do mundo que eu gostaria exatamente de falar; tomarei como ponto de partida um pequeno grupo do Brasil central, junto ao qual tive oportunidade de viver e trabalhar durante um ano mais ou menos, de 1938 a 1939, grupo que, desse ponto de vista, decerto não tem valor exemplar. Com efeito, evitarei cometer o mal-entendido de que falei há pouco, que consiste em sugerir a possibilidade de opor as sociedades primitivas tratadas em bloco à nossa ou a nossas sociedades civilizadas, também tomadas em bloco. Não se

---

[1] Foi Margaret Mead que nos deu essa informação.

deve perder de vista que duas sociedades chamadas primitivas podem apresentar entre si diferenças tão profundas quanto as existentes entre alguma dessas duas sociedades e a nossa ou talvez até mais profundas.

No entanto, o grupo de que trataremos talvez desperte interesse pelo fato de representar uma das formas de vida social mais elementares encontráveis hoje na superfície do globo. Não se trata de sugerir que esse grupo, por algum privilégio histórico extraordinário e realmente miraculoso, tenha conseguido preservar até a atualidade vestígios da organização social dos tempos paleolíticos ou mesmo neolíticos. Duvido muito que no mundo exista algum povo que possa ser considerado fiel representante de um tipo de vida que conte várias dezenas de milênios. Para eles, como para nós, durante esses milhares de anos, ocorreu alguma coisa; houve acontecimentos. No caso específico, acredito haver boas razões para afirmar que o "primitivismo" aparente constitui um fenômeno regressivo, e não um vestígio arcaico, mas, de nosso ponto de vista, aqui, isso não tem importância.

Trata-se de uma pequena coletividade indígena: pequena no número, mas não no território ocupado, que é grande, mais ou menos como a metade da França. Os nhambiquaras do Mato Grosso central, cujo nome era ainda desconhecido no fim do século XIX, só em 1907 tiveram o primeiro contato com a civilização; desde então, suas relações com os brancos foram das mais intermitentes.

O meio natural no qual vivem explica, em grande parte, a penúria cultural em que se encontram. Essas regiões do Brasil central não têm nada em comum com a imagem que costumamos ter das regiões equatoriais ou tropicais, embora o território nhambiquara esteja a igual distância do trópico e do equador. Trata-se de vegetação tipo savana, às vezes estépica e erma, onde o solo muito antigo, coberto por sedimentos de arenito, desagrega-se na forma de areias estéreis, e onde o regime de chuvas, extremamente irregular (chuvas torrenciais e diárias de novembro a março, seca absoluta de abril a setembro ou outubro), contribui com a natureza do solo para a pobreza geral da paisagem:

capim alto que cresce rapidamente durante as chuvas e resseca depressa na seca, deixando exposta a areia nua, com uma vegetação esparsa de arbustos espinhosos. Num solo tão pobre, é difícil, se não impossível, cultivar. Os indígenas plantam alguma horta na mata de galeria que geralmente margeia o curso dos rios, e os animais de caça, também pouco abundantes durante todo o ano, na época da seca vão se refugiar, às vezes a grandes distâncias, nos matagais impenetráveis que se formam nas nascentes desses rios, que contêm pequenas pastagens.

 Esse contraste entre uma estação seca e outra úmida repercute na vida indígena de um modo que seríamos tentados a chamar de "dupla organização social", se essas palavras não fossem fortes demais para falar de fenômenos tão rústicos. Durante a estação das chuvas, os indígenas se concentram em aldeias semipermanentes, não distantes dos cursos de água e próximas da mata de galeria, onde praticam queimadas e cultivam um pouco de mandioca e milho, o que os ajuda a subsistir durante os seis meses de vida sedentária e até mais tempo; enterram tortas de mandioca, que se decompõem lentamente no chão e podem ser retiradas e consumidas quando necessário, durante semanas ou, às vezes, meses.

 Depois, quando chega a seca, a aldeia se estilhaça, se assim se pode dizer, em vários pequenos bandos nômades que, conduzidos por um chefe não hereditário, mas escolhido por suas qualidades de entusiasmo, iniciativa e audácia, percorrem a savana por etapas de 40, 50, 60 quilômetros às vezes, em busca de grãos e frutos silvestres, pequenos mamíferos, lagartos, cobras, morcegos, aranhas até e, em geral, tudo o que possa impedir os indígenas de morrer de fome.

 É difícil calcular os números da população nhambiquara, pois a vida nômade os faz deslocar-se de uma extremidade à outra de seu território: pode ocorrer que o viajante encontre, em intervalos de tempo bem curtos e em pontos diferentes, bandos que ele acreditará pertencer a populações distintas, mas que na verdade pertencem a um mesmo grupo.

A POLÍTICA EXTERIOR DE UMA SOCIEDADE PRIMITIVA

Quantos eram eles quando foram descobertos? Talvez 5.000, 10.000. Atualmente, dizimados pelas epidemias que se seguiram imediatamente ao primeiro contato com a civilização, sua população está em torno de 2.000 pessoas; esse número, para um território das dimensões citadas há pouco.

Essas 2.000 pessoas vivem dispersas; falam dialetos às vezes aparentados, às vezes suficientemente diferentes para que os indígenas não consigam se entender sem ajuda de intérprete. Mais ao norte, em direção ao início da grande floresta amazônica, encontram-se nas fronteiras outras populações profundamente diferentes na origem étnica, na língua e na cultura, populações mais poderosas, que empurraram os nhambiquaras para aquele habitat tão desvalido.

Nesses territórios inclementes, os indígenas não só levam existência miserável do ponto de vista dos recursos naturais, como também suas técnicas estão mais ou menos no nível de sua economia. Não sabem construir choupanas e contentam-se com frágeis abrigos feitos de galhos que, reunidos para constituírem as aldeias semipermanentes da estação chuvosa, na maioria das vezes não se destinam a durar muito mais que um dia ou alguns dias; feitos de ramos fincados no chão, esses abrigos são deslocados para se obter proteção, de acordo com a direção da qual venham o sol, o vento e a chuva, a cada hora e a cada estação.

Não conhecem a tecelagem, salvo para a confecção de estreitíssimas tiras de algodão silvestre, que eles usam em torno dos braços e das pernas; com exceção de alguns grupos, desconhecem a cerâmica. Todos os seus bens materiais se reduzem aos arcos e às flechas, a alguns instrumentos feitos de lascas de pedra ou, às vezes, de ferro montadas entre dois gravetos, a matérias-primas como plumas, novelos de fibras, blocos de cera ou de resina, que utilizam para a confecção de armas e utensílios.

No entanto, essa humanidade desvalida tem vida política intensa.

O ponto essencial é que, entre esses indígenas, como entre tantos outros, não se encontra a distinção, tão bem definida em nossa mente, entre concidadãos e estrangeiros: toda uma série de intermediações separa os dois.

Há pouco mencionei aquelas tribos distantes, instaladas nas margens dos territórios nhambiquaras, onde começa a floresta amazônica. Os nhambiquaras as conhecem só de nome, geralmente um apelido. Os indígenas evitam contato com elas; sem dúvida elas representam o "estrangeiro" no sentido mais estrito do termo, mas um estrangeiro fantasmático, um estrangeiro que não existe, que não se vê ou é raramente avistado, do qual se foge imediatamente. Esse estrangeiro é definido de maneira puramente negativa.

Dentro das fronteiras indígenas, encontra-se uma situação mais complexa. Indiquei que o contingente de uma "aldeia da estação chuvosa" se fragmenta em vários pequenos bandos na época da vida nômade. Esses bandos geralmente são compostos por indivíduos que se conhecem, pois durante o período da vida sedentária conviveram na aldeia, e, na maioria das vezes, são parentes, o que não significa que entre esses bandos de parentes as relações sempre ocorram do modo mais cordial.

Mas existem numerosas aldeias entre as quais as relações podem variar, possibilitando estabelecer-se um espectro, ou uma série contínua de nuances, nas relações entre grupos vizinhos ou afastados. Em primeiro lugar, há o pequeno bando de vinte ou trinta pessoas ao qual pertence determinado indivíduo, constituindo, digamos, sua "pequena pátria". Há, em segundo lugar, os bandos paralelos, os bandos "irmãos", oriundos do contingente de uma mesma aldeia e compostos de indivíduos que são parentes, aliados, concidadãos, mas em sentido secundário ou derivado; vêm em seguida os bandos oriundos de outras aldeias, que, apesar disso, são bandos nhambiquaras, mas percebidos como mais ou menos próximos e mais ou menos amistosos, segundo pertençam a aldeias vizinhas, com as quais foram realizados casamentos, ou a aldeias afastadas, com as quais os contatos são raros, quando não inexistentes, e cujo dialeto às vezes é desconhecido.

Ora, esses bandos que cruzam a savana durante todo o período da vida nômade têm, em graus variados, uma atitude ambígua em suas relações recíprocas. Temem-se e, em geral, evitam-se mutuamente, não sabendo exatamente quais são os sentimentos e as intenções dos desconhecidos. Mas, ao mesmo tempo, sentem que são indispensáveis uns aos outros. Por mais desmunidos que sejam, os nhambiquaras fazem, entre os produtos de sua cultura material, distinções extremamente sutis que com frequência nos escapam. Por exemplo, certo bando setentrional é afamado pelos colares de contas de casca de coco, considerados mais preciosos e de melhor qualidade do que os ornamentos análogos feitos em outra região. Outro bando possui certas sementes que podem desempenhar papel importante na economia do período de inverno, como por exemplo sementes de feijão, que são raras e muito procuradas. Por fim, alguns bandos são capazes de fazer cerâmica, enquanto outros ignoram completamente essa técnica.

É só por meio de contatos com esses bandos potencialmente hostis, sempre perigosos e dos quais sempre se desconfia, que se conseguem obter os artigos mais indispensáveis ao equilíbrio econômico. Esses artigos dividem-se em três categorias: em primeiro lugar, as mulheres, que representam um tipo de bem muito precioso porque, no pequeno bando nhambiquara, o chefe tem a prerrogativa da poligamia. Num grupo de vinte ou trinta pessoas, esse privilégio basta para criar um desequilíbrio duradouro entre os sexos, pois os homens jovens do bando muitas vezes ficam sem esposas disponíveis, a não ser que as obtenham de modo pacífico ou bélico de um bando vizinho que conte com mais moças.

Em segundo lugar estão as sementes de feijão.

Por fim, a cerâmica e até mesmo fragmentos de cerâmica. Isto porque os nhambiquaras desconhecem o trabalho com pedra, pelo menos com pedra polida e, se tiveram essa técnica, perderam-na nos anos recentes. Consequentemente, os fragmentos de cerâmica são os únicos objetos pesados que podem ser trabalhados com facilidade para a obtenção de fusaiolas.

Cada bando, portanto, tem grande interesse em possuir, não digo cerâmica, mas fragmentos de cerâmica; os indígenas disseram que, nos últimos anos, travaram várias guerras apenas com o objetivo de obter sementes de feijão e pedaços de cerâmica.

Graças a um feliz acaso, participei de um desses encontros entre bandos vizinhos. Tais encontros nunca ocorrem de improviso, pois, durante o período de seca, o céu, extraordinariamente limpo, permite avistar, à noite, a fumaça dos acampamentos desconhecidos. Dia após dia, veem-se essas fumaças afastar-se ou aproximar-se; neste caso, os indígenas dão mostras de extrema angústia. Quais são os índios ali acampados? Quem são aquelas pessoas que seguem de longe, a 10 ou 15 quilômetros, o mesmo trajeto que seguimos com mulheres e crianças? São amigos ou inimigos? Será possível esperar boas relações e a possibilidade de transação? Ou, ao contrário, irão nos atacar de repente ao amanhecer, como se sabe que os nhambiquaras costumam fazer? Durante dias, discute-se a conduta que deve ser tomada, despacham-se espiões para tentar identificar os desconhecidos.

Se as indicações são boas ou se o encontro é indispensável, toma-se a decisão de enfrentar o desconhecido. Mulheres e crianças são enviadas para a mata, onde se escondem, e os homens partem sozinhos ao encontro do novo grupo. O outro terá adotado o mesmo procedimento. Portanto, são dois grupos de homens que se encontram no meio da savana e começam a interpelar-se com um estilo e um tipo de elocução característicos desse tipo de encontro. É uma linguagem ritual, em que os indígenas elevam a voz, prolongam e nasalizam o final de cada palavra, quer enumerando queixas, quer, ao contrário, expressando boas intenções.

No caso a que me refiro, após essa troca de declarações, mulheres e crianças foram chamadas de volta e organizaram-se dois acampamentos, pois, apesar de tudo, os bandos continuam separados. Deu-se início a uma sessão de danças e cantorias, e os indígenas de cada grupo exclamavam no fim de sua exibição: "Não sabemos cantar, não sabemos dançar... Foi horrível! Pedimos desculpas", enquanto os outros, ao contrário, protestavam: "Não, estava bonito."

Apesar de tudo, devia haver certo número de descontentamentos secretos entre os dois bandos, pois não demorou muito para que brotassem, entre alguns homens dos dois grupos, discussões que rapidamente ganharam tons violentos. Outros indígenas se interpunham como mediadores. E, de repente, a sensação foi de que o clima mudava, mas de um modo curioso. Com gestos que ainda tinham toda a rudeza e a violência do combate, os indígenas dos dois grupos já não trocavam murros, mas se apalpavam e examinavam os enfeites e ornamentos uns dos outros – não me refiro a roupas, pois os nhambiquaras andam completamente nus, mas a brincos, colares, braceletes –, dizendo: "Deixe ver, é bonito."

E, assim, de modo absolutamente repentino, passava-se de algo que era quase um conflito a trocas comerciais. Essa "inspeção de reconciliação", se assim se pode chamar, realizou a passagem da hostilidade à colaboração, do medo à amizade, da guerra possível ao potencial negócio.

Durante todo o dia seguinte, os indígenas ficaram descansando, enquanto transcorria uma misteriosa circulação de mercadorias: novelos de fibra, blocos de cera e resina, pontas de flechas passavam silenciosamente de um a outro, sem que se pudesse perceber a existência transações, sem que houvesse barganhas, discussões ou agradecimentos. E, no fim da tarde, os dois bandos se separaram, depois de terem permutado tudo o que possuíam... Eu disse "sem barganhas e discussões", pois essas são noções estranhas ao espírito indígena. Tratava-se muito mais de dádivas recíprocas do que de transações comerciais; mas essas dádivas depois são sopesadas e avaliadas, de modo que um dos grupos, geralmente, percebe tardiamente que foi, ou pelo menos acha que foi, lesado nas trocas. Nesse caso, acumula nova contrariedade que poderá tornar-se cada vez mais agressiva e dar ensejo a novo conflito. E este poderá desencadear uma guerra ou de novo ocasionar uma negociação.

Há pouco aludi a uma continuidade entre a noção de concidadão e de estrangeiro. É perceptível também uma continuidade entre a noção de guerra e a de comércio, entre a noção de antagonismo e a de cooperação. Mas é possível ir ainda mais longe nessa direção. Entre os mesmos indígenas passei algumas semanas no acampamento de dois bandos que haviam ultrapassado o estágio de colaboração econômica mencionado: eles tinham resolvido fundir-se, decidindo que todas as crianças de um bando estavam destinadas a casar-se com as crianças do outro bando, o que garantiria a fusão orgânica dos dois grupos ao cabo de alguns anos.

Contudo, esses bandos pertenciam a duas regiões distantes e falavam dialetos diferentes. Durante o tempo em que estive com eles, quando sua reunião provavelmente datava de poucos anos, os dois só conseguiam comunicar-se por intermédio de um ou dois indígenas bilíngues, que funcionavam como intérpretes. No entanto, já havia um esboço de organização: de um dos bandos saíra o chefe civil do novo grupo, e do outro, o chefe religioso; e, em razão das características específicas do sistema de parentesco nhambiquara, sobre as quais não posso estender-me aqui, o fato de as crianças serem prometidas reciprocamente transformava todos os homens dos dois bandos em "cunhados", e todas as mulheres dos dois bandos em "irmãs", pelo menos teoricamente. Os dois grupos passavam a ser um único. Estamos, assim, diante de um contínuo, ou de uma cadeia institucional que possibilita passar da guerra ao comércio, do comércio ao casamento e do casamento à fusão dos grupos.

Essa plasticidade de noções, que costumamos alinhar sob a rubrica "política exterior", também se encontra em outro exemplo, aliás geograficamente vizinho, o das populações do Médio Xingu (afluente da margem direita do Amazonas), que examinarei rapidamente. A bacia do Xingu compreende vários rios mais ou menos paralelos numa parte de seu curso. Aos dentes desse enorme pente prende-se uma dezena de pequenas tribos diferentes, sob os aspectos étnico e linguístico; apesar do grande contato entre elas, encontram-se ali representados os grupos linguísticos mais distintos da América do Sul... Essas tribos dividem-se em cerca de 35 aldeias; essas aldeias, no fim do século XIX, contavam ao todo 2.500 a 3.000 habitantes.

Como essas tribos se organizam nessa grande proximidade geográfica? A propriedade do solo é definida do ponto de vista tribal. Cada tribo tem seu território, com fronteiras claramente delimitadas; os rios são reconhecidos como hidrovias internacionais, mas isso não ocorre com as barragens de pesca, que lhes são transversais; estas continuam sendo propriedade tribal e são respeitadas como tal.

Por outro lado, as tribos desenvolveram especializações industriais e comerciais, como por exemplo a manufatura de redes de dormir ou de contas de conchas. Algumas têm o monopólio da confecção de cabaças e de contas de casca de coco; outras, o monopólio de armas e utensílios de pedra; outras, enfim, dedicam-se à preparação dos sais indígenas a partir de certos vegetais calcinados. Entre todos esses grupos, portanto, estabelecem-se complexas relações comerciais, em que umas trocam cerâmicas por cabaças; outras, arcos por sal ou contas.

Além disso, as tribos se classificam mutuamente como "boas" ou "más", de acordo com as tensões locais que possam existir entre elas; a cada época, os observadores notaram que certas tribos estavam em guerra ou que se evitavam.

Essa hostilidade latente não impede que se encontrem em cada aldeia indivíduos capazes de falar todas as línguas. Cada aldeia contém um contingente permanente de visitantes, e a vida cerimonial implica a existência de grupos estrangeiros, pois uma das festas mais importantes consiste em partidas de luta entre aldeias estrangeiras, e certos rituais, como os de iniciação, só podem ocorrer com a participação de aldeias estrangeiras.

Por outro lado, observam-se casamentos entre aldeias de origens diferentes; em certos casos, esses intercasamentos dão origem a novas aldeias. Assim, um grupo aueti e um grupo yaulapiti deram origem, por meio de intercasamento, a uma nova aldeia, a dos arauitis, cujo nome implica sua dualidade de origem; de modo que, também nesse caso, é amplo o espectro das relações entre os grupos. Não se tem uma distinção nítida entre estrangeiros e nacionais, mas toda uma série de variações que possibilitam, pelo menos parcialmente, incorporar grupos estrangeiros ou, ao contrário – pois os nauquás do Xingu travam guerra dentro de seu próprio grupo linguístico –, introduzir discriminações entre grupos que poderiam ser vistos como idênticos.

Sem dúvida a situação aí é mais complexa, por se tratar de populações muito mais avançadas do que aquelas de que falávamos acima, mas o quadro não deixa de ter semelhanças com o esboçado em torno do exemplo mais simples. Tentarei agora enfeixar as características gerais dessa situação.

A política exterior de uma população primitiva pode ser concebida em função de dois fatores: um territorial e um humano, ou seja, a atitude em relação ao território e a atitude em relação ao estrangeiro.

No que se refere ao território, já não estamos na época em que uma sociologia ideológica demais elaborava a ficção de populações primitivas cuja coesão se devia à vida religiosa e à organização social, sem nenhum vínculo com o território. Lucien Febvre foi o primeiro que se insurgiu contra descrição tão arbitrária. O conflito que o opunha à velha escola sociológica ocorreu a propósito dos arandas, famosa população australiana. Estudos mais recentes sobre os arandas descrevem-nos como "proprietários de terras". Aliás, é esse o título de certa publicação de 1936 na Austrália. A noção de território, portanto, está sempre presente na mente indígena. Contudo, é uma noção que pode estar sujeita a flutuações extremas.

Retomemos o exemplo dos nhambiquaras. Tentei há pouco descrever seu território e precisei fazê-lo de modo quase inteiramente negativo; o solo é miserável, o meio geográfico é inclemente. Seria surpreendente que os indígenas se apegassem a esses territórios e tentassem defender suas fronteiras. A concepção que têm de território é bem diferente da ideia que a tradição feudal poderia nos levar a ter. O solo deles não é o nosso solo. Para nós, o território nhambiquara é uma superfície, um espaço delimitado por fronteiras. Para eles, é uma realidade tão diferente quanto a imagem de um corpo visto por raios X é diferente da imagem do mesmo corpo visto à luz do dia. O território não é nada em si mesmo; ele se reduz a um conjunto de modalidades, a um sistema de situações e de valores que para o estrangeiro podem parecer insignificantes e até passar despercebidos. São matagais onde, em certos anos, brotam grãos silvestres em abundância; é um itinerário geralmente seguido nas caçadas; é um grupo de árvores frutíferas. Há toda uma cartografia indígena que, se sobrepuséssemos à cartografia civilizada, quase não perceberíamos pontos em comum. Na situação em que vivem, os indígenas não podem vincular-se a um território em especial, porque os recursos do território são por demais diversificados e incertos. A cada três anos haverá um ano (ou às vezes dois) em que certos frutos ou certos grãos não brotam.

Ao contrário, pode ser útil viajar a regiões distantes para participar de alguma colheita excepcional que os bandos locais seriam incapazes de consumir inteiramente. Portanto, não há uma noção de chão, uma noção de território como tal, mas uma noção muito fluida e variável de "valores do solo" que, um ano após outro, uma estação após outra, implica readaptações constantes.

O mesmo ocorre com certas populações da Austrália, que vivem predominantemente da coleta de algum produto silvestre (por exemplo, as tribos da Austrália central, que, em parte do ano, se alimentam do fruto da araucária-da-austrália ou de raízes de lírios silvestres): quando em dado território há uma colheita tão boa, que, além disso, tenha amadurecido num período tão curto que não possa ser integralmente consumida pelo bando local, a população que habita esse território envia convites para os arredores, às vezes a centenas de quilômetros, a tribos muito afastadas, completamente estrangeiras, que recebem autorização para penetrar no território e participar da colheita. É mais ou menos o que ocorre entre nós, quando a noção de propriedade é abolida na temporada dos cogumelos. Todos podem ir a todo lugar, em razão da própria natureza da colheita, que depende da ocasião e do momento.

Essas colheitas, em que às vezes 2.000 ou 3.000 indígenas podem se reunir, são uma oportunidade para trocas. A propriedade individual ou coletiva de cantos e danças é confirmada pelo testemunho das tribos vizinhas; às vezes também algumas áreas são neutralizadas para que sejam possíveis encontros não ensejados por condições econômicas.

Sobre a categoria do estrangeiro, também cabem algumas observações. O pensamento primitivo tem como característica comum sempre atribuir um limite ao grupo humano, o que de fato não é tão excepcional quanto parece. Esse limite pode ser muito amplo ou muito estreito. O limite do grupo humano pode restringir-se à aldeia ou estender-se a grandes territórios ou a uma parte do continente, mas sempre há um ponto a partir do qual um indivíduo deixa de participar dos atributos essenciais da humanidade.

Isso pode ser expresso de duas maneiras: ou lhe são atribuídas qualidades extraordinárias, como as que os indígenas da Polinésia outorgavam a Cook, em quem acreditavam reconhecer um de seus deuses, e como as que os indígenas das ilhas Banks viam nos primeiros missionários, chamados de "fantasmas", enquanto suas roupas eram designadas "peles de fantasmas", e seus gatos, "ratos de fantasmas"; ou então pode ocorrer o contrário, como no caso dos esquimós, que se reservam o nome de "povo excelente" e negam totalmente os atributos de humanidade aos grupos estrangeiros, coletivamente designados pelo epíteto "ovos de piolho".

Mas essa negação de humanidade não tem caráter agressivo, ou só raramente o tem. Uma vez que a humanidade é negada a outros grupos, estes deixam de ser formados por homens e, consequentemente, os grupos que negam essa humanidade deixam de se comportar para com eles do modo como se comportam para com seres humanos. Em relação a eles, a política exterior indígena (tal como aquele comércio mudo que mencionei há pouco) se reduz a uma espécie de "técnica de evitamento". São grupos de que é preciso esquivar-se, fugir, com os quais não se entra em contato.

Dentro do grupo, ao contrário, reconhecemos nuances, diversidades, graus; a agressividade, que não percebemos em relação ao estrangeiro como tal, nós encontramos organizada com uma arte incomparável dentro do próprio grupo, em suas relações internas. Na verdade, o grupo indígena, por mais homogêneo que nos possa erroneamente parecer, em geral é muito particularizado e dividido. No final do século XIX, os hopis do sudoeste dos Estados Unidos contavam cerca de 3.000 indivíduos; essas pessoas estavam divididas em onze aldeias que nutriam recíprocos sentimentos de inveja e hostilidade. Os esquimós de Caribou, na mesma época, eram cerca de 500, divididos em dez bandos. Os onas da Terra do Fogo, 3.000 a 4.000, divididos em 39 hordas, em conflito permanente entre si. Em 1650, os choctaws contavam 15.000 almas, divididas em quarenta ou cinquenta comunidades.[1]

Analisando, verificamos, portanto, que formações aparentemente grandes subdividem-se em coletividades mais restritas, entre as quais surgem relações de antagonismo não só intensas, como também organizadas e estilizadas. Em diversas regiões do mundo, a mesma arte que dedicamos à política exterior serve para organizar os modos pelos quais seja possível resolver os antagonismos internos do grupo social de maneira sem dúvida agressiva, mas não perigosa demais. São, por exemplo, os chamados costumes de sangue da Nova Bretanha: a cada ano, as aldeias aliadas se alinham em formação de batalha; é o refinamento dos murngins da Austrália, que têm pelo menos seis categorias diferentes para analisar tipos de conflitos entre os bandos que com-

---

[1] Robert H. Lowie, "Some Aspects of Political Organization Among the American Aborigines", Huxley Memorial Lecture, *The Journal of The Royal Anthropological Institute of Great Britain and Ireland*, vol. 78, 1948.

põem a tribo; são, por fim, as curiosas situações que encontramos, ou melhor, encontrávamos, na confederação creek do sudeste dos Estados Unidos, em que as diferentes cidades da confederação (pois os antigos chamavam de cidades o que na realidade são povoados) eram divididas em duas categorias, enquanto outra divisão, digamos horizontal, abrangia todas as cidades.

Essas cidades se enfrentavam nos jogos de bola que, significativamente, os indígenas chamavam de "irmão caçula da guerra", com regras bem precisas, de acordo com as quais o treinamento devia ser feito entre certos acampamentos, diferentes dos que se enfrentariam nas partidas de verdade. Uma cidade, quando perdia certo número de vezes para outra cidade, era obrigada a passar para a mesma divisão, e com isso perdia o direito de enfrentá-la de novo. Havia, portanto, mecanismos muito complexos que lhes possibilitavam resolver antagonismos e disputas, mas depois de lhes ter dado oportunidade de expressar-se e manifestar-se, enquanto preparavam saídas que garantissem o restabelecimento da ordem em qualquer caso.

A concepção mais profunda que os indígenas parecem ter dessas relações entre os grupos, estrangeiros ou não, é a que se expressa de modo admirável num termo fidjiano: *venigaravi*. Essa palavra só pode ser traduzida por uma perífrase, que se refere à necessidade de haver dois para que as relações sociais se instaurem. Os *venigaravi* são "os que se defrontam", vítima e sacrificante, sacerdote e oficiante, deus e fiel etc.

Todas essas organizações indígenas, que apenas esbocei ou citei, implicam um esforço para que sempre haja parceiros – parceiros entre os quais se possam estabelecer colaborações e definir antagonismos. Pois, se é possível extrair alguma conclusão do que foi exposto, é que os fatos primitivos nos levam a ver nessa agressividade, de que tanto se fala e na qual se busca atualmente uma chave para explicar tantos fenômenos, uma atividade que não é de nenhum modo instintiva no sentido das manifestações psicológicas de certos instintos, como fome, sede ou impulso sexual.

A POLÍTICA EXTERIOR DE UMA SOCIEDADE PRIMITIVA

Não há, de fato, agressividade inata nessas sociedades. O estrangeiro é abolido; o estrangeiro é aniquilado; o estrangeiro é eliminado. Mas, ao mesmo tempo, não há agressividade dirigida contra ele. Esta só aparece como função de outra situação antitética, que é a cooperação; é a contrapartida da cooperação.

Se pudéssemos refletir sobre os ensinamentos dessas observações, teríamos, sem dúvida, de nos perguntar se a evolução ideológica e política de nossa sociedade ocidental não nos levou a desenvolver um dos termos da oposição, com a exclusão do outro. Todo o esforço do pensamento cristão e democrático moderno voltou-se para a expansão constante dos limites do grupo humano, até tornar a noção de humanidade coextensiva ao conjunto dos seres humanos que povoam a superfície do globo.

Mas, à medida que tivemos êxito nisso – e, sem dúvida, um êxito incompleto –, perdemos outra coisa; perdemos a possibilidade de pensar essa humanidade indefinidamente expandida como um conjunto de grupos concretos, entre os quais deve estabelecer-se um equilíbrio constante entre competição e agressão, com mecanismos preparados de antemão para amortecer as variações extremas que podem ocorrer nos dois sentidos; ou melhor, só soubemos conservar esse esquema institucional no campo das relações esportivas, ou seja, na forma de jogo, ao passo que, na maioria das sociedades primitivas, nós o encontramos em ação para solucionar os problemas mais importantes da vida social.

Seríamos assim levados a investigar se nossas preocupações atuais – que nos fazem pensar os problemas humanos em termos de sociedades abertas ou de sociedades sempre cada vez mais abertas – não deixam escapar certo aspecto não menos essencial da realidade, e se a aptidão de cada grupo a se pensar como grupo, em relação e em oposição a outros grupos, não constitui um fator de equilíbrio entre o ideal utópico de paz total e a guerra também total resultante do sistema unilateral em que nossa civilização enveredou cegamente.

Um etnólogo precocemente desaparecido, que, durante anos, visitou a intervalos regulares um pequeno grupo indígena do Brasil central, bem próximo daqueles de que falei, relatou que, toda vez que se separava dos índios, estes choravam copiosamente. Lamentavam-se, não de tristeza por vê-lo partir, mas de pena do amigo, que ia sair do único lugar do mundo onde a vida valia a pena ser vivida.

E, quando conhecemos essas pequenas aldeias miseráveis, reduzidas a algumas choças de palha perdidas numa paragem desértica, onde um punhado de indígenas perece nesses territórios empobrecidos, para os quais foram empurrados pelo progresso da civilização, em meio a epidemias que a civilização lhes deu em troca, e quando constatamos que, apesar de tudo, eles conseguem conceber essa imensa miséria como a única experiência digna e válida, perguntamos se, por acaso, o ponto de vista das "sociedades fechadas" não possibilitaria o acesso a uma grande riqueza espiritual e a densa experiência social, e se não estaríamos errados em deixar que essa fonte se esgote e esse ensinamento se perca.

Arte

XI
Indian Cosmetics

Os índios cadiuéus, autores das perturbadoras pinturas aqui reproduzidas, estão morrendo lentamente no sul do Brasil, não longe da fronteira com o Paraguai. A parte sul do estado de Mato Grosso, que eles habitam, oferece um espetáculo de grande encanto para a imaginação: ao longo das duas margens do rio Paraguai, encontra-se o Pantanal, o maior pântano da América do Sul e um dos mais vastos do mundo, cobrindo uma extensão de 500 quilômetros, inundado em três quartos de sua superfície. À vista aérea as cercanias desses grandes rios, que serpeiam de modo caprichoso, mostram imensas curvas e meandros provisoriamente abandonados pelas águas. O leito do rio está juncado por uma sucessão de arcos claros, como se a natureza, artista, tivesse durante muito tempo hesitado antes de decidir o traçado temporário do rio. Mas é em solo que o Pantanal ganha aspecto feérico: paisagem na qual os rebanhos encontram refúgio sobre arcos flutuantes, no topo dos morros que escaparam às águas, enquanto acima das lagunas milhares de pássaros formam um dossel de plumas rosadas e brancas que cobrem espaços infinitos. Nesse território paradoxal, os índios guaicurus lutaram contra os conquistadores espanhóis até o século XIX. A estrutura complexa dessa sociedade de guerreiros, as divisões em castas, que distinguem nobres, homens do povo e escravos, tudo isso tem algo de hierático, que o estilo elaborado de sua arte gráfica parece evocar indiretamente. A tribo cadiuéu, outrora denominada eyiguayegui, é hoje um dos raros vestígios dessa nação que já foi poderosa.

Desde o século XVIII, os viajantes que entraram em contato com eles ficaram estupefatos diante das prodigiosas tatuagens e pinturas corporais tradicionais nessa tribo. O rosto – e com frequência o corpo inteiro – é coberto por uma rede de arabescos assimétricos, alternados com motivos de sutil geometria. As primeiras descrições são as do missionário jesuíta Sánchez Labrador, que viveu com cadiuéus de 1760 a 1770; os primeiros documentos foram publicados mais de um século depois pelo pintor e explorador italiano Guido Boggiani. A maior coleção – e sem dúvida alguma a última, em vista do ritmo acelerado com que a tribo está se extinguindo – é a que constituímos em 1935.[1] Aqui são apresentados dois documentos, escolhidos entre 400 desenhos indígenas originais:[2] são modelos de pinturas faciais. Em cada um deles, o motivo central, que forma um frontão arqueado, representa o lábio superior e é aplicado sobre ele; desse ponto de partida – a única correspondência autorizada com a natureza –, o desenho desenvolve-se livremente sobre o rosto, muitas vezes contradizendo sua simetria, cobrindo o queixo, as faces, o nariz, os olhos e a testa. No entanto, em geral os motivos se distribuem dos dois lados de um eixo mediano vertical.

---

[1] Em *Tristes trópicos*, Lévi-Strauss reverá esse juízo: "[...] e por muito tempo julguei que minha coleção fora reunida à última hora. Qual não foi minha surpresa ao receber, há dois anos, uma publicação ilustrada de uma coleção criada quinze anos mais tarde por um colega brasileiro! Não só seus documentos pareciam ser de uma execução tão segura quanto os meus, mas, muito frequentemente, os motivos eram idênticos." *(Nota do editor francês.)*

[2] Na primeira publicação deste artigo na revista *VVV*, os desenhos dos cadiuéus tinham sido reproduzidos "em negativo": traços brancos sobre fundo preto. Restabelecemos aqui o contraste dos desenhos originais formados por traços pretos sobre fundo branco. *(Nota do editor francês.)*

Antigamente, esses motivos eram tatuados ou pintados. Hoje em dia só subsiste esta última técnica. A artista – sempre mulher – trabalha sobre o rosto ou o corpo de uma companheira com uma fina espátula de bambu embebida no sumo azul-escuro do fruto do jenipapo. Improvisa sem modelo, esboço ou ponto de referência. Essas composições altamente elaboradas, ao mesmo tempo assimétricas e equilibradas, partem de um canto qualquer e são feitas até o fim sem hesitação, retoque nem rasura. Evidentemente, nascem de um tema fundamental invariável, que mescla cruzes, volutas, arabescos e espirais. Cada uma delas, porém, forma uma obra original: os motivos básicos são combinados com habilidade, riqueza de imaginação e até audácia, que brotam continuamente com o mesmo frescor. A tintura de jenipapo dura apenas alguns dias; quando começa a desaparecer, é apagada para dar lugar a outra decoração. Há menos de meio século, os homens não desdenhavam o uso de tais ornamentos.

Para o americanista, a arte gráfica dos cadiuéus constitui um enigma que, longe de ser solucionado, em geral se tem evitado prudentemente formular. Pintura corporal não é coisa rara na América do Sul, mas suas ocorrências se reduzem a desenhos lineares ou ornamentos geométricos muito simples, que constituem uma base inadequada para tal refinamento. Houve quem mostrasse semelhanças com a arte pré-incaica de Ancón, em especial no referente às composições entalhadas, assim como com o barroco pré-colombiano de Marajó e, mais ainda, de Santarém, à margem do curso inferior do Amazonas. Mas essa semelhança só se encontra nos detalhes, enquanto o estilo cadiuéu, considerado em sua unidade formal, apresenta grande originalidade, sem relação com qualquer coisa produzida na América Central ou do Sul. Acima de tudo, não se trata de um estilo "primitivo", no sentido que os teóricos da arte dão a esse termo. Ao contrário, essa arte refinada, pensada, quase codificada nos meios de expressão e no repertório temático (e cuja dimensão simbólica, ainda que agora perdida, é indubitável), evoca uma cultura muito antiga, cheia de preciosidade. Do ponto de vista puramente gráfico, mostra-se como fruto de longa evolução. Se tivéssemos de buscar analogias estéticas, olharíamos para a China ou a Índia; não se pode deixar de pensar nos motivos dos estupas, diante dessas flamas, volutas e pontas recurvas. Mas, para o etnólogo, essas reminiscências asiáticas não são muito promissoras.

As pinturas dos cadiuéus hoje em dia são puramente ornamentais. No entanto, é de se supor que no passado tivessem um significado mais profundo. Segundo Sánchez Labrador, a ornamentação da testa, descendo apenas até as sobrancelhas, era marca distintiva das castas nobres, enquanto a vulgaridade de pintar a parte de baixo do rosto era própria dos escravos. Além disso, na época dele, somente as mulheres jovens eram pintadas. Escreve ele: "É raro as mulheres velhas perderem tempo com esses desenhos: elas se contentam com os desenhos que os anos gravaram em seu rosto." Mas o missionário, profundamente alarmado com o desprezo pela obra do Criador, sugerido por tal alteração do rosto, busca explicações. Dedicando longas horas a esses arabescos minuciosamente traçados, essas jovens talvez procurem vencer a fome, ou então, tornando-se assim irreconhecíveis, elas talvez esperem escapar com mais facilidade dos inimigos. Nos dois casos, haveria derrota e fuga, mas sabemos que tais práticas quase nunca se reduzem a jogo. Por maior que seja sua repugnância a aceitar tal conclusão, o próprio missionário está consciente de que essas pinturas constituem uma atividade vital para os indígenas e, em certo sentido, têm um fim em si mesmas. Ele denuncia os homens que perdem dias inteiros deixando-se pintar, esquecidos da caça, da pesca e de suas famílias. "Por que os senhores são tão bobos?", perguntavam aos missionários. "E por que somos bobos?", respondiam estes. "Porque não se pintam como os eyiguayeguis." Como se vê, considerações utilitárias não podem explicar o que está em jogo aí.

Nada é mais perigoso para o etnólogo do que querer reconstituir uma mentalidade indígena a partir de suas próprias experiências psicológicas. Mas, num caso como esse, em que os costumes têm implicações eróticas tão evidentes, pode-se supor sem risco que as reações provocadas são suficientemente profundas para serem universais, pelo menos até certo ponto. Qualquer um que tenha convivido com os cadiuéus pode atestar a provocante eficácia desses rostos pintados. A reputação erótica das mulheres cadiuéus é sólida nas duas margens do rio Paraguai, e muitos mestiços ou índios de outras tribos foram morar no território deles e se casaram com indígenas. Não há dúvida de que esse poder de atração se deve ao encanto quase mágico desses ornamentos corporais e faciais. Esses contornos delicados e sutis, tão sensíveis quanto as linhas do rosto, ora realçando-as, ora disfarçando-as, valorizando-as e, ao mesmo tempo, contradizendo-as, conferem à aparência feminina algo de deliciosamente provocante. São a promessa e o delineamento de exímias incisões. Essa cirurgia pictórica enxerta no corpo humano refinadíssimas elaborações artísticas. E Sánchez Labrador, quando protesta apreensivo que isso é "opor uma fealdade artificial à graça da Natureza", está se contradizendo, pois, algumas linhas adiante, afirma que as mais belas tapeçarias não poderiam rivalizar com essas pinturas indígenas. De fato, nunca o efeito erótico dos cosméticos foi explorado de forma tão sistemática e, sem dúvida, tão consciente. Quando comparado a tais feitos, o realismo grosseiro de nossas maquiagens parece um esforço pueril.

Os eyiguayeguis merecem a designação de "bons selvagens", no sentido que o século XVIII dava a essa expressão. Mas a lição que nos transmitem não pode estar mais distante dos devaneios desse mesmo século XVIII sobre o estado de natureza, pois, em relação às "forças do instinto", essas pinturas indicam uma independência e uma maestria indubitavelmente bem superiores às combinações e aos remédios que o homem moderno inventou para si. Essa liberdade soberana no modo de dispor do corpo, que a arte indígena reafirma, confina com o pecado. De seu ponto de vista de jesuíta e missionário, Sánchez Labrador mostrava-se bastante perspicaz, ao adivinhar nela o demônio. Ele mesmo destaca o aspecto prometeico dessa arte selvagem, quando descreve a técnica com a qual os indígenas cobriam o corpo com deslumbrantes motivos em forma de estrela: "Assim, cada eyiguayegui se vê como outro Atlas, que, não só sobre os ombros e nas mãos, mas em toda a superfície do corpo, torna-se sustentáculo de um universo inabilmente figurado." É desse modo que talvez se explique o caráter excepcional da arte cadiuéu: por seu intermédio, o homem se recusa a ser apenas reflexo da imagem divina.

XII

A ARTE DA COSTA NOROESTE DA AMÉRICA DO NORTE NO AMERICAN MUSEUM OF NATURAL HISTORY

EM NOVA YORK HÁ UM lugar mágico onde todos os sonhos da infância têm ponto de encontro; onde troncos seculares cantam e falam; onde objetos indefiníveis espreitam o visitante com a ansiosa fixidez do olhar; onde animais de sobre-humana gentileza unem as patinhas levantadas, suplicando o privilégio de construir para o eleito o palácio do castor, de lhe servir de guia no reino das focas ou de ensinar-lhe, num beijo místico, a linguagem da rã e do martim-pescador.[1] Esse

---

1 A versão original francesa deste artigo de 1942 só foi publicada em 2004 nos *Cahiers de L'Herne*. Lévi-Strauss explicava então: "[Este velho texto] data de uma época em que as especulações difusionistas – que Radcliffe-Brown qualificava de história conjectural – ainda estavam muito em voga. Nós nos tornamos mais prudentes, pois, embora os problemas continuem existindo, temos mais consciência de que as soluções que lhes são dadas têm todas as probabilidades de continuarem sendo hipotéticas. Ao leitor de hoje esboços de contatos pré-históricos entre culturas diferentes poderão parecer fora de moda. Que ele tenha a bondade de lembrar, em defesa destas páginas, que elas foram escritas há mais de sessenta anos." Reproduzimos aqui as notas originais (traduzidas da versão inglesa) que não foram

lugar – ao qual alguns métodos museográficos obsoletos, mas muito eficazes, conferem a magia suplementar do claro-escuro das cavernas e do malparado empilhamento de tesouros perdidos –, é visitado todos os dias, das dez da manhã às cinco da tarde, no American Museum of Natural History: é a ampla sala do térreo, dedicada aos índios daquela Costa Noroeste do Pacífico que se estende das margens do Alasca até a Colúmbia Britânica.

Sem dúvida não está distante o tempo em que as coleções da Costa Noroeste migrarão dos museus de etnografia para espaços em museus de arte, entre Egito, Pérsia e Idade Média. Pois essa arte não difere em nada das mais grandiosas e, ao contrário destas, exibiu uma diversidade prodigiosa e um poder aparentemente inesgotável de renovação durante o século e meio que conhecemos de seu desenvolvimento. Sua extinção foi tão abrupta, entre 1910 e 1920, que, à parte os grandes mastros totêmicos antigos poupados pelos museus, não é possível encontrar, em toda a costa, mais que figurinhas informes, esculpidas à faca para serem vendidas por alguns *cents* aos turistas.

Mas nesse século e meio assistiu-se ao nascimento e ao florescimento não de uma, mas de dez formas diferentes de arte: desde as mantas em tapeçaria dos chilkats, ainda desconhecidas no século XIX, que, em brevíssimo tempo, atingem a mais alta perfeição das técnicas têxteis, valendo-se, como únicos meios, do amarelo-vivo extraído do musgo, do preto extraído da casca do cedro e do azul-acobreado obtido de óxidos minerais; até as refinadas esculturas de ardósia, luzidias como a obsidiana preta, que constituem a fulgurante decadência, no estágio do bibelô, de uma arte que repentinamente se apossa de instrumentos de aço e será destruída por ele; passando pela moda agitada – que duraria apenas alguns anos – dos penteados de dança tlingit e tsimshian, que ostentavam motivos esculpidos de madrepérola, cingidos de peles

---

retomadas em 2004, bem como as fotografias (as figuras 5, 6, 7 e 8 são fotos recentes dos objetos que ilustravam o texto em 1943). *(Nota do editor francês.)*

A ARTE DA COSTA NOROESTE DA AMÉRICA DO NORTE NO AMERICAN MUSEUM

de animais ou de penugens brancas de pássaros selvagens, dos quais pendiam em cascata centenas de peles de arminho, como cachos. Essa renovação incessante, essa segurança que garante um sucesso definitivo e fulminante em qualquer direção, esse desprezo por caminhos já palmilhados, impulsionando o tempo todo novas tentativas que desembocam, infalivelmente, em sucessos retumbantes, tudo isso a nossa sociedade só conheceria com o excepcional destino de um Picasso. Não seria demais ressaltar que esses exercícios perigosos de um único homem que nos deixou sem fôlego durante trinta anos foram conhecidos e praticados por uma cultura indígena inteira durante mais de 150 anos; pois não temos motivo para duvidar que essa arte multiforme tenha se desenvolvido no mesmo ritmo desde suas distantes origens, que nos são desconhecidas. Porém, alguns objetos de pedra recolhidos em escavações no Alasca atestam que essa arte pujante, facilmente reconhecível em suas formas arcaicas, deve ter existido no local desde uma época muito antiga – com a condição de dar a esse termo o sentido relativo que assume quando aplicado à arqueologia americana.

Seja como for, ainda no fim do século XIX, uma série contínua de aldeias, instaladas na costa e nas ilhas, sucedia-se do golfo do Alasca até o sul de Vancouver. Na época mais próspera, as tribos da Costa Noroeste abrigavam um total de 100.000 a 150.000 almas, número pequeno, quando pensamos na intensidade de expressão e nas lições decisivas de uma arte elaborada por inteiro naquela distante província do Novo Mundo por uma população cuja densidade variava, segundo as regiões, de 0,1 a 0,6 habitante por quilômetro quadrado.[1] Ao norte, estavam os tlingits, aos quais devemos as mais puras esculturas e os mais preciosos ornamentos; depois, em direção ao sul, os kwakiutls, que, criando suas máscaras de dança, cultivam uma suntuosa profusão de formas e cores; os bella coolas, em cuja paleta o azul-cobalto ocupa

---

1 Remeto às estimativas de Alfred L. Kroeber em *Cultural and Natural Areas of Native North America*, Berkeley, University of California Press, 1939.

lugar privilegiado; os haidas, escultores rudes e pujantes; os tsimshians, mais humanos; os nootkas, com um realismo já tímido; no extremo sul, enfim, os chinooks e os salishs, entre os quais os últimos raios da inspiração setentrional começam a apagar-se.[1]

De onde provêm esses grupos, muitas vezes diferentes na linguagem, mas cuja arte, apesar das variedades locais de estilo e das desigualdades de talento, atesta uma comunidade? Meu mestre Marcel Mauss gostava de enfatizar que tudo, na arte e nos costumes da Costa Noroeste, lembrava-lhe a China misteriosa e primitiva.[2] E, de fato, diante das decorações de cem olhares das mantas chilkat, de cofres tlingit ou haida, é impossível deixar de pensar nos cofres ocelados da China arcaica do segundo e do primeiro milênios. O grande linguista americano Sapir morreu com a convicção de que o na-dené, uma das famílias linguísticas mais importantes da costa, devia ser vinculado ao sino-tibetano. No entanto, essas sugestões irreprimíveis dificilmente podem redundar em demonstração. Do ponto de vista antropológico, os indígenas do Alasca e da Colúmbia Britânica são índios americanos, membros sem dúvida, como todos os índios das duas Américas, da grande família asiática, mas separados dela há um número suficiente de milênios para justificar a presença de caracteres específicos, ausentes nos modernos mongoloides, como a predominância do grupo

---

[1] Os trabalhos mais importantes sobre a Costa Noroeste são os seguintes: Franz Boas, *The Social Organization and the Secret Societies of the Kwakiutl Indians*, Report of the United States National Museum for 1895; *idem*, *Tsimshian Mythology*, 31st Annual Report of the Bureau of American Ethnology, 1916; John R. Swanton, *Contributions to the Ethnology of the Haida*, Memoirs of the American Museum of Natural History, VIII, 1915; *idem*, *Social Condition, Beliefs and Linguistic Relationship of the Tlingit Indians*, 26th Annual Report of the Bureau of American Ethnology, 1908, e as contribuições dos mesmos autores nos trabalhos e publicações da Jesup North Pacific Expedition.

[2] Ver a conferência "Une catégorie de l'esprit humain: la notion de personne, celle de 'moi'", Huxley Memorial Lecture, *The Journal of the Royal Anthropological Institute of Great Britain and Ireland*, vol. 68, 1938.

sanguíneo O, que se manifesta, de modo esmagador e sem igual em nenhum outro ponto do mundo, desde os salishs da Costa Noroeste até os indígenas da floresta brasileira.[1]

Outra hipótese, frequentemente retomada desde Cook, que descobriu a costa do Alasca subindo o Pacífico a partir dos mares do Sul, é a das afinidades polinésias, mais especialmente neozelandesas: assim como os maoris, os indígenas da Costa Noroeste construíam casas retangulares de tábuas; como eles, teciam mantas com franjas, com formato igual nas duas regiões; nos dois grupos, a escultura em madeira atingira desenvolvimento excepcional e caracterizava-se sobretudo pelos elevados postes ornamentados com figuras sobrepostas, erguidos paralelamente nas proximidades das casas. Como prova definitiva de parentesco, havia, por fim, a presença nas tribos da Costa Noroeste de um tipo de clava altamente especializada, o *paru mere* neozelandês, com formato e ornamentação tão característicos que sua invenção independente em dois lugares distantes parece inconcebível. Por isso, a origem do *paru mere* viria a tornar-se o romance policial da arqueologia americana; e os etnólogos começaram a aplicar, em cada exemplar conhecido, uma sutileza digna de Sherlock Holmes. Demonstrou-se com facilidade, para começar, que todos os espécimes colecionados na América podiam ter sido levados, nos séculos XVIII e XIX, por viajantes chegados dos mares do Sul,

---

1 A predominância do grupo O entre os salishs foi estabelecida por Gates e Darby, "Blood Groups and Physiognomy of British Columbia Coastal Indians", *The Journal of the Royal Anthropological Institute of Great Britain and Ireland*, vol. 64, 1934. Entre os índios do Brasil, Ribeiro e Berardinelli obtiveram uma porcentagem, inicialmente recebida com ceticismo, de 100% de tipo O num grupo de índios tupis. Esse número, porém, foi integralmente confirmado pelo Dr. Vellard e por mim quando de nossa expedição de 1938 entre os índios nhambiquaras. Entre diferentes grupos de índios da América Central ou do Norte, os antropólogos norte-americanos obtiveram porcentagens que variam de 60% a quase 90%. Parece indubitável que os índios puros da América, na origem, eram todos de grupo O. Em nenhum lugar mundo se encontra prevalência semelhante ou mesmo comparável de um único grupo sanguíneo.

como Cook. De modo muito especial, os exemplares da Costa Noroeste pareciam levantar dúvidas por estarem na posse das mesmas tribos que, no final do século XVIII, mostraram a Cook colherinhas de prata de estilo espanhol, chegadas não se sabe de onde àquelas terras até então desconhecidas. Mas pelo menos um exemplar resistia a todas as tentativas de explicação: era o descoberto por Tschudi num túmulo pré-incaico do Peru, cuja origem maori era indubitável; também indubitável era a impossibilidade de ter sido introduzido sub-repticiamente por algum viajante após a descoberta. A partir daí, por que não admitir a autenticidade de todos os outros, em especial os da Colúmbia Britânica? Infelizmente, a autenticidade do exemplar peruano era mais que indiscutível. Pois a idade do túmulo, apesar de inviolado, torna-o mais ou menos contemporâneo da época em que os maoris ainda não tinham atingido a Nova Zelândia, ou mal começavam a instalar-se ali;[1] e, mesmo supondo que já estivessem lá, da Nova Zelândia à costa americana a distância é de 5.000 milhas. Estamos realmente diante do crime contra a ciência apenas, pois mesmo os adversários mais convictos da tese que o Dr. Paul Rivet tornou famosa – segundo a qual teria havido contatos entre a Polinésia e a América na época pré-colombiana – concordam em reconhecer a autenticidade dos *paru mere* encontrados na América,[2] muito embora demonstrando do modo mais convincente que, tanto

---

[1] Sobre as escavações de Von Tschudi, ver M. E. De Rivero e J. D. Von Tschudi, *Antiguedades Peruanas*, Viena, 1851. Ao cabo de uma análise profunda do exemplar Tschudi, o Dr. Dixon, adversário convicto da teoria polinésia, admite: "*Com base nos dados disponíveis, parece que chegamos a um impasse*" (os grifos são do autor). (Roland B. Dixon, "Contacts with America Across the Southern Pacific", *in* Diamond Jenness (org.), *The American Aborigines*, Toronto, The University of Toronto Press, 1933, p. 342.)

[2] A teoria de Paul Rivet é bem conhecida. Sua expressão mais recente se encontra em seu livro, *Les Origines de l'homme américain*, que acaba de ser publicado (Éditions de l'Arbre, Montréal, 1943) – [Ed. bras. *As origens do homem americano*, Instituto Progresso, São Paulo, 1947, trad. Paulo Duarte – N. T.].

do ponto de vista histórico quanto do geográfico, eles não deveriam estar lá.[1]

Se mencionamos esses debates de especialistas, foi por serem apenas o prolongamento, no terreno racional, do mistério trágico e da austera ansiedade que são a característica mais impressionante da arte da Costa Noroeste. Para os espectadores dos rituais iniciáticos, essas máscaras de dança, que de repente se abrem em duas partes para deixar à mostra um segundo rosto e, às vezes, um terceiro por trás do segundo, atestavam a onipresença do sobrenatural e o fervilhar permanente do mito sob a placidez das ilusões cotidianas. Essa mensagem primitiva era de tal violência, que o isolamento profilático das vitrines não consegue, ainda hoje, impedir sua ardente comunicação. Percorra-se durante uma hora ou uma hora e meia aquela sala ouriçada de "pilares vivos". A expressão do poeta,[2] por outra misteriosa "correspondência", é a exata tradução do termo indígena para designar as colunas esculpidas que sustentavam as vigas das casas; colunas que são menos coisas do que seres "com olhares familiares", pois, nos dias de dúvida e tormento, elas também emitem "confusos falares", guiam o habitante da

---

[1] Depois de ter demonstrado de modo convincente a quase impossibilidade prática de contatos pré-colombianos entre a Polinésia e a América, o Dr. Dixon conclui: "Depois que todos os casos foram passados pelo crivo e ponderados cuidadosamente, restam ainda dois ou três fatos residuais que tornam a aceitação do contato transpacífico não só justa, como aparentemente inescapável" ("Contacts with America Across the Southern Pacific", in *The American Aborigines, op. cit.*, p. 353). Quando se chega a uma conclusão dessas, a questão é saber se não caberia reconsiderar com olhar mais favorável todos os casos que antes haviam sido excluídos como duvidosos ou equívocos. As hipóteses não têm valor quando não recebem confirmação, mas, a partir do momento em que se estabelece independentemente um fato sobre o qual é possível apoiá-las, elas ganham solidez e se reforçam mutuamente. Isso não me impede de concordar com o Dr. Dixon quanto às imensas dificuldades com que somos confrontados "com base nos dados disponíveis" – para retomar uma de suas fórmulas úteis –, quando tentamos compreender como e quando os contatos puderam ter ocorrido e avaliar sua influência sobre o desenvolvimento das culturas americanas.

[2] Em "Correspondances" ["Correspondências"], soneto à enigmática atmosfera alasquiana (*Les Fleurs du mal* [*Flores do Mal*], de Charles Baudelaire).

casa, aconselham-no e consolam-no, mostrando-lhe o caminho para sair das dificuldades. É mais difícil, mesmo para nós, reconhecer neles um tronco morto do que deixar de ouvir seu murmúrio abafado; assim como deixar de entrever, por trás do vidro das vitrines, de ambos os lados de um rosto tenebroso, o "Corvo canibal" batendo o bico como asas, e o "Senhor das marés" dirigindo o movimento das águas num pestanejar de seus olhos engenhosamente articulados.

Pois quase todas essas máscaras são mecanismos ao mesmo tempo ingênuos e veementes. Um jogo de cordas, polias e dobradiças permite que as bocas caçoem dos terrores do noviço, que os olhos chorem sua morte, que os bicos o devorem. Única em seu gênero, essa arte reúne, em suas figuras, a serenidade contemplativa das estátuas de Chartres e dos túmulos egípcios e as carantonhas dos artifícios de carnaval. Essas duas tradições de igual grandeza e similar autenticidade, cujos restos desmembrados são hoje disputados por barracas de feiras e catedrais, reinam aqui em sua primitiva e indissociável unidade. Esse dom ditirâmbico de síntese e essa faculdade quase monstruosa de perceber como semelhante o que todos os outros seres humanos conceberam como diferente constituem sem dúvida a marca, excepcional e genial, da arte da Colúmbia Britânica. De uma vitrine a outra, de um objeto a outro, de um canto a outro do mesmo objeto às vezes, tem-se a sensação de passar do Egito ao século XII, dos sassânidas aos carrosséis, do palácio de Versalhes (com sua ênfase insolente em brasões, escudos e quartéis, gosto quase desavergonhado pela metáfora e pela alegoria) à floresta congolesa. Que se olhem de perto essas caixas de provisões, esculpidas em baixo-relevo com realces de preto e vermelho: a ornamentação parece puramente decorativa. A aplicação de cânones imutáveis, porém, permite ali representar um urso, ou um tubarão, ou um castor, mas sem nenhum dos limites que, em outro lugares, restringem o artista: pois o animal é representado ao mesmo tempo de frente, de perfil e de costas; visto, simultaneamente, por cima e por baixo; por fora e por dentro. Algum cirurgião desenhista, numa ex-

A ARTE DA COSTA NOROESTE DA AMÉRICA DO NORTE NO AMERICAN MUSEUM

traordinária mescla de convenção e realismo, escorchou-o, desossou-o, eviscerou-o, para reconstituir um novo ser que coincide, em todos os pontos de sua anatomia, com a superfície paralelepipedal ou retangular, e criar um objeto que é caixa e animal, e um ou vários animais e um homem.[1] Pois a caixa fala; vigia, efetivamente, os tesouros que lhe são confiados, num canto da casa que – tudo proclama – é o interior de algum animal mais enorme, onde se penetra pela porta que é uma mandíbula escancarada, e em cujo seio se ergue, com centenas de aparências amáveis ou trágicas, uma floresta de símbolos humanos e não humanos. Assiste-se à mesma transfiguração com as duas admiráveis estátuas tlingit de madeira: as duas personagens estão literalmente vestidas de animais; e o baixo-ventre de uma delas tem um riso de mandíbula, enquanto as patelas da outra servem de pretexto para duas pequenas faces lunares. Aliás, ouçamos o que dizem os indígenas: numa lenda kwakiutl coligida por Franz Boas, o herói mitológico apresenta-se como baleia. Abordando a costa, desembarca como homem da baleia que já não é ele, mas sua canoa; quando se encontra com o chefe local e sua filha, que ele quer desposar, oferece-lhes como festim a baleia, retornando assim à sua natureza animal, ao cabo de sua terceira transmutação. Vejamos agora a história tlingit, coligida por Swanton,[2] da mulher que foge dos ursos; ela chega a um lago e vê sobre as águas "uma piroga coberta por um chapéu de dança; e a piroga diz: 'Venha em minha direção'." A mulher atira-se na água, alcança a piroga, que a leva para o sol." E adiante: "A piroga, que era uma piroga-urso, ficava na extremidade da aldeia; essa piroga entendia

---

[1] O grande Franz Boas, falecido há alguns meses, aplicou os inesgotáveis recursos de seu gênio analítico à interpretação do labirinto de temas, regras e convenções da arte da Costa Noroeste. Ver Franz Boas, "The Decorative Art of the Indians of the North Pacific Coast", *Bulletin of the American Museum of Natural History*, vol. 9, art. 10, Nova York, 1897, e o livro do mesmo autor: *Primitive Art*, Oslo, 1927.

[2] John R. Swanton, *Tlingit Myths and Texts*, Bureau of American Ethnology, bulletin 59, 1909: "The Origin of Copper", texto nº 89, p. 254-255.

o que se dizia [...] e, depois de viajar durante muito tempo, parava de repente porque tinha fome, e então era preciso alimentá-la, despejando o conteúdo de uma caixa de gordura diante da proa." Como admirar que esses objetos – que falam, dançam e comem – conservem, mesmo na prisão do museu, um pouco de sua vida pulsante?

Parece impossível haver maior distância entre esses objetos – seres transfundidos em coisas, homens-animais, caixas vivas – e a concepção que temos de obra de arte desde a Grécia. No entanto, mesmo aqui seria errôneo acreditar que aos profetas e aos virtuoses da Costa Noroeste possa ter escapado uma única possibilidade de vida estética. Muitas dessas máscaras, dessas estátuas, são retratos atentos que demonstram a preocupação não só de atingir a semelhança física, como também de adivinhar os mais sutis móbeis da alma. E o escultor do Alasca ou da Colúmbia Britânica não é apenas o feiticeiro que confere forma visível ao sobrenatural, é também o coautor inspirado, o intérprete que traduz em obra-prima eterna as emoções fugazes dos seres humanos. Que homenagem mais profunda e sincera já foi prestada à missão do artista do que a implicada nesta outra lenda tlingit, que resumo, segundo a versão de Swanton?[1] Seu título é: "A imagem que ganhou vida". É a história de um jovem chefe perdidamente apaixonado por sua mulher, que adoece e morre, apesar dos cuidados dispensados pelos melhores xamãs. O príncipe inconsolável vai de um escultor a outro, suplicando que lhe façam um retrato da esposa, mas nenhum deles consegue semelhança perfeita. Por fim, encontra um que lhe diz: "Olhei muitas vezes tua mulher quando ela passeava contigo; nunca estudei o rosto dela com a ideia de que um dia gostarias que o esculpisse, mas, se permitires, tentarei." O escultor começa a trabalhar, termina a estátua e, quando o jovem chefe entra na oficina, "vê sua mulher morta sentada, exatamente semelhante ao que era antes". Cheio de alegria melancólica, o chefe pergunta ao

---

1 *Ibidem*, p. 181-182.

artista o preço de sua obra, mas – continua a lenda – "o escultor, que se entristecera ao ver aquele chefe prantear sua mulher, disse: 'Foi por sentir a tua dor que a esculpi. Por isso, não me pagues demais por ela'. O chefe, porém, pagou regiamente o escultor, tanto em escravos quanto em mercadorias." A lenda continua, dizendo que o chefe vestiu na estátua as roupas da mulher: ele tinha a sensação de que sua mulher voltara, e tratava a imagem como se fosse ela. Um dia, teve a impressão de que a estátua começava a se mexer e, a partir desse momento, passou a examiná-la atentamente a cada dia, "pois acreditava que um dia se tornaria viva". No entanto, embora se tornasse cada dia mais semelhante a um corpo humano e estivesse incontestavelmente viva, a imagem não se movia nem falava: "Um pouco mais tarde, porém, a imagem emitiu um som que vinha do peito, como de madeira estalando, e o homem percebeu que ela estava doente. Quando a retirou do local onde estava sentada, descobriu que um pequeno cedro vermelho brotava ali, no piso. Deixou-o até que se tornasse uma árvore grande, e é por essa razão que os cedros das ilhas da Rainha Carlota são tão bonitos. As pessoas que vivem lá, quando encontram uma árvore bonita, dizem: 'Essa é como o bebê da mulher do chefe.'" Nunca, porém, a imagem se tornou realmente viva. E a conclusão quase nostálgica da história tem a marca do respeito pela autonomia da obra de arte, por sua absoluta independência em relação a qualquer espécie de realidade: "Dia após dia a imagem da jovem mulher se tornava cada vez mais semelhante a um ser humano, e de todas as aldeias ao redor chegavam visitantes para vê-la; eles a contemplavam com espanto, a ela e ao pequeno cedro que crescia [...]. A estátua mal e mal se mexia e nunca falou. Mas o que ela queria dizer chegava ao marido em sonhos. E era por meio desses sonhos que ele sabia que ela lhe falava."

Quando se compara a lenda grosseira de Pigmaleão a esse conto sensível e pudico, dotado de sutil discrição e pujante poesia, acaso não são os gregos que fazem papel de bárbaros e não são os pobres selvagens do Alasca que podem pretender à mais pura compreensão da beleza?

Etnografia sul-americana

XIII
O USO SOCIAL DOS TERMOS DE PARENTESCO ENTRE OS ÍNDIOS DO BRASIL

O SISTEMA DE PARENTESCO DOS índios nhambiquaras do Mato Grosso ocidental é um dos mais simples do Brasil. Além disso, pertence a um modelo sociológico, o do casamento de primos cruzados, que, pelas informações hoje disponíveis, parece ter sido muito frequente em toda a América do Sul. O objetivo deste artigo é comparar a organização familiar dos nhambiquaras com a de outras tribos descritas na antiga literatura e mostrar que um laço específico de parentesco, a relação entre cunhados, tinha outrora um significado que, para numerosas tribos da América do Sul, superava amplamente a simples expressão de uma relação entre dois indivíduos. Esse significado, ainda observável na cultura nhambiquara, é ao mesmo tempo sexual e político-social e, em razão de sua complexidade, a relação entre cunhados pode sem dúvida ser considerada uma verdadeira instituição. Desde o século XVI, viajantes e sociólogos não dispensaram atenção suficiente a esse fenômeno, provavelmente porque à primeira vista ele podia ser interpretado como um desenvolvimento importado da relação ibérica de *compadre*. A nosso ver, a relação entre cunhados, com seus notáveis efeitos, é, ao contrário, uma instituição indígena original, baseada nos elementos próprios da cultura local. É verdade que constitui um exemplo impressionante de convergência entre instituições indígenas e instituições latino-mediterrâneas, mas essas numerosas semelhanças aparentes escondem importantes diferenças estruturais.

***

Os índios nhambiquaras vivem às margens do curso superior de afluentes do rio Tapajós, entre os paralelos 11 e 15. Seu território é constituído por uma savana semidesértica, que contrasta com as estreitas matas de galeria encontradas ao longo dos principais cursos de água. O solo fértil dessas matas possibilita aos indígenas cultivar algumas hortas durante a estação chuvosa, mas durante a maior parte do ano, os nhambiquaras vivem essencialmente de caça e coleta de frutos silvestres. Seu nível de cultura, comparado ao da maioria das tribos brasileiras, parece bastante baixo. Como só foram descobertos em 1907 e quase não tiveram contato com a civilização branca entre a expedição Rondon-Roosevelt em 1914 e nosso próprio trabalho de campo com eles em 1938-1939, pode-se considerar ainda intacta sua organização social e familiar.

O sistema de parentesco nhambiquara pode ser resumido da seguinte maneira: os irmãos do pai são classificados com o pai e chamados de "pai", e as irmãs da mãe são classificadas com a mãe e chamadas de "mãe". As irmãs do pai e os irmãos da mãe são classificados em conjunto e reunidos com os pais da esposa e os pais dos pais numa categoria única que designa simultaneamente as tias cruzadas e os tios cruzados, a sogra e o sogro, e os avós. Na geração de ego, os primos paralelos, ao mesmo tempo filhos dos irmãos do pai e filhos das irmãs da mãe, são confundidos com os irmãos e as irmãs e chamados de "irmãos" e "irmãs". Considerando-se os filhos das irmãs do pai e dos irmãos da mãe, um homem chama todas as suas primas cruzadas de "mulheres" (está ou estará casado com uma delas), e todos os seus primos cruzados, de "cunhados". Inversamente, uma mulher chama seus primos cruzados (entre os quais se encontra seu marido atual ou potencial) de "maridos", e todas as suas primas cruzadas, de "cunhadas". Não há distinção terminológica entre cônjuges atuais e cônjuges potenciais. Os membros da geração seguinte são também divididos em "filhos" e "filhas" (os filhos de ego e os sobrinhos e sobrinhas paralelos) e "genros" e "noras" (sobrinhos e sobrinhas cruzados de ego), pois estes são, ou podem vir a ser, cônjuges de seus filhos.

O sistema é um pouco complicado por distinções secundárias entre irmãos e irmãs mais velhos ou mais novos e pelo fato de também ser praticado outro tipo de casamento: entre um tio materno e sua sobrinha. Esse novo esquema aparece habitualmente nas uniões poligâmicas que, numa sociedade nhambiquara globalmente monogâmica, são privilégio do chefe. Precisamos nos deter um pouco nesse ponto. A poligamia nhambiquara provém do fato de que, depois de um primeiro casamento que atende a todos os critérios habituais (ou seja, entre primos cruzados), um homem pode contrair uma ou várias outras uniões de natureza um tanto diferente. Na realidade, a posição dessas mulheres secundárias não é idêntica à da primeira esposa, e essas uniões tardias, embora constituam casamentos verdadeiros, são diferentes do ponto de vista psicológico e econômico. A atmosfera na qual se desenvolvem é menos conjugal e mais se parece a uma espécie de camaradagem amorosa. As mulheres secundárias, mais jovens, colaboram mais ativamente nos numerosos encargos que incumbem ao esposo em razão das obrigações sociais específicas deste último. Além disso, as atividades delas não respeitam as regras gerais da divisão sexual do trabalho de maneira tão estrita quanto as da primeira esposa. Por fim, como essas mulheres são mais jovens, a primeira esposa chama-as "filhas" ou "sobrinhas". Tais uniões "oblíquas" (ou seja, entre membros de gerações diferentes) podem também ocorrer no âmbito de casamentos monogâmicos, mas esse caso é menos frequente. Embora as consequências dessas uniões para os nhambiquaras desempenhem papel importante em nossa demonstração, as modificações que provocam no sistema de parentesco não são essenciais para os propósitos deste artigo, e não as mencionaremos mais na sequência. Nossas observações se concentrarão nas consequências específicas da relação entre cunhados, que se expressa pelos termos recíprocos *asúkosu* (no dialeto do Leste), *tarúte̬* (no dialeto do Centro e do Oeste) ou *iópa̬* (no dialeto do Norte).

Já de início cabe destacar que essa tradução prática do termo indígena está longe de ser exata. Uma vez que *asúkosu* é o primo cruzado de um homem e, ao mesmo tempo, seu potencial cunhado – pois as pessoas que são *asúkosu* (ou *tarúte̬* ou *iópa̬*) entre si chamam de "esposa" a irmã uma da outra –, só em certos casos particulares um dos indivíduos em questão é efetivamente irmão da mulher, ou marido da irmã, ou ambos. O significado do termo *asúkosu*, portanto, é bem mais amplo que o do termo "cunhado" tal como entendido por nós, pois designa, para cada homem, aproximadamente metade dos indivíduos masculinos de sua geração; a outra metade recebe, sem dúvida, a denominação "irmãos" (consanguíneos ou classificatórios). Deve-se notar que, no sistema de parentesco nhambiquara, só os homens têm cunhados e, inversamente, apenas as mulheres têm cunhadas. Somente no caso dos cunhados os nhambiquaras estabelecem um elo consciente entre um comportamento especial e a posição ocupada por um parente no sistema de relações. Em geral, não há regra de evitamento ou de familiaridade privilegiada entre certos tipos de parentes. As relações com os parentes da esposa não diferem substancialmente das que ligam ao tio ou à tia paralelos, e, embora seja verdade que as relações entre irmãos ou irmãs consanguíneos ou classificatórios são bastante reservadas, os indígenas não identificam esse comportamento difuso. De fato, embora não se evitem, os primos-irmãos e paralelos não brincam nem conversam entre si, a não ser em casos de necessidade especial. As cunhadas, ao contrário, comportam-se livremente entre si. Riem e brincam à vontade, prestam pequenos serviços umas às outras, como, por exemplo, esfregar pasta de urucum nas costas. E essas relações especiais são ainda mais marcadas quando consideramos os cunhados.

Já mencionamos a poliginia parcial existente no grupo. Periodicamente, o chefe ou xamã subtrai várias mulheres, entre as mais jovens e bonitas, do ciclo regular dos casamentos; desse modo, muitas vezes os homens jovens, pelo menos durante a adolescência, encontram dificuldades para casar-se, por falta de mulheres disponíveis. Esse problema é resolvido por meio de relações homossexuais, que a língua nhambiquara qualifica poeticamente de *tamindige kihadige*, ou seja, "amor-mentira". Essas relações são frequentes entre jovens e ocorrem de maneira muito mais pública do que as heterossexuais. Diferentemente da maioria dos adultos, os parceiros não se isolam na mata, mas se instalam perto de uma fogueira de acampamento sob os olhares divertidos dos vizinhos. Embora possam dar ensejo a ocasionais piadas, essas relações são consideradas infantis e não recebem muita atenção. Não conseguimos descobrir se esses exercícios são praticados até a satisfação completa, ou se se limitam a efusões sentimentais e a jogos eróticos como os que caracterizam as relações entre cônjuges na maioria das vezes. Seja como for, aqui importa saber que essas relações homossexuais ocorrem exclusivamente entre primos cruzados.

Não conseguimos saber se esse tipo de relação se prolonga entre primos cruzados adultos; parece pouco provável. No entanto, o caráter livre e ostentatório das relações entre cunhados não se encontra nas relações entre irmãos ou entre integrantes de qualquer outra classe de parentes. Não é raro, entre os nhambiquaras (aliás, sempre pródigos em gestos afetuosos), ver dois ou três homens, casados e às vezes pais de família, andando abraçados no crepúsculo: sempre *tarútę ialasiete*, "[são] cunhados abraçados". Certos jogos, como o "jogo dos arranhões" (em que os adversários tentam arranhar-se mutuamente, em especial no rosto), também são praticados com frequência pelos cunhados.

Mas essa relação de proximidade entre "primos cruzados, ligados efetiva e potencialmente pelo casamento da irmã" – tradução mais adequada do termo indígena para "cunhados" –, pode estender-se muito além das relações familiares. Na realidade, às vezes possibilita estabelecer vínculos originais entre indivíduos sem parentesco, com a função de fundir numa única unidade familiar vários grupos antes heterogêneos. Isso é claramente demonstrado pelo episódio abaixo.

Durante os últimos vinte anos, várias epidemias quase destruíram as populações nhambiquaras do Centro, do Oeste e do Norte. Diversos grupos, dizimados, não conseguiam manter existência social autônoma. Na esperança de reconstituir unidades viáveis, alguns deles tentaram somar forças. Ao longo de nossa permanência ali, convivemos e trabalhamos com um desses grupos, que fundia 17 indivíduos falantes do dialeto do Norte (do grupo sabanê) com 34 falantes do dialeto central (grupo tarundê). Embora esses grupos colaborassem ativamente, cada um deles era distinto na origem e se submetia à autoridade de seu próprio chefe. É provável, aliás, que a crise demográfica não tenha sido a única causa dessa situação, pois o segundo grupo constituía apenas uma fração de um grupo mais numeroso, do qual se separara por razões que não conhecemos. No entanto, vários episódios ocorridos durante nossa permanência levaram-nos a acreditar que essa ruptura tivesse sido causada por dissensões políticas, cujos detalhes nos são obscuros. Seja como for, esses dois grupos passaram a viajar e viver juntos, ainda que mantivessem dois acampamentos contíguos, mas separados, nos quais as famílias formavam círculos distintos, cada uma em torno de sua própria fogueira. A característica mais surpreendente dessa curiosa organização é que os dois grupos não falavam a mesma língua e só podiam se entender por meio de intérpretes; felizmente, havia em cada grupo pelo menos um ou dois indivíduos dotados de conhecimento suficiente do outro dialeto para servir de intermediários. Nem mesmo os dois chefes conseguiam comunicar-se de modo direto. A questão de os dois dialetos pertencerem ou não à mesma família linguística pode ser dispensada aqui, mas é indubitável que o grupo do Norte pertence ao conjunto cultural nhambiquara, em razão das semelhanças da cultura material, dos tipos de vida e, mais ainda, em razão da atitude psicológica de seus integrantes, que, com toda evidência, reconhecem sua afinidade com o grupo do Centro.

A reunião dos dois grupos criava o problema mais fundamental da natureza das relações que deveriam ser estabelecidas entre seus respectivos integrantes; esse problema foi resolvido por uma declaração conjunta, de que todos os varões do grupo sabanê deviam ser reconhecidos como "cunhados" (*tarútę*) dos homens adultos do grupo tarundê e, inversamente, estes últimos deviam ser reconhecidos como "cunhados" (*iópạ*) pelos primeiros. Consequentemente, todas as "esposas" pertencentes a um grupo tornaram-se "irmãs" dos "esposos" do outro grupo e "cunhadas" de suas mulheres; e as crianças dos dois sexos de um grupo tornaram-se cônjuges potenciais das crianças do outro. Desse modo, esses dois grupos se fundiriam numa única unidade consanguínea no espaço de duas gerações.

O caráter consciente e sistemático dessa solução não deixa dúvidas. Quando interrogados sobre o laço de parentesco que os unia aos homens do grupo aliado, os informantes masculinos de qualquer grupo de origem respondiam invariavelmente que a pergunta não tinha sentido, pois os homens sabanês eram seus *tarútę*, ou os homens tarundês, seus *iópạ*. Por outro lado, ninguém parecia ter ideia clara das relações exatas entre as mulheres dos dois grupos, as crianças dos dois grupos, nem entre adultos e crianças dos dois grupos. A relação teórica exata às vezes era bem definida, mas na maioria das vezes nossa pergunta só recebia como resposta o nome do grupo, e a informante identificava a mulher do outro grupo simplesmente como "sabanê" ou "tarundê".

Por isso, pode-se supor que o sistema fora concebido e aplicado com base exclusiva na relação *tarúte̯* (ou *iópa̯*). Tal conclusão é importante, pois o mesmo resultado evidentemente poderia ter sido obtido por outros meios.

Se o único objetivo fosse obter intercasamentos, teria sido possível tomar outros dois caminhos – ou talvez cumprisse dizer que seria possível dar duas interpretações diferentes para o mesmo fenômeno. A primeira possibilidade teria sido considerar as mulheres como "cunhadas", e a segunda consistiria em criar entre todos os homens de um grupo e todas as mulheres do outro uma relação "irmão-irmã". Nos dois casos, o resultado teria sido o mesmo da interpretação aceita, na qual, de fato, essas relações estão implícitas, embora não expressas. Mas, de fato, foi a relação entre os colaterais masculinos e aliados que serviu de base para a solução escolhida, e é sobre as consequências dessa escolha que agora devemos refletir.

Duas das três interpretações possíveis supunham que as mulheres fossem levadas em conta; só uma era exclusivamente masculina, e foi a adotada pelos indígenas. Não será surpreender, se for verdade, como acreditamos, que o problema por resolver era puramente político, portanto referente ao comando, função atribuída aos homens, e não a mecanismos normais de filiação, cuja lógica parece ser matrilinear. Num sistema simples de casamento entre primos cruzados, como o dos nhambiquaras, o "cunhado" pode ser tanto o primo cruzado patrilateral quanto o matrilateral; no entanto, a interpretação escolhida confere à sociologia nhambiquara um colorido decididamente masculino, ou podemos dizer no mínimo que apresenta forte tendência nessa direção. Ao mesmo tempo, nessa solução é possível ver o esboço de um sistema propriamente social sobrepor-se a unidades que de início eram apenas familiares.

Não é absolutamente nossa intenção basear uma teoria da origem das organizações dualistas nessas observações limitadas e, em grande parte, casuísticas. No entanto, o que temos é realmente um caso no qual "as características fundamentais da organização clânica encontram-se, em certa medida, prefiguradas em tribos desprovidas de clãs";[1] de fato, para satisfazer às exigências essenciais de um sistema de metades exogâmicas, bastaria que a nova unidade, uma vez fixada, preservasse a lembrança de sua origem dual, mantendo o hábito de não misturar as fogueiras do acampamento.

Além do mais, a extensão da relação entre "cunhados" constitui um exemplo da preponderância dos homens no interior do grupo, pois é por meio dos homens que se decidem as alianças, bem como, eventualmente, as guerras entre grupos.

As observações acima também têm o mérito de sugerir uma interpretação de observações de caráter sociológico que se encontram dispersas na antiga literatura relativa à América do Sul, em especial à referente aos tupis das costas brasileiras.

Percebem-se grandes semelhanças entre certas características do sistema de parentesco nhambiquara e as que podem ser atribuídas às antigas organizações familiares das tribos tupis do litoral. Sempre que se descrevem pequenos detalhes da vida cotidiana dos nhambiquaras, surge a tentação de citar Jean de Léry ou Yves d'Évreux, a tal ponto que as exatas palavras desses velhos autores parecem literalmente aplicáveis a certas características da sociedade nhambiquara, que, no entanto, ficou conhecida quatro séculos depois. De fato, vários temas metafísicos são comuns às duas culturas; aliás, certos termos do vocabulário religioso nhambiquara têm evidente origem tupi. As semelhanças mais importantes, porém, dizem respeito aos sistemas de parentesco. Nas duas culturas, destacam-se os mesmos três princípios da organização familiar, aparentemente expressos do mesmo modo. Em primeiro lugar, a dicotomia dos irmãos e irmãs dos pais, entre tios paralelos e tias paralelas, chamados de "pais" e "mães", e tios cruzados

---

[1] Robert H. Lowie, "Family and Sib", *American Anthropologist*, new series, vol. 21, 1919, p. 28.

e tias cruzadas, chamados de "sogros" e "sogras". Em segundo lugar, o casamento entre primos cruzados, com a correlativa equiparação dos primos paralelos a "irmãos" e "irmãs". Por fim, o casamento avuncular, que, entre os antigos tupis, parece ter sido regra na forma de união preferencial entre o irmão da mãe e a filha da irmã.

Um texto fundamental de Anchieta constitui uma prova da prática do primeiro princípio, indicando também a existência dos outros dois:

> Mas na matéria de parentesco nunca usam deste vocábulo *etê*[1], porque chamando pais aos irmãos de seus pais, e filhos aos filhos de seus irmãos, e irmãos aos filhos dos tios irmãos dos pais, para declararem quem é seu pai ou filho verdadeiro etc., nunca dizem *xerûbetê*, meu pai verdadeiro, senão *xerûba xemonhangâra*, meu pai *qui me genuit*, ou *xeraira xeremimonhanga*, meu filho *quem genui*. E assim nunca ouvi a índio chamar a sua mulher *xeremirecô etê*, senão *xeremirecô* (*simpliciter*) ou *xeracig*, mãe de meus filhos; nem a mulher ao marido *xemenetê, maritus verus*, senão *xemêna* (*simpliciter*) ou *xemembira rûba*, pai de meus filhos, do qual tanto usam para o marido como para o barregão[*]; e se alguma hora o marido chamar alguma de suas mulheres *xeremirecô etê*, quer dizer minha mulher mais estimada ou mais querida, a qual muitas vezes é a última que tomou."[2]

---

1 "Verdadeiro".

[*] Homem que vive maritalmente com uma mulher sem ser casado. [N.T.]

[**] Tradução dos vocábulos latinos: *qui me genuit* = que me gerou; *quem genui* = que gerei; *simpliciter* = simplesmente; *maritus verus* = marido verdadeiro. [N.T.]

2 José de Anchieta, Informação dos Casamentos dos Indios do Brasil, *Revista Trimensal de Historia e Geographia ou Jornal do Instituto Historico e Geographico Brasileiro*, tomo VIII, 2ª edição, 1867, p. 259.

O USO SOCIAL DOS TERMOS DE PARENTESCO ENTRE OS ÍNDIOS DO BRASIL

Esse texto tem o mérito extra de mostrar que os tupis enfrentavam dificuldades quando queriam distinguir parentes consanguíneos de parentes classificatórios. Isso confirma a semelhança estrutural existente entre seu sistema de parentesco e o dos nhambiquaras, que enfrentam o mesmo problema. Ao que tudo indica, os tupis, assim como os nhambiquaras, aparentemente não sentiram necessidade de termos especiais, e, se preciso, recorreram a considerações fisiológicas. Quando se pede aos nhambiquaras que definam a real situação de seus filhos consanguíneos, eles acrescentam a "filho" ou "filha" outro termo que significa "criança" ou "pequeno". A conotação fisiológica desses segundos termos é evidente, pois em geral eles são utilizados para designar os animais recém-nascidos, enquanto os primeiros são reservados aos humanos. Outras indicações sobre a equiparação entre o irmão do pai e um pai classificatório podem ser encontradas em Soares de Souza.[1]

Os autores antigos frequentemente descrevem o casamento de primos cruzados e o de tio com sobrinha entre os tupis. Mais uma vez recorremos a Anchieta:

> [...] porque muitos índios com terem muitas sobrinhas, e muito gentis mulheres, não usam delas; mas como os irmãos têm tanto poder sobre as irmãs, têm para si que lhes pertencem as sobrinhas para as poderem ter por mulheres, e usar delas *ad libitum* se quiserem, assim como as mesmas irmãs [eles] dão a uns e tiram a outros. Taragoaj, índio muito principal na aldeia de Jeribatiba, que é no campo de S. Vicente, tinha duas mulheres e uma delas era sua sobrinha, filha de sua irmã [...].[2]

---

1 Soares de Souza, *Tratado Descriptivo do Brasil en 1587*, in *Revista do Instituto Historico e Geographico Brasileiro*, t. XIV, 1851, p. 316-317.
2 José de Anchieta, *Informação dos Casamentos dos Indios do Brasil, op. cit.*, p. 259.

Mais adiante, os dois tipos de casamento são vistos como instituições simétricas "porque então os pais lhes dão as filhas, e os irmãos as irmãs".[1] Staden também alude ao casamento entre primos cruzados ("Eles também dão de presente as filhas e as irmãs"[2]), bem como Soares de Souza,[3] Claude d'Abbeville[4] e outros. Com agudo senso sociológico, Anchieta descobre um vínculo entre o casamento com a filha da irmã e o reconhecimento do homem como único responsável pela concepção, teoria também em vigor entre os nhambiquaras. Sobre o assunto, Anchieta escreve:

> O terem respeito às filhas dos irmãos é porque lhes chamam filhas, e nessa conta as têm; e assim *neque fornicarie* as conhecem* porque têm para si o parentesco verdadeiro, vem pela parte dos pais, que são os agentes; que as mães não são mais do que uns sacos, em respeito dos pais, em que se criam as crianças [...] E por isso também usam das filhas das irmãs sem nenhum pejo *ad copulam* [...] E por esta razão os padres as casam agora com seus tios, irmãos das mães, se as partes são contentes, pelo poder que têm de dispensar com eles, o qual até agora se não fez com sobrinho filho de irmão [...].[5]

---

1 *Ibidem*, p. 261.
2 Hans Staden, *The True History of His Captivity*, Londres, Malcolm Letts, vol. II, cap. 18, p. 146.
3 Soares de Souza, *Tratado Descriptivo do Brasil em 1587, op. cit.*, cap. CLVII.
4 Claude d'Abbeville, *Histoire de la mission*, Paris, 1614.
* *Neque fornicare* as conhecem = não mantêm relações com elas. [N.T.]
5 José de Anchieta, *Informação dos Casamentos dos Indios do Brasil, op. cit.*, p. 259-260. Encontra-se a mesma interpretação em Manoel de Nóbrega, *Cartas do Brasil 15491560, Cartas Jesuíticas I*, publ. da Academia Brasileira, Rio de Janeiro, 1931.

Certamente o casamento entre primos cruzados é bastante disseminado em toda a América do Sul.[1] Mas, entre os tupis, o que mais chama a atenção dos primeiros viajantes é o casamento avuncular. Léry, por exemplo, nota: "Quanto ao tio, toma a sobrinha (por mulher)."[2] E Thevet: "Assim que elas nascem, o tio materno as eleva do chão e as considera suas futuras mulheres."[3] Magalhães Gandavo, por sua vez, expressa-se sem exatidão, mas no mesmo sentido, quando escreve:

> As mulheres com que costumam casar são suas sobrinhas, filhas de seus irmãos e irmãs: estas têm por legitimas, e verdadeiras mulheres, e não lhes podem negar seus pais, nem outra pessoa alguma pode casar com elas, senão os tios.[4]

Cabe também remeter a Nóbrega.[5] Vasconcellos,[6] Soares de Souza.[7]

Quanto à poligamia e à distinção, tão nítida entre os nhambiquaras, entre a primeira mulher votada aos trabalhos domésticos, e as mulheres secundárias, companheiras dos homens e partícipes de suas obrigações, lembramos que Magalhães Gandavo faz alusão a uma ca-

---

[1] Raymond Breton diz, a respeito dos caraíbas das Antilhas: "Os primos-irmãos, como chamamos os filhos dos irmãos do pai, denominam-se "irmãos", e esses irmãos do pai são também chamados "pais"; e os filhos desses irmãos não contraem aliança entre si, mas com os filhos das irmãs de seus pais" (*Dictionnaire caraïbefrançois*, Auxerre, 1665, p. 11).

[2] Jean de Léry, *Voyage faict en la terre du Brésil*, Gaffarel (ed.), Paris, 1880, vol. 2, cap. XVII, p. 85.

[3] André Thevet, *La Cosmographie universelle*, p. 932.

[4] Pero de Magalhães Gandavo, *Tratado da terra do Brasil*, Edições do Senado Federal, vol. 100, Brasília, 2008, p. 136.

[5] Manoel de Nóbrega, *Cartas do Brasil 1549-1560, op. cit*, p. 148.

[6] Vasconcellos, *Chronica da Companhia de Jesu do Estado do Brasil*, Lisboa, I, 82, 1865, p. 133.

[7] Soares de Souza, *Tratado Descriptivo do Brasil em 1587, op. cit.*, p. 157 e p. 152.

tegoria de mulheres que, na verdade, são solteiras, mas participam da atividade masculina.¹

Todas essas observações autorizam-nos a traçar um paralelo entre a extensão da relação de "cunhado" entre os nhambiquaras e um costume, aparentemente muito semelhante, dos antigos tupis. Citaremos em primeiro lugar Yves d'Évreux:

> Uma parte dos franceses foi dispersa pelas aldeias para viver de acordo com os costumes da terra, ou seja, de ter *chetuasaps*, que são anfitriões ou compadres, dando-lhes mercadorias em vez de dinheiro; e essa hospitalidade ou compadrio entre eles é muito estreita: pois eles vos consideram propriamente como filhos, e, enquanto permanecerdes com eles, vão caçar e pescar para vós, e além disso era costume deles dar suas filhas aos compadres.²

Adiante ele fala dos "franceses alojados por compadrio nessas aldeias"³. A instituição indígena é confirmada por Jean de Léry:

> Deve-se notar que essas palavras *atorassap* e *cotonassap* diferem, pois a primeira significa perfeita aliança entre eles e entre eles e nós, de tal modo que os bens de um são comungados com o outro. E também porque eles não podem ter a filha ou a irmã do primeiro mencionado.⁴

---

1 Pero de Magalhães Gandavo, *Tratado da terra do Brasil, op. cit.*, p. 136. Encontram-se outras indicações sobre a organização familiar dos antigos tupis em: Alfred Métraux, *La Religion des Tupinamba*, Paris, Leroux, 1928, *passim*; Lafone Quevedo, "Guarani Kinship Terms as an Index of Social Organization", *American Anthropologist*, vol. 21, 1919, p. 421-440; Paul Kirchhoff, *Die Verwandschaftorganisation der Urwaldstämme Südamerikas* (Zeitschrift für Ethnologie, vol. 63, 1931, cap. XV, p. 182).

2 Yves d'Évreux, *Voyage dans le nord du Brésil*, F. Denis (ed.), Leipzig et Paris, II, 1864, p. 14.

3 *Ibidem*, XXVIII, p. 109.

4 Jean de Léry, *Voyage faict en la terre du Brésil, op. cit.*, II, chap. XX, p. 133; ver também Cardim, *Tratado da Terra e da Gente do Brasil*, Rio de Janeiro, 1925, p. 169-170.

Daí se conclui, inversamente, que o casamento é autorizado com a irmã e a filha do *cotonassap*. Portanto, o *coton-assap* tem dois privilégios: o casamento com a irmã do parceiro, o que o torna um "cunhado", e o casamento com a filha do parceiro, o que equivale a equipará-lo ao "tio materno"; por ser considerado um irmão teórico da esposa do parceiro, ele também se torna um cunhado teórico. Na verdade, portanto, ambos os privilégios têm o mesmo resultado.

Cabe notar outra analogia da relação de cunhados entre os nhambiquaras e os tupis. Todos os textos citados são concordes em admitir, entre os tupis, a existência de uma espécie de autoridade exercida pelos homens jovens sobre as irmãs. Os casamentos de primos cruzados parecem resultar principalmente de uma troca recíproca de respectivas irmãs por homens primos cruzados; pode-se dizer o mesmo quando o pai cede a filha ao irmão de sua mulher. Desse modo, os cunhados reais ou potenciais são ligados por uma relação de natureza especial, baseada numa troca de serviços de ordem sexual. Vimos que tal relação também existe entre os cunhados nhambiquaras, com a diferença de que, entre os tupis, esses serviços incidem sobre as irmãs e as filhas, ao passo que, entre os nhambiquaras, além da forma anterior, os cunhados trocam diretamente serviços na forma de relações homossexuais, que suprem a ausência de irmã disponível.

Agora podemos concluir. Os antigos tupis conheciam duas formas de união preferencial: casamento de primos cruzados e casamento avuncular. O primeiro era normalmente praticado na forma de troca de irmãs entre dois primos cruzados; o segundo resultava de um privilégio sobre a filha da irmã, exercido pelo irmão da mãe ou concedido a ele pelo marido de sua irmã. Nos dois casos, o casamento resulta de um pacto entre primos cruzados, cunhados reais ou potenciais – que é a própria definição por nós escolhida para os termos nhambiquaras *tarúte* ou *iopa*. Além disso, essa relação de "cunhado" podia ser instaurada, com o nome de *chetoasap* (Yves d'Évreux) ou *cotonassap* (Léry), entre indivíduos que antes não eram unidos por qualquer laço de parentesco ou eram aparentados de outra maneira ou de modo mais distante, e mesmo entre estrangeiros (como era o caso entre franceses e índios). O objetivo era possibilitar intercasamentos e assim amalgamar famílias ou grupos até então heterogêneos, formando uma nova unidade social. Reconhece-se aí o mesmo procedimento descrito a propósito da fusão dos grupos sabanê e tarundê.[1]

É possível objetar que os velhos autores podem ter interpretado observações imprecisas à luz de dados europeus. Como propusemos o nome "compadrio" para designar uma instituição que acreditamos ser autenticamente indígena, não será inútil deter-nos brevemente nesse aspecto do problema.

---

[1] A prática sul-americana que consiste em utilizar relações de parentesco para traduzir elos sociais é atestada por von den Steinen (*Unter den Naturvölkern ZentralBrasiliens*, 2ª ed., Berlim, 1897, p. 286), que os bacairis decidiram chamar de "irmão mais velho", e os meinacos, de "tio materno". Acabamos de estabelecer a equivalência entre os termos "cunhado" e "tio materno" num sistema de casamento entre primos cruzados combinado ao casamento avuncular. Quanto ao uso do termo "irmão mais velho", cabem duas observações. Em primeiro lugar, o sistema de parentesco dos bororos, que não estão muito distantes do Xingu, divide cada geração em dois estágios, um dos quais (mais velhos) é equiparado aos mais novos da geração anterior, e o outro (mais novos), aos mais velhos da geração seguinte. Em tal sistema, um "irmão mais velho" pode ser, de fato, um tio de verdade e um cunhado potencial.

O uso do termo "irmão" para fins sociais também pode ser entendido de outra maneira. Entre os nhambiquaras, encontra-se uma expressão especial para designar o irmão do mesmo sexo, que significa "o outro"; esse termo não se aplica apenas às relações de parentesco, mas designa os objetos pertencentes a um mesmo tipo (por exemplo, os pilares da cabana ou os tubos dos apitos). Os grupos amigos também se chamam de "irmãos", e nas discussões entre adversários pode-se ouvir a exclamação: "Você já não é meu irmão!"

Isso indica que, entre os nhambiquaras, o termo "irmão", além de seu sentido primeiro, tem um significado muito amplo, ao mesmo tempo lógico e moral. Porém, quando os índios se veem diante da questão técnica de estabelecer novas relações sociais, não é a essa vaga "fraternidade" que recorrem, mas sim ao mecanismo mais complexo da relação entre "cunhados".

Sem dúvida, os fatos analisados acima e a instituição europeia do compadrio têm consideráveis analogias. Na origem, o compadre e a comadre estavam ligados um ao outro e aos pais da criança pelo elo místico do apadrinhamento. Mas a relação logo se secularizou em todas as pequenas comunidades rurais ou, mais exatamente, em todos os lugares onde o grupamento familiar prepondera sobre o grupo social extenso; a relação é então empregada para instaurar um vínculo artificial de parentesco, ou mesmo, como ocorre entre os nhambiquaras, para traduzir em termos de parentesco um simples fenômeno de contiguidade espacial.[1] O estrangeiro e o recém-chegado são adotados por meio do uso recíproco das designações "compadre" e "comadre", que recebem de seus contemporâneos e lhes retribuem. Além disso, o estrangeiro em geral é assimilado ao se casar em sua nova comunidade, e os termos "compadre" e "cunhado" tornam-se sinônimos tão rapidamente que os homens aliados por casamento passam a tratar-se apenas pelo primeiro termo. Nas aldeias da Europa mediterrânea e da América Latina, o compadre é um cunhado real ou potencial. Não resta dúvida de que, em certas regiões da América Central ou da América do Sul, a analogia entre a instituição indígena e a europeia ajudou a primeira a fixar-se e modernizar-se. No México, por exemplo, a instituição primitiva do *moste*, ou seja, a obrigação dos chefes de família de trocar presentes periodicamente, agora funciona no âmbito das relações de *compadres*, termo espanhol que traduz comodamente o antigo otomi.[2] Mas a analogia formal das duas instituições não oblitera suas características realmente opostas. Na sociedade latino-mediterrânea, o vínculo, outrora místico e agora social, de compadrio pode ser transformado, por casamento, em laço de parentesco real. Entre os antigos

---

[1] Essa derivação fica bem evidente na etimologia: em inglês, *godsib* deu *gossip*.
[2] Jacques Soustelle, *La Famille OtomiPame du Mexique central*, Paris, Institut d'ethnologie, 1937.

tupis e entre os nhambiquaras, ao contrário, é o parentesco concreto que serve de modelo a um tipo de elo utilizado para estabelecer relações mais amplas.

Dito isto, há duas razões pelas quais nossos autores não podem ter elaborado uma pseudoinstituição indígena segundo um modelo europeu. Em primeiro lugar, homens tão familiarizados com problemas religiosos, como Yves d'Évreux, Cardim e Léry, não poderiam equiparar uma relação, cuja primeira consequência e objetivo provável era permitir novos tipos de casamento, à relação entre padrinho, madrinha e pais, que, sobretudo a partir do século XIII, implicava severa ênfase nas proibições de casamento. Na época em que escreviam, a questão era momentosa, pois fazia parte do programa do Concílio de Trento, quando as regras antigas deviam ser ligeiramente abrandadas. Mas temos um argumento mais decisivo: a partir da chegada dos primeiros missionários, as duas instituições, europeia e indígena, coexistiram, principalmente entre os índios batizados. Ora, nem eles nem seus padres europeus interpretaram o padrinho cristão nos termos do compadrio indígena. Ao contrário, e de modo bem mais lógico – visto que a instituição recém-introduzida comportava restrições ao casamento –, trataram-na como uma modalidade da relação de paternidade: equipararam o padrinho a um pai classificatório.

> Assim, elas [as crianças que acabam de ser batizadas] consideravam seus padrinhos como verdadeiros pais e os chamavam *Cheru*, ou seja, "meu pai", e os franceses os chamavam *Cheaire*, ou seja "meu filho", e às meninas, *Cheagire*, "minha filha" [...][1]

---

1 Yves d'Évreux, *Voyage dans le nord du Brésil*, op. cit., II, I, p. 234.

Acreditamos, portanto, ter reunido um número suficiente de indicações convergentes do caráter fundamental da relação entre cunhados na sociedade sul-americana para que se possa ver nela o núcleo de uma instituição original de compadrio, que parece ainda viva entre os nhambiquaras, e cuja vastíssima distribuição pela América indígena de outrora é indicada pelos documentos aqui apresentados.

XIV
Sobre a organização dualista na América do Sul

Em número recente da *American Anthropologist*, o professor Robert Lowie faz referência, com comentários de demasiada amabilidade, a uma carta que lhe escrevi em 1938 quando estava em Campos Novos, no Mato Grosso, durante minha permanência junto aos nhambiquaras. Na época em que escrevi, certamente não pensava em jamais merecer a atenção do professor Lowie, assim como não acredito hoje que as poucas e apressadas sugestões contidas na carta merecessem discussão. No entanto, o artigo esclarecedor do professor Lowie oferece-me a oportunidade de fazer algumas observações metodológicas em torno de um dos problemas essenciais que se apresentam ao sociólogo da América do Sul.

Escrevi a carta em resposta a uma sugestão inicial do professor Lowie, segundo a qual "o aparecimento das metades matrilineares, em culturas como a dos canelas e dos bororos, prova que essa instituição pode surgir localmente entre caçadores e coletores ou, no máximo, entre povos com atividade incipiente de cultivo".[1] Eu propunha outra hipótese, a saber,

---

[1] Robert H. Lowie, "A Note on the Northern Gê of Brazil", *American Anthropologist*, vol. 43 (2), 1941, p. 195.

que, nessas tribos (e em muitas outras da América do Sul), a organização dualista não constitui uma criação, e sim vestígio de um nível de cultura indubitavelmente superior ao que pode ser observado hoje, mas datando de um passado relativamente recente. O professor Lowie respondeu que essa sugestão lhe lembrava a de Graebner-Schmidt sobre as organizações paralelas na Austrália – comparação problemática, que eu gostaria de mostrar não ser procedente[1] – e, mesmo admitindo que cumpria ter em mente tal possibilidade, ele objetava que, enquanto não se constituir um modelo confiável, "as duas hipóteses parecem igualmente aceitáveis".[2]

Parece-me ser preciso distinguir duas partes no raciocínio do professor Lowie. Em primeiro lugar, há a questão teórica de saber se, como ele sugere, essas culturas mais elementares têm capacidade criativa suficiente para desenvolverem espontaneamente certos tipos de organização social complexa. Em segundo lugar, cabe perguntar se foi isso de fato o que ocorreu na América do Sul. Embora concorde inteiramente com o professor Lowie quanto ao primeiro ponto, parece-me que, em relação ao segundo, os fatos nos orientam em outra direção.

Sociólogos e antropólogos devem agradecer ao professor Lowie o questionamento daquilo que ele chama de "dogma da 'ininventividade' humana". Só podemos concordar com ele quando se diz "cada vez mais impressionado pela espantosa fertilidade de ideias com que deparamos nas culturas mais elementares".[3] Na cultura material, nos costumes ou nas crenças religiosas, essas sociedades elementares dão mostras de extraordinária inventividade, e não há nada na organização

---

[1] Lowie equipara a sugestão de Lévi-Strauss às hipóteses mais audaciosas e menos fundamentadas da escola difusionista alemã, que tendia a pressupor a existência de um vínculo histórico, assim que constatada alguma semelhança entre duas sociedades. Por exemplo, explicavam as analogias entre certas formas de organização social na Austrália e na Terra do Fogo por meio do postulado de uma cultura "central", hoje extinta, que constituiria uma origem comum às duas. *(Nota do editor francês.)*

[2] Robert H. Lowie, "A Note on the Northern Gê of Brazil", art. citado, p. 195.

[3] *Ibidem.*

dualista que se possa decretar fora de seu alcance. Nesse ponto, não só comungo completamente da visão do professor Lowie, como também acredito poder dar um exemplo concreto, observado durante minha permanência junto aos nhambiquaras do Mato Grosso ocidental: nessa sociedade, cuja cultura é das mais rudimentares da América do Sul, conheci dois bandos que, por falarem dialetos diferentes, só podiam comunicar-se por intermédio de um intérprete. Esses dois grupos, porém, haviam decidido fundir-se e, para chegar a esse resultado, valiam-se de seu sistema de parentesco, baseado numa terminologia típica do casamento entre primos cruzados: os dois grupos decidiram em comum acordo que todos os integrantes masculinos de um grupo considerariam irmãs as mulheres do outro grupo e vice-versa. Consequentemente, as crianças dos dois sexos de cada bando tornavam-se cônjuges potenciais das crianças do outro, e os dois grupos estavam destinados a formar uma única unidade consanguínea no espaço de duas gerações. Depois, seria suficiente que os integrantes dessa nova unidade guardassem a lembrança de sua origem dupla – preservando, por exemplo, o conjunto de nomes pessoais de origem num sistema de metades exogâmicas.[1] Essas observações não são isoladas; dispomos de numerosos exemplos, provenientes da região do Xingu ou das Antilhas ocidentais, de novas unidades sociais nascidas da fusão de dois grupos ou mais.

Tais fatos confirmam de modo empírico, sem margem de dúvida, a validade da hipótese do professor Lowie, de que as culturas humanas, mesmo as mais primitivas, podem desenvolver novas organizações sociais a partir de estágios elementares. Resta estabelecer se as organizações dualistas da América do Sul são de fato diretamente constituídas a partir desses níveis elementares, e nesse ponto não posso estar de acordo com o professor Lowie.

---

[1] Ver a respeito meu artigo "O uso social dos termos de parentesco entre os índios do Brasil" [neste volume, cap. XIII].

SOBRE A ORGANIZAÇÃO DUALISTA NA AMÉRICA DO SUL

Começo por reconhecer – a contragosto – que a ocorrência, entre os nhambiquaras, de um processo social cujo resultado se assemelha, de um ponto de vista funcional, a uma organização dualista não é exatamente igual à ocorrência consciente e integralmente expressa, entre os jês, de uma instituição de metades matrilineares. Na verdade, nada seria mais perigoso do que pretender identificar no primeiro caso algo como uma "etapa" no caminho rumo às organizações dualistas verdadeiras. O exemplo nhambiquara é prova de uma possibilidade teórica e de uma capacidade prática; ele não nos permite tentar uma reconstrução histórica. Por outro lado, e do ponto de vista do americanista, o problema levantado pelo professor Lowie não pode ser resolvido por meio de considerações abstratas; trata-se de saber se os jês, os bororos ou os nhambiquaras são verdadeiros caçadores-coletores, se são cultivadores incipientes, ou se seu próprio nível cultural não é resultado de uma evolução.

Em minha carta de 1938, eu sugeria que o baixo nível de desenvolvimento econômico das tribos do Brasil central e ocidental podia ser interpretado como consequência de um processo de aculturação que datasse da época pré-colombiana, e não como vestígio de condições antigas. A essa sugestão, o professor Lowie respondeu que tal hipótese não poderia ser validada enquanto não tivéssemos "um modelo preciso do qual a organização social dos canelas e dos bororos seja demonstravelmente uma réplica atenuada".[1]

Somos tentados a responder a essa exigência com considerações de enganosa simplicidade: as altas culturas pré-colombianas do Peru e da Bolívia conheceram algo assemelhado à organização dualista, com a divisão provavelmente pré-incaica entre grupo "de cima" e grupo "de baixo". E foi o próprio professor Lowie que, comentando nossa des-

---

[1] Robert H. Lowie, "A Note on the Northern Gê of Brazil", art. citado, p. 195.

crição de uma aldeia bororo, cuja planta reflete a complexa estrutura social, lembra, a respeito, a planta de Tiahuanaco, reconstituída por Bandelier.[1] O mesmo dualismo, ou pelo menos seus temas fundamentais, se prolonga mais ao norte, no antagonismo ritual entre as ordens astecas da Águia e do Jaguar, dois animais que – é bom lembrar – desempenham papel essencial na mitologia dos tupis e de outras tribos sul-americanas, como demonstram o motivo da "onça do céu" e o engaiolamento ritual de um gavião nas aldeias indígenas do Xingu e do Machado. O fato é ainda mais significativo porque se observam também impressionantes semelhanças entre os rituais tupi e asteca. Somos, portanto, tentados a sugerir que esse "modelo preciso", do qual as culturas primitivas da savana tropical são réplica atenuada, deve ser buscado nas organizações complexas do Peru e do México.

Mas a realidade não é tão simples. Só o coronel Fawcett, nos tempos modernos, conseguiu acreditar na existência de um misterioso Eldorado nas savanas desertas do Brasil central. Proponho aqui uma hipótese bem mais modesta: quando observamos as altas e baixas culturas da América do Sul e da América Central, encontramos numerosos temas e motivos comuns às duas. É o que ocorre com ornamentos – à primeira vista enigmáticos –, em forma de óculos, observados em certas figuras maias de Piedras Negras, Copán e Uxmal, que são encontrados em alguns povos do Brasil central. A organização dualista é apenas uma dessas numerosas características culturais comuns às altas e baixas culturas, espalhadas por todo o continente. Sua distribuição é tão confusa que parece muito improvável poder explicá-la por meio de fenômenos de difusão, sem dúvida tão numerosos quanto essas mesmas características. Além do mais, tal explicação seria puramente hipotética. Parece, ao contrário, que se deve considerar essa

---

[1] Curt Nimuendajú e Robert H. Lowie, "The Dual Organizations of the Ramko'kamekra (Canella) of Northern Brazil", *American Anthropologist*, vol. 39 (4), 1937, p. 578.

situação global como um amplo fenômeno de sincretismo, resultante de inúmeras migrações e misturas, por sua vez bem anteriores ao início daquilo que chamamos de história pré-colombiana da América, ou seja, o nascimento das altas culturas do México e do Peru. Quando estas começaram a desenvolver-se, já havia uma base cultural comum mais ou menos homogênea no conjunto da América Central e do Sul.

Será possível encontrar a imagem dessa situação inicial no estado atual das baixas culturas da savana? Impossível. Não se pode conceber, digamos, uma transição sem etapas entre o nível cultural dos jês e os primórdios da cultura maia ou os níveis arcaicos do vale do México. Portanto, ambas as culturas derivam de uma base, sem dúvida comum, mas que deve ser buscada num plano intermediário, entre as culturas atuais da savana e as civilizações antigas dos planaltos.

Numerosas indicações confirmam essa hipótese. Em primeiro lugar, a arqueologia indica que, em passado recente, havia por toda a América do Sul centros de civilização relativamente evoluída: Antilhas, Marajó, Cunani, Baixo Amazonas, embocadura do Tocantins, planície dos mojos, Santiago del Estero; pensemos também nos grandes petróglifos do vale do Orenoco e de outras regiões, que devem ter exigido a colaboração de grandes grupos de operários. A história confirma até certo ponto o mesmo quadro: as culturas encontradas por Orellana ao longo do Amazonas parecem ter sido bastante desenvolvidas. Será possível supor que, na época de seu apogeu, as tribos inferiores não participavam, em certa medida, daquela vitalidade cujos indícios acabamos de lembrar?

Além disso, talvez seja inadequado designar a organização dualista matrilinear encontrada na América do Sul como "organização bororo-canela" e tentar explicá-la como um fenômeno peculiar das tribos da savana. Pois a organização dualista existe – ou existia – em tribos muito diferentes: considerando apenas as terras baixas, é possível mencionar os terenas, os parintintins e os mundurucus, populações bem conhecidas do professor Lowie. Isso sem considerar, nas duas extremidades do Brasil, os palicures e os terenas da ponta sul do Mato Grosso, que são especialmente significativos, uma vez que, fazendo parte do conjunto aruaque, pertencem às culturas mais altas da região tropical. Cabe acrescentar que se encontram inegáveis vestígios dessa organização dualista entre os tupis-cauaíbes do Alto Machado, de modo que se pode definir uma área da organização dualista, tanto na modalidade matrilinear quanto na patrilinear, que se estende da margem direita do Tocantins até o rio Madeira. Duvido, portanto, que se possa definir a organização dualista na América do Sul como característica típica dos níveis mais primitivos, sabendo-se que eles a têm em comum com vizinhos do Noroeste, tribos da mata, agricultores e caçadores de cabeças, com uma cultura muito mais elevada.[1]

Não se deve dissociar a organização social dos povos da savana da de seus vizinhos tupis do norte do Mato Grosso. E, inversamente, pode-se perguntar se é legítimo equiparar os bororos a tribos cujo nível de cultura é bem mais arcaico. O principal argumento para essa equiparação é um texto de von den Steinen, que parece indicar que, antes

---

[1] Estou bem consciente de que o que o professor Lowie define como "organização bororo-canela" é a organização dualista de metades matrilineares. De outro lado, entre os parintintins e os mundurucus, as metades são patrilineares. Mas as metades patrilineares dos canelas e as metades matrilineares dos xerentes acaso serão produto de desenvolvimentos não interligados? Parece pouco provável. É preciso considerar o problema da organização dualista na América do Sul como um todo. O caráter patrilinear ou matrilinear de dada sociedade é de enorme importância, mas não do ponto de vista da organização dualista em si. Tudo o que esta requer é um princípio unilateral, que se pode encontrar numa teoria unilateral da concepção, anteriormente à elaboração de qualquer teoria da filiação. As duas, aliás, não estão necessariamente interligadas. Por exemplo, o Talmude combina uma teoria materna da concepção e uma teoria patrilinear da filiação. O princípio unilateral, uma vez posto, pode desenvolver-se em uma ou outra direção, matrilinear ou patrilinear. Mas esse é um fenômeno secundário. Senão, como explicar a presença sistemática de instituições patrilineares ou matrilineares em todas as regiões onde se encontra uma organização em clãs ou em metades?

do contato com o exército brasileiro, os bororos eram uma tribo de caçadores que desconheciam a agricultura: "As mulheres, costumadas a desenterrar raízes selvagens no mato, arrancaram os arbustos novos [de mandioca], revolvendo aplicadamente o solo à procura das raízes. À tribo caçadora faltou toda a compreensão de um plantio regular, mas sobremodo a paciência de esperar pelo desenvolvimento da raiz."[1] Conclui-se daí que, antes do contato com o corpo expedicionário que os submeteria, os bororos viviam exclusivamente de caça e coleta. Isso é esquecer que o comentário se refere às hortas dos soldados brasileiros, não dos indígenas, e que, segundo o mesmo autor, "os bororos tratavam os presentes da civilização com o mais solene pouco caso".[2]

Quando inserimos essas observações em seu contexto, ou seja, no quadro vivo que o etnólogo alemão pintou da terrível desintegração da sociedade bororo sob a influência de seus autodenominados pacificadores, compreendemos seu caráter episódico. O que nos ensinam tais observações? Que, naquela época, os bororos não cultivavam a terra? Ora, fazia mais de cinquenta anos que eles estavam sendo impiedosamente perseguidos e exterminados pelos colonizadores. Ou então que os indígenas achavam mais vantajoso pilhar as hortas dos postos militares do que fazer seu próprio cultivo? Felizmente, temos informações mais precisas sobre a questão. Deixemos de lado as afirmações de Colbacchini, que, nesse ponto, são ambíguas.[3] Mas, em 1901, Cook observava "campos de milho amarelo pequeno" entre os bororos do rio Ponte de Pedra (afluente então pouco conhecido do rio

---

1 Karl von den Steinen, *Unter den Naturvölkern ZentralBrasiliens*, 2ª ed., Berlin, 1897. — [Ed. bras.: *Entre os aborígenes do Brasil central*, Departamento de Cultura, São Paulo, 1940, p. 581].

2 *Ibidem*, p. 580.

3 Pe. Antonio Colbacchini e Pe. Cesar Albisetti, *Os Boróros Orientais*, São Paulo, Companhia Editora Nacional, 1942, p. 66-68.

São Lourenço).[1] Radin e Frič, por sua vez, escrevem a propósito da visita que o segundo fez em 1905 às aldeias do rio Vermelho que tinham continuado independentes: "Os bororos quase não plantam na colônia Theresa Christina, e talvez por essa razão o professor von den Steinen, que os viu cultivar só sob coação, concluiu que eles nunca foram uma tribo agrícola. Mas o sr. Frič descobriu, entre os que ainda viviam em estado selvagem, plantações diligentemente cuidadas."[2] Especialmente significativo é o ritual agrário descrito pelos mesmos autores, a "cerimônia de bênção do milho que, se fosse consumido sem essa bênção, causaria a morte". Consistia em

> "[...] lavar a espiga de milho logo que amadureça e colocá-la depois diante do *aroetorrari* (ou xamã), que, dançando e cantando durante várias horas seguidas, e fumando continuamente, entra numa espécie de êxtase hipnótico. Com tremor de todos os músculos, ele morde a espiga, emitindo gritos intermitentes. Cerimônia semelhante ocorre quando se mata um grande animal de caça – como uma anta ou um porco selvagem – ou de pesca – como o jaú, o dourado. Os bororos estão convictos de que quem tocar na carne ou no milho não consagrados [...] perecerá com todos os seus".[3]

Quando se pensa que, com exceção das aldeias do rio Vermelho, a sociedade bororo desmoronou completamente entre 1880 e 1910, é difícil imaginar que os indígenas tivessem se dado o trabalho e aproveitado a oportunidade de elaborar um ritual agrário para uma agricultura recém-aprendida, a menos que já a possuíssem antes.

---

1 William A. Cook, "The Bororó Indians of Matto Grosso, Brazil", *Smithsonian Miscellaneous Collections*, vol. 50, 1908, p. 60.
2 V. Frič et P. Radin, "Contributions to the Study of the Bororo Indians", *Journal of the Royal Anthropological Institute*, vol. XXXVI, 1906, p. 391-392.
3 *Ibidem.*

A questão, portanto, é saber se, na América do Sul, é possível falar de caçadores e coletores puros e de povos agricultores incipientes. É verdade que certas tribos parecem pertencer a esses tipos (guaiaquis do Paraguai, coletores do vale do Orenoco) e ser de fato muito primitivas. No entanto, são raras as que ignoram completamente a agricultura, e cada uma delas está isolada entre grupos de nível mais elevado. Eu sugeriria que a história de cada uma delas, se a conhecêssemos, explicaria melhor sua condição do que a hipótese de um nível arcaico do qual ela representaria uma sobrevivência. Em comparação com o que se observa em suas vizinhas, essas tribos praticam uma agricultura que parece efetivamente elementar e dependem principalmente da caça, da pesca e da coleta. Mas isso é insuficiente para provar que se trata de agricultores incipientes, e não de agricultores regressivos, em razão das novas condições de existência que lhes teriam sido impostas.

Em vários artigos recentes, o padre J. M. Cooper propôs a divisão das tribos da América do Sul tropical em dois grupos principais, por ele denominados, respectivamente, *silval* e *marginal*; o grupo marginal se subdividiria em *savanal* e *intrasilval*.[1] Consideraremos apenas a distinção principal, que talvez tenha utilidade prática, mas seria muito perigoso empregá-la para fins de reconstituição histórica. Nada prova de maneira absoluta que a savana tenha sido habitada num período arcaico; em compensação, há muitas indicações de que, em seu habitat atual, as tribos "savanais" fazem o que podem para preservar algo como um tipo de vida "silval". (Deixo aqui de lado as tribos do Chaco, que fornecem ao padre Cooper a base de sua argumentação, pois as considero muito diferentes das populações que habitam as terras baixas tropicais.)

Não há distinção geográfica mais clara para a mente do indígena sul-americano do que a existente entre a savana e a mata. A savana é

---

[1] J. M. Cooper, "The South American Marginal Cultures", *Proceedings of the 8th American Scientific Congress*, Washington, 1940, vol. II, p. 147-180.

imprópria não só ao cultivo, mas também à coleta de produtos silvestres: a vegetação e a vida animal são pobres. Por outro lado, a mata oferece plantas silvestres e caça em abundância, e seu solo é úmido e fértil. A oposição entre a vida agrícola da mata e a dos caçadores-coletores da savana talvez seja uma oposição cultural, mas não tem significado ecológico. No Brasil tropical, a floresta e as margens dos rios constituem o meio mais favorável ao cultivo, à caça, à pesca, bem como à coleta. Não se pode, portanto, estabelecer uma distinção entre um nível pré-hortícola subsistente entre os índios da savana e uma cultura da mata baseada na horticultura, pois os povos da mata são não só os melhores agricultores (entre outros), como também os melhores coletores e colhedores (entre outros, também), pois há muito mais coisas para colher na mata do que fora dela. O cultivo e a coleta coexistem nos dois meios, e a única diferença é que os dois tipos de vida são, simultaneamente, mais desenvolvidos numa área do que na outra. Foi isso que Nordenskjöld não percebeu, e é a ele que devemos tantas confusões entre determinismo cultural e determinismo geográfico. Por exemplo, não é, como ele afirma, a falta de palmeira paripenada que explica a ausência de cestaria em certas regiões do Chaco, mas pode simplesmente ocorrer que os índios do Chaco ignorem as técnicas de fabricação de cestos com palmas em forma de leque: os cestos dos índios da Guiana são feitos de um ou de outro tipo de folha. A mata não é portadora de nenhum determinismo geográfico: os produtos mudam, os usos ficam. Por outro lado, o determinismo da savana é puramente negativo: seu meio não oferece novas possibilidades, mas apenas restringe as da floresta. Portanto, não existe "cultura da savana"; a cultura da savana é uma réplica atenuada da cultura da mata. Povos coletores e agricultores teriam escolhido o habitat florestal; ou, mais exatamente, teriam permanecido na mata se pudessem. Se não estão lá, não é por causa de uma pretensa "cultura da savana" que lhes seja própria, mas porque foram expulsos dela. Desse modo os jês foram empurrados para o interior pelas grandes migrações dos tupis.

Pode-se admitir que, em certos casos, esse novo ambiente não foi inteiramente desfavorável. A habilidade dos bororos para a caça pode ter sido despertada ou favorecida pela riqueza de caça nos pântanos do curso médio do rio Paraguai; e o lugar ocupado pela pesca na economia do Xingu certamente é maior do que o que esta podia ocupar nas regiões setentrionais de origem. Mas, sempre que têm oportunidade, as tribos da savana agarram-se à mata e a condições de vida florestal. Toda a agricultura é feita na estreita faixa de mata de galeria que, mesmo na savana, margeia os principais cursos de água. Na verdade, seria impossível cultivar em outro lugar, e, a crer-se em von den Steinen, os bacairis riem muito da "estultice" do veado da lenda, que ia plantar mandioca na savana.[1] Os indígenas fazem longas viagens para chegar à mata, onde poderão encontrar certos produtos necessários à sua indústria; por exemplo, os grandes bambus utilizados como recipientes ou destinados à fabricação de instrumentos musicais. Mais impressionantes são as características da preparação das plantas silvestres. Enquanto os índios das tribos florestais (por exemplo, nas Guianas) procedem a uma exploração minuciosa e quase científica dos recursos naturais (pensemos no elaboradíssimo processo de extração do amido do tronco da palmeira, na fermentação das sementes silvestres enterradas e nas técnicas ainda mais complicadas que levaram à descoberta e ao uso de essências venenosas), os índios da savana limitam-se fundamentalmente a formas muito rudimentares de coleta e consumo, cuja origem parece ser a súbita necessidade de suprir a falta de recursos básicos. Mesmo a coleta e a colheita, entre eles, mostram-se como técnicas secundárias e parecem ser resultado de aculturação.

Tudo isso nos parece bem distante das organizações dualistas. No entanto, tentei mostrar: primeiro, que a organização dualista, na América do Sul tropical, não é específica das culturas mais elementares

---

[1] Karl von den Steinen, *Unter den Naturvölkern ZentralBrasiliens*, op. cit., p. 488.

e pode ser observada em sociedades mais desenvolvidas; em segundo lugar, que essas formas sociais rudimentares não constituem um tipo cultural particular nem o vestígio de condições arcaicas, porém, mais provavelmente, uma réplica atenuada, em razão de um ambiente geográfico desfavorável, das altas culturas da mata. Antes eu explicara que aquilo que chamei de sincretismo sul-americano pressupõe uma espécie de homogeneidade cultural correspondente a um grau de desenvolvimento intermediário que deve ter existido outrora. Provavelmente, foi sobre essa base intermediária que se formaram as organizações dualistas. O sincretismo sem dúvida é resultado de inúmeros empréstimos culturais, cujos vestígios perdemos para sempre. Por isso, somos obrigados a considerá-lo um ponto de partida para a história da América do Sul. A partir desse ponto, devem ter ocorrido dois tipos de acontecimento histórico: de um lado, o desenvolvimento das culturas complexas das terras altas; de outro, sob a influência das guerras, migrações e rupturas diversas, a fragmentação desse nível cultural inicial e a partida das tribos mais fracas, empurradas para a savana e obrigadas a adaptar-se a esse novo ambiente, desconhecido por elas e mais pobre. Quanto a esse nível cultural original e sincrético, os vestígios mais preservados certamente se encontram nas sociedades hortícolas da região situada entre o Orenoco e o Amazonas.

Espero que tal hipótese não seja considerada uma réplica da interpretação de Graebner-Schmidt das organizações paralelas da Austrália. Parece-me ser ela a explicação menos insatisfatória para o problema fundamental da sociologia da América do Sul, a saber, a presença de organizações dualistas nas duas extremidades – a mais alta e a mais baixa – da escala de complexidade das sociedades sul-americanas.

XV
ÍNDIOS TUPIS-CAUAÍBES

Divisões tribais e história

Os tupis-cauaíbes não são mencionados na literatura antes de 1913-1914, data em que foram descobertos pelo general Cândido Mariano da Silva Rondon, que dirigia a Comissão Militar Brasileira. Encontra-se pouca coisa sobre eles nos relatórios dessa comissão (Missão Rondon, 1916; Rondon, 1916).

Sua população declinou rapidamente no espaço de alguns anos. Dos 300 indivíduos que formavam o clã takwatip em 1915 restavam 59 dez anos depois: 25 homens, 22 mulheres e 12 crianças. Em 1938, não havia mais de cinco homens, uma mulher e uma menina. Trinta anos antes, o grupo tupi inteiro provavelmente compreendia de 2.000 a 3.000 pessoas; hoje, são 100 ou 150. As epidemias de gripe, que se propagaram entre 1918 e 1920, são em grande parte responsáveis por esse declínio demográfico. Vários casos de paralisia das pernas, observados em 1938 (Lévi-Strauss, s/d), indicam que a poliomielite deve ter atingido aquela região remota.

De acordo com os elementos históricos e linguísticos reunidos por Nimuendajú (1924, 1925), os tupis-cauaíbes e os parintintins são sobreviventes de uma antiga tribo tupi, os cabaíbas. A partir do século

XVIII, afirmou-se com frequência que os cabaíbas viviam inicialmente na bacia superior do Tapajós. Sua língua tem grande semelhança com a dos parintintins, e ambas pertencem à mesma família da língua dos apiacás do rio Tapajós. Após o extermínio dos cabaíbas pelos mundurucus, os tupis-cauaíbes instalaram-se às margens do rio Branco, afluente da margem esquerda do rio Roosevelt (lat. 10°-12° S., long. 61°-62° W.). Do rio Branco, foram empurrados para seu atual território nas duas margens do rio Machado (ou Ji-Paraná superior), entre o rio Riozinho a sudeste e os rios Muqui e Leitão, ao norte e noroeste. Esses três cursos de água são pequenos afluentes do rio Machado (ver mapa no encarte de fotos). Os grupos indígenas mencionados por Rondon e Nimuendajú (1924, 1925) organizam-se em clãs, caracterizados pela situação geográfica. De acordo com o informante de Nimuendajú, os wirafeds e os paranawats (paranauads) viviam às margens de um afluente da margem direita do Riozinho. Os takwativ eriwahun (Nimuendajú), ou takwatib (Lévi-Strauss), que viviam antes nas margens do rio Tamuripa, afluente da margem direita do Machado, a meio caminho entre os rios Riozinho e Muqui, foram conduzidos para o rio Machado pelo general Rondon, onde viveram até 1925, data na qual os seis remanescentes do grupo dirigiram-se ao posto telegráfico de Pimenta Bueno. Os ipotewats mencionados por Rondon já não formam uma unidade autônoma. Segundo informações obtidas em 1938, viviam às margens do curso superior do Cacoal, entre os rios Riozinho e Tamuripa. A montante, encontravam-se os tucumanfets. Os paranawats, mencionados por Rondon e Nimuendajú, viviam às margens do rio Muqui em 1938. Seu grupo comportava uma centena de indivíduos e recusava qualquer contato com os brancos. Os últimos dos mialats, grupo até então desconhecido, quando foram descobertos em 1938 às margens do curso superior do rio Leitão, não eram mais que dezesseis (Lévi-Strauss, s/d). O grupo hoje extinto dos jabotifets, por sua vez, vivia entre o Cacoal superior e o Riozinho.

Cultura

> Subsistência

Agricultura. Os tupis-cauaíbes cultivam hortas em vastas clareiras próximas às suas aldeias e caçam nas matas fechadas. Cultivam: mandioca doce e brava; cinco espécies de milho – um branco, de grãos grandes, uma variedade vermelho-escura, outra que mistura grãos pretos, brancos e vermelhos, outra de grãos alaranjados e pretos e uma variedade vermelha "manchada"; feijão e favas; amendoim; pimenta; banana; mamão; algodão; calabaça. Paus cavoucadores e machados de pedra eram outrora utilizados para preparar e lavrar os campos.

Recursos selvagens. Os tupis-cauaíbes também se alimentam de plantas silvestres. Para facilitar a coleta de castanha-do-pará, abundante na região, eles limpam o mato em torno de cada árvore. Colhem duas espécies de cacau, cujas sementes comem cruas, e várias espécies de bagas. Para colher as pequenas sementes piramidais de uma gramínea alta não identificada da mata (*awatsipororoke*), os indígenas amarram vários caules antes que as espigas amadureçam, de tal modo que, na hora propícia, as sementes caem juntas, formando montículos.

Caçam: anta, pecari, veado-campeiro, tamanduá e numerosas espécies de macacos (fig. 4) e pássaros. As abelhas silvestres são mortas por meio da obturação da entrada da colmeia com uma placa de folhas venenosas de uma espécie não identificada, e o mel é recolhido em recipientes rudimentares, feitos de casca de árvore ou de folhas. Os peixes são alvejados com flechas ou drogados com uma trepadeira rica em saponina, incorporada a barragens feitas de galhos e barro nas partes pouco profundas dos rios. Quando foram observados pela primeira vez pelos brancos, os tupis-cauaíbes guardavam galinhas em abrigos cônicos feitos de paus fincados em círculo no chão e amarrados no alto. Não havia cães na aldeia mialat descoberta em 1938.

Preparação dos alimentos. A caça é chamuscada ou defumada com pele, inteira ou em pedaços. Os *babracots* são montados sobre quatro pilares de aproximadamente 1,50 metros. A carne é defumada por 24 horas; durante a noite, alguém toma conta do fogo. O *babracot* destinado à secagem das favas é constituído por vários ramos fixados sobre paus transversais, sustentados por ramos em forma de tridentes.

A chicha de milho (*kaui*) (fig. 5) é preparada com grãos de milho secos e triturados num pilão com algumas castanhas-do-pará ou amendoins como tempero. Essa farinha bruta é misturada com água em grandes tigelas, e as criancinhas cospem na papa assim formada. Depois de fermentada durante algumas horas, a chicha é levada ao fogo e mantida abaixo do ponto de ebulição por duas ou três horas. Constantemente vai sendo acrescentada papa fria para compensar a evaporação. A bebida é consumida assim que esfria ou nos dois ou três dias seguintes.

As raízes de mandioca são raladas e torradas em grandes pratos. Com milho e aquela semente silvestre não identificada, *awatsipororoke*, faz-se pipoca. As sementes dos pequenos frutos são torradas. Ao contrário dos vizinhos nhambiquaras, os tupis-cauaíbes adoram alimentos muito temperados. Fazem cozidos de pimenta e favas. Uma espécie de sal é preparada com folhas queimadas de acuri: as cinzas são peneiradas e lavadas com água. Essa água – marrom-escura e amarga – e as cinzas – que formam um pó cinzento e adstringente – são utilizadas como condimentos.

> Habitações

Quando Rondon descobriu os tupis-cauaíbes, suas cabanas quadradas não tinham paredes; o teto de folhas de palmeira de duas águas era sustentado por pilares fincados no chão, dos quais pendiam redes. Em 1915, a aldeia takwatip contava cerca de vinte casas, cada uma com 3,5 a 5,5 metros de comprimento, dispostas em círculo de 18 metros de diâmetro. Duas grandes casas no centro do círculo, cada uma com 11 a 12,5 metros, eram ocupadas pelo chefe, Abaitara, suas esposas, seus filhos e sua corte. No espaço aberto dessa praça circular, havia gaiolas para gaviões e cabanas para aves. A aldeia não era cercada por fortificação alguma. A aldeia mialat descoberta em 1938 era bem diferente. Das quatro casas que apresentava, quadradas e alinhadas, cada uma com cerca de 9 metros de comprimento, duas serviam de habitação e duas de depósito de alimentos. O arcabouço do teto era sustentado por pilares irregularmente distribuídos sob a cobertura, que os excedia, o que conferia à construção um aspecto de cogumelo quadrado. Os depósitos de alimentos não tinham paredes. Cada uma das outras duas casas era cercada por uma paliçada contínua de mais ou menos 2 metros de altura, com aparência de parede, mas que não sustentava o teto e era separada da estrutura deste por uma abertura de alguns centímetros. Essa paliçada, que continha fendas para atirar flechas, era constituída por troncos de palmeiras cortados longitudinalmente e unidos pelas laterais, com a face convexa para fora. Sua face exterior era decorada com pinturas de urucum, representando onças, cães, gaviões, cobras, rãs, crianças e a lua.

Ao longo dos caminhos entre aldeias havia plataformas que serviam de postos de observação para identificar movimentos de grupos hostis.

Troncos de árvore funcionavam como pontes para atravessar pequenos cursos de água.

> **Indumentária e ornamentos**

Segundo Rondon (1916), os homens usavam uma espécie de calção de algodão. Em 1938, os homens tupis-cauaíbes andavam nus, com exceção de um pequeno estojo peniano cônico, feito com duas metades de folha trançadas e costuradas. As mulheres usavam uma saia de algodão, curta e cilíndrica, que lhes chegava até metade da coxa (fig. 6 e 7). As mulheres tupis-cauaíbes modernas tatuam o rosto com jenipapo e um osso afiado de veado, elaborando um motivo geométrico no queixo e, nas faces, duas faixas largas, curvas e simétricas que vão do queixo às orelhas. Antigamente, os homens pintavam o corpo com jenipapo ou tintura de urucum quando iam caçar macacos (Rondon, 1916). Os dois sexos usam braceletes, brincos, colares e anéis feitos de conchas de moluscos, casca de coco, grãos silvestres, dentes de animais e ossos de veado recortados em placas retangulares (fig. 6 e 7). Nas cerimônias, os homens usam um capuz feito com uma faixa larga de algodão, sobre o qual colam-se plumas. O chefe usa um pesado tufo de plumas pendente nas costas. Os dois sexos depilam o púbis e as sobrancelhas, usando metade de uma concha e a unha do polegar. "Usuário de sobrancelhas" é o equivalente pejorativo de "civilizado". Os índios usam tiras de algodão em torno dos tornozelos, dos braços e dos punhos.

> Meios de transporte

Os tupis-cauaíbes fabricavam canoas com casca de árvores grandes (Rondon, 1916). As crianças, escarranchadas às ancas das mães, são seguras por uma faixa de algodão (fig. 6 e 7).

> Técnicas

Fiação. A fiação é feita pelas mulheres. O fuso tupi-cauaíbe é constituído por um pequeno bastão munido de uma semente silvestre redonda que funciona como fusaiola. O instrumento é muito leve e utilizado mais para a fabricação de pelotes do que para a fiação propriamente dita.

Arte têxtil. As peças de algodão destinadas aos braços e aos tornozelos são tecidas pelas mulheres em teares verticais rudimentares. As vestes das mulheres e pequenas redes de dormir são tecidas com fios de algodão, e os sacos de transporte, com fios de tucum.

Cestos. Os tupis-cauaíbes fabricam peneiras planas e cestos com fitas de bambu e folhas de palmeira, que também servem para fazer abanos para o fogo; estes frequentemente são decorados com plumas. Uma engenhosa mochila, destinada a carregar animais ou objetos volumosos, é feita com duas folhas de palmeira amarradas.

Cerâmica. As peças de cerâmica observadas em 1938 eram tigelas hemisféricas – grandes para o preparo da chicha, pequenas para as refeições individuais – e grandes pratos circulares para torrar farinha. Nenhuma dessas peças era decorada. Apesar disso, os informantes mencionavam uma tintura violeta, obtida de uma folha silvestre, outrora usada para pintar motivos geométricos.

Armas. Os arcos tupis-cauaíbes medem cerca de 1,70 metros e são feitos de madeira de palmeira preta. Sua seção é circular, e as extremidades, esculpidas de tal modo que formam uma protuberância encurvada para fixar a corda. A empunhadura é coberta com algodão. Distinguem-se três tipos de flecha: as de ponta formada por uma lasca larga de bambu, destinadas à caça de mamíferos; as de ponta romba, destinadas à caça de pássaros; as que combinam plumas curtas e quatro a sete pontas de bambu formando uma coroa em torno de uma pequena bola de fio, destinadas à pesca. As penas de estabilização são inseridas diretamente na haste da flecha e amarradas (tipo Arara) ou costuradas (tipo Xingu), ou são recurvadas de ambos os lados da haste (tipo do Brasil oriental).[1] O veneno para flechas não é conhecido pelos tupis-cauaíbes. No momento do tiro, a flecha é contida entre o indicador e o médio, que também tensionam a corda, ou entre o polegar e o indicador, enquanto a corda é tensionada pelos outros três dedos.

Para defender os caminhos que levam à aldeia, os tupis-cauaíbes fincam obliquamente no chão estacas ou paus pontudos, isolados ou formando uma cerca. As estacas medem entre 30 centímetros (Lévi-

---

1 Essas distinções são extraídas da tipologia de Hermann Meyer, *Bows and Arrows in Central Brazil*, Washington, Smithsonian Report, 1898, p. 549-590. *(Nota do editor francês.)*

-Strauss, s/d) e 1,20 metros (Rondon, 1916), conforme tenham o objetivo de espetar o pé ou o corpo, e ficam camufladas sob a folhagem da mata circundante.

Outras indústrias. As caixas destinadas às penas são confeccionadas com finos cortes do tronco da palmeira acuri; são fechadas por um longo segmento longitudinal. Os raladores de mandioca consistem numa tábua com espinhos de palmeira incrustados. Colheres e recipientes são feitos de calabaças. Os pentes, comuns ou de dentes pequenas, são de tipos variados. Brocas e lâminas são feitas de pedaços de ferro fixados a paus com cera e fios de algodão enrolados.

▸ **Organização política e social**

Os tupis-cauaíbes dividem-se em clãs patrilineares, distribuídos por uma ou várias aldeias que ocupem um território definido. Observa-se forte tendência à exogamia fora da aldeia, mas isso é visto menos como uma regra vinculante do que como um meio de garantir boas relações com clãs vizinhos. Os casamentos endogâmicos são possíveis, mas pouco frequentes. A residência parece ser patrilocal, ainda que se notem algumas exceções. Por conseguinte, na maioria, os indivíduos de dada aldeia pertencem ao clã epônimo, mas estão associados a alguns outros indivíduos de diferentes clãs aliados. Além dos quatro grupos mencionados por Rondon (1916) e Nimuendajú (1924), em 1938 foram identificados quinze novos nomes de clãs (Lévi-Strauss, s/d). Tal lista certamente está incompleta, o que leva a pensar que a antiga organização clânica devia ser complexa. Além da divisão em clãs, cada aldeia é dividida em duas faixas etárias, os "jovens" e os "anciãos". A função dessas faixas etárias parece essencialmente cerimonial.

O cargo de chefe é hereditário, passando de pai para filho. Antigamente, o chefe tinha a seu lado toda uma hierarquia de auxiliares. Dispunha do poder judiciário e podia impor a pena de morte: o condenado era amarrado e jogado de uma canoa no rio. Quando a comissão

Rondon conheceu o chefe takwatip Abaitara, aparentemente ele estava estendendo seu domínio sobre grande número de clãs e tentando aumentar sua hegemonia por meio de guerras de conquista.

▸ Guerra

Rondon menciona a decapitação de inimigos mortos na guerra, mas não relata que as cabeças cortadas se tornassem troféus.

▸ Ciclo de vida

Nascimento. Observa-se a *couvade*, período em que os dois genitores comem apenas mingau e pequenos animais.

Casamento. Os tupis-cauaíbes praticam o casamento entre primos cruzados e entre o tio materno e sua sobrinha. Neste segundo caso, um homem adulto pode tornar-se noivo de uma menina ainda bebê, cuidando dela e oferecendo-lhe presentes até que se casem. Embora, em geral, as uniões sejam monogâmicas, um chefe pode ter várias esposas, frequentemente irmãs, ou uma mulher e sua filha. Para compensar a penúria de mulheres resultante desse costume, o chefe empresta suas esposas aos homens solteiros e aos visitantes de passagem, e no interior do grupo pratica-se a poliandria fraterna, associada ao levirato. Nas famílias poligâmicas, uma esposa tem autoridade sobre as outras, mas essa autoridade não se baseia na diferença de idade nem nas relações familiares anteriores.

A existência de homossexualidade não é abertamente reconhecida, mas uma palavra que significa "pederasta passivo" é usada habitualmente como insulto.

Morte. Na época da visita de Rondon, o defunto era enterrado com utensílios, armas e ornamentos que lhe pertenciam, debaixo de sua rede, em sua cabana; tudo era deixado intocado. Os parentes enlutados cortavam-se os cabelos (Rondon, 1916).

> Estética e divertimentos

Arte. Já foram mencionadas as decorações pintadas nas paredes das casas.

Narcóticos. Estranhamente, os tupis-cauaíbes não cultivam nem não usam tabaco (quanto à chicha, ver acima).

Jogos e brincadeiras. As crianças divertem-se com brinquedos rudimentares, feitos de palha trançada ou retorcida. Num jogo para atingir o alvo, os "mais novos" se opõem aos "mais velhos"; cada faixa etária atira alternadamente suas flechas em direção a um disco de madeira que, impelido por um lançador, atravessa a praça rodando. Em outro concurso de tiro com arco, atiram-se flechas em direção a um manequim que representa um homem ou um animal. Afirma-se que atirar num manequim de madeira pode acarretar a morte; por precaução, o manequim é feito de palha.

Danças e música. O chefe promovia festas e assim ganhava o título de "dono da festa". Essas festividades eram precedidas por expedições de caça a pequenos animais, como ratos ou saguis, que em seguida eram defumados e passados por um fio para serem usados como colar. Durante a festa, os homens divertiam-se carregando um flautista sobre os ombros.

Em 1938, o chefe mialat divertiu sua tribo em várias ocasiões com uma representação musical que alternava cantos e diálogos. Ele mesmo representava vários papéis na comédia, encarnando com humor as aventuras de animais e objetos, todos logrados pelo pássaro japim. Cada personagem era caracterizada por um leitmotiv musical e um registro de voz específico, que a tornavam facilmente reconhecível.

Instrumentos musicais. Os principais instrumentos musicais eram trombetas de cerâmica (Rondon, 1916), flautas de Pã com treze tubos, flautas de quatro orifícios, apitos e chocalhos de calabaça. Uma clarineta sem chaves era feita de uma peça de bambu com cerca de 1,20 metros de comprimento, cuja boquilha consistia num pequeno pedaço de bambu no qual havia uma palheta.

▸ Magia e religião

Não temos indicações referentes às crenças religiosas e mágicas dos tupis-cauaíbes. Não resta dúvida de que o chefe é dotado de poderes xamânicos: trata doentes e improvisa cantos e danças para representar seus sonhos, considerados premonitórios. No final de sua representação musical, pode entrar em delírio e querer matar quem encontrar pela frente.

Embora quase todos os clãs tenham nomes de animais ou de vegetais, não parece haver totemismo, pois as plantas e os animais epônimos são ingeridos livremente.

Ainda hoje, os tupis-cauaíbes capturam grandes gaviões, criam-nos com aplicação em grandes gaiolas quadradas e os alimentam de caça, como aves ou macacos. É provável que esse costume tenha um pano de fundo religioso ou mágico, embora não tenhamos conhecimento positivo sobre essa questão.

Bibliografia

Claude Lévi-Strauss, *Notes on the Tupi Indians of the Upper GyParaná*, manuscrito, s/d.

Missão Rondon, *Apontamentos sobre os trabalhos realizados pela Comissão de Linhas Telegráphicas*, Rio de Janeiro, 1916.

Curt Nimuendajú, "Os Indios Parintintin do Rio Madeira", *Journal de la Société des américanistes*, Paris, nouvelle série, vol. 16, 1924, p. 201-278.

_____, "As Tribus do Alto Madeira", *Journal de la Société des américanistes*, Paris, nouvelle série, vol. 17, 1925, p. 137-172.

Cândido Mariano da Silva Rondon, *Lectures Delivered by Colonel Cândido Mariano da Silva Rondon*, Rio de Janeiro, 1916.

XVI
ÍNDIOS NHAMBIQUARAS

DIVISÕES TRIBAIS E HISTÓRIA

Os nhambiquaras (nambikwara, nambikuara, mambyuara, mahibarez) só recentemente foram identificados. O termo *nhambiquara*, que significa "de orelhas compridas", na origem era um apelido tupi em uso desde o século XVIII para designar as tribos pouco conhecidas das partes setentrionais e ocidentais da serra dos Parecis. Essas tribos usavam ornamentos largos, inseridos nos lábios e nos lobos das orelhas, ao modo dos suiás e dos botocudos, e eram chamadas *Beiços de Pau* por garimpeiros de ouro e seringueiros. A partir de 1830, elas começaram a empreender expedições hostis fora da região do curso superior do rio Sangue. Em 1907, ao descobrir importantes tribos na serra do Norte, o general Cândido Mariano da Silva Rondon identificou-as com os nhambiquaras da antiga literatura. Desse modo, o nome nhambiquara designa uma tribo que não é a dos "Orelhas Compridas" nem a dos "Beiços de Pau", às quais era aplicado na origem.

Estendendo-se a noroeste desde o rio Papagaio até a confluência dos rios Comemoração e Barão de Melgaço, formadores do rio Machado (ou Ji-Paraná), o território dos nhambiquaras (ver mapa no encarte de fotos) é delimitado ao sul pelos afluentes da margem direita do rio

Guaporé e, mais a oeste, pelo rio Comemoração de Floriano. Desconhece-se a localização da fronteira setentrional, mas é provável que ela acompanhe, aproximadamente, o paralelo 11, entre os rios Roosevelt e Papagaio (lat. 10°-15° S., long. 57°-61° W.).

A primeira classificação dos nhambiquaras foi feita por Roquette-Pinto (1938, p. 216-217), que distingue quatro grupos. Com base em dados linguísticos, Lévi-Strauss (s/d) distingue três conjuntos. Dois deles – que, por sua vez, se subdividem em dois grupos – pertencem claramente à mesma família linguística, mas a filiação linguística do terceiro, que não está dividido, é menos clara. Esses cinco grupos são os seguintes: nhambiquaras orientais (cocozus ou kôkôzus de Roquette-Pinto), que vivem entre os rios Papagaio e Juína; nhambiquaras do nordeste (anunzés, de Roquette-Pinto), estabelecidos nas bacias dos rios Camararé e Doze de Outubro; nhambiquaras centrais e meridionais (uaintaçus, de Roquette-Pinto, compreendendo os que ele chama de kabishi, tagnani, tauitê, tarutê e tashuitê), entre a bacia do rio Guaporé ao sul e os rios Tenente Marques, Ikê e Roosevelt ao norte e noroeste; nhambiquaras ocidentais (antes não identificados), que têm grande proximidade com os grupos centrais e meridionais e vivem entre as nascentes e a bacia superior do rio Roosevelt; e nhambiquaras setentrionais (antes não identificados), que falam sua própria língua e vivem ao norte dos grupos centrais.

Os índios também mencionam outras tribos ao norte do território nhambiquara; uma, chamada saluma, saruma ou solondé, com toda certeza é a tribo mundurucu; outra talvez seja a tapanyuma.

Em 1907, Rondon calculava a população nhambiquara total em 20.000 pessoas. Em 1912, Roquette-Pinto encontrou efetivamente de 1.000 a 1.500 pessoas. É pouco provável que hoje a população total, dizimada por várias epidemias recentes, esteja muito acima dos 1.500 indivíduos.

Durante muito tempo, acreditou-se que a língua nhambiquara fosse isolada, mas sua característica distintiva – o uso de sufixos classificatórios que dividem o universo em uma dezena de categorias – lembra muito a língua chibcha. A cultura dos nhambiquaras, embora menos primitiva que a dos sirionós a sudoeste, impressiona pelo caráter rudimentar, quando comparada à dos vizinhos parecis, a sudeste, e tupis--cauaíbes, a noroeste. A ausência de redes, o hábito de dormir no chão, a cerâmica sumária (os nhambiquaras orientais, aliás, nem a têm), a nudez dos dois sexos, o nomadismo, o uso de abrigos temporários na maior parte do ano, a pobreza geral de sua cultura material, a simplicidade de sua organização social: tudo isso os distingue das altas culturas da área do rio Guaporé, à qual, porém, provavelmente pertencem.

Cultura

▸ Subsistência

Os nhambiquaras habitam um planalto coberto por uma espécie de savana, situado entre 300 e 800 metros acima do nível do mar, dotado de um solo arenoso oriundo da decomposição de arenito. Com exceção das estreitas matas de galeria que margeiam os rios, trata-se de uma paisagem estéril, que só produz mato e arbustos espinhosos com casca espessa.

Nesse ambiente desolado, o modo de subsistência dos nhambiquaras é duplo, numa combinação de vida seminômade na savana e de uma horticultura elementar. Durante a estação seca, as mulheres, acompanhadas pelos filhos, revolvem a terra com paus à procura de frutos silvestres, sementes e raízes; coletam larvas, roedores, morcegos, aranhas, cobras, lagartos e outros pequenos animais, enquanto os homens caçam com arco e flecha os animais grandes que encontram e coletam mel silvestre. Quando chegam as chuvas, os nhambiquaras estabelecem-se em aldeias temporárias, e os homens abrem hortas circulares nas matas de galeria, queimando e derrubando árvores com machados de pedra (atualmente, de ferro). Lavram o solo com paus pontiagudos e cultivam mandioca doce e brava, diferentes variedades de milho – que não são as mesmas de seus vizinhos mais civilizados (Roquette-Pinto 1938, p. 297) –, feijão, abóbora, algodão, urucum e uma espécie de tabaco de folhas pequenas. Apesar das dificuldades da pesca nas águas claras e profundas dos afluentes do rio Juruena, eles obtêm alguns resultados com o uso de flechas para peixes, armadilhas com cestos e um veneno extraído de uma espécie de trepadeira.

Preparação dos alimentos. A caça em geral é meio cozida em cinza quente, mas às vezes é defumada em *babracots* retangulares ou piramidais. A mandioca é ralada com o uso de espinhos da palmeira *catizal* (em espanhol *iriartea*) fincados em madeira de palmeira. Para extrair o sumo venenoso da mandioca-brava, eles esmagam a polpa torcendo-a entre duas faixas de casca ou a deixam enterrada durante vários dias para que o sumo seque. Bolotas feitas com a polpa são depois depositadas no chão para secar antes de serem embaladas em folhas e colocadas em cestos, ou então enterradas em locais marcados. Nos períodos de penúria, às vezes alguns meses mais tarde, essas bolotas meio apodrecidas são transformadas em tortas achatadas, cozidas rapidamente em cinza quente e consumidas.

Os nhambiquaras não suportam sal, que não sabem preparar, nem pimenta, que não cultivam. Mesmo o alimento quente é esfriado com água antes de ser ingerido. O mel silvestre também é diluído em água. O único condimento que aceitam é uma espécie de fava cumaru, que tem forte gosto de amêndoa amarga; é cozida em potes e misturada aos alimentos, especialmente a gafanhotos esmagados em pilões. A carne de tatu frequentemente é moída e misturada à farinha de milho.

Animais domésticos e de estimação. Os nhambiquaras têm numerosos animais de estimação, em especial macacos, quatis, papagaios e outros pássaros. Não tinham animais domésticos antes que a comissão Rondon introduzisse cães e galinhas. Apesar de inicialmente se assustarem muito com os cães, os índios logo os adotaram e passaram a tratá-los com a mesma afeição profunda que dedicam a outros animais domesticados. Ainda hoje, apavoram-se com os bois que por acaso encontrem nas imediações dos postos telegráficos e lhes dão os mesmos nomes dos espíritos malignos que habitam os rios ou a mata. No entanto, caçam e comem cavalos e mulas, como se fossem animais selvagens.

> Habitações

A surpreendente variedade dos tipos de habitação leva a crer em empréstimos das tribos vizinhas. É possível que, tal como os sirionós, os nhambiquaras outrora simplesmente não tivessem casas. Ainda hoje, durante a maior parte do ano, eles só constroem frágeis abrigos temporários, para uma noite apenas. Tais abrigos são feitos de folhas de palmeira fincadas no chão arenoso, formando um semicírculo ou um quarto de círculo para o lado em que há previsão de sol, vento ou chuva (fig. 8). Cada família constrói seu próprio abrigo e acende seu próprio fogo na parte aberta. Na estação das chuvas, constroem-se aldeias que consistem em uma ou várias choças em forma de colmeias, em pequenos outeiros acima de um curso secundário de água. Alguns grupos de nhambiquaras orientais, aliás, só constroem abrigos, embora maiores e mais sólidos que os semicírculos descritos acima. As choças em forma de colmeia são muito leves, com um diâmetro entre 3 e 6 metros. Sua estrutura consiste em longos pilares flexíveis, curvados para serem fixados no chão numa ponta e presos ao cume na outra ponta. Ramos horizontais, amarrados aos pilares em diferentes alturas, circundam o conjunto. As choças dos nhambiquaras centrais e ocidentais são mais elaboradas; seu perímetro atinge 15 metros, e elas contêm um pilar central de cuja base partem obliquamente estacas bifurcadas que sustentam os pilares encurvados da estrutura exterior. Todas essas choças são cobertas por camadas horizontais de folhas de palmeiras; as dos nhambiquaras centrais e ocidentais são exatamente iguais às casas de seus vizinhos kepikiriwats.

Roquette-Pinto diz também ter observado uma casa com teto de duas águas, sem paredes laterais, bem como outras espécies de cabanas temporárias. Algumas eram construídas com dois ramos curvos fincados no chão e presos a uma viga horizontal montada sobre duas estacas perpendiculares; o conjunto era coberto por tufos de capim.

Embora todos os vizinhos durmam em redes, os nhambiquaras dormem no chão ou em placas de casca de palmeira paxiúba. Por essa razão, foram apelidados pelos parecis de *uaikaokôre*, "os que dormem no chão".

> Indumentária e ornamentos

Os indivíduos de ambos os sexos andam nus, com exceção do eventual uso, pelos homens, de um pequeno tufo de palha de buriti amarrado à cintura, para cobrir os órgãos sexuais. Tanto os homens quanto as mulheres usam um cinto fino de fio de algodão, fechado com contas pretas ou brancas, recortadas de conchas de moluscos de água doce ou feitas do fruto da palmeira tucumã. Contas semelhantes, mas com pedaços de conchas triangulares mais largas, também são utilizadas para fazer colares, brincos, braceletes e outros ornamentos (fig. 9). Os homens usam pinos de madeira ou caniço nos lábios inferior e superior e, atravessando o septo nasal, um pino maior, feito de pena de jacu (gênero *Penelope*), montado sobre uma haste coberta de fio de algodão trançado, de espinhos de porco-espinho, e fechada por um anel de pena de tucano vermelho. Os dois sexos usam em torno dos tornozelos e dos braços tiras de algodão, palha de buriti, plumas, partes de pássaros mortos, pelos ou conchas de moluscos ou crustáceos. As mulheres usam um ou vários braceletes recortados do rabo de um grande tatu e colares duplos a tiracolo, feitos de algodão trançado e tingido com urucum, decorados com espinhos de porco-espinho. Só os homens cobrem a cabeça: coroas trançadas, feitas de palha ou de penas de tucano, ou coroas de pele, ornadas de penas pendentes. A indumentária de guerra consiste num capuz de pele de onça (fig. 10) com longa cauda de palha de buriti trançada pendente da nuca; nessa cauda pintam-se linhas e pontos vermelhos. No dia a dia às vezes é usado um capuz semelhante, porém mais curto.

Os cabelos são penteados com um pente feito de elementos diferentes; são cortados com uma concha, em linha ao redor da cabeça, na altura do lobo da orelha, ou apenas no nível da testa, caindo soltos nas laterais e na nuca. As pinturas corporais são feitas essencialmente de urucum espalhado de maneira uniforme, mas certos grupos adornam o peito e as pernas com linhas e pontos grosseiramente traçados com suco de jenipapo. Os rostos e os corpos em geral são depilados, principalmente pelas mulheres; os homens muitas vezes exibem barba e bigode ralos.

> Meios de transporte

Os nhambiquaras não têm canoas. Os cursos de água estreitos são transpostos sobre árvores caídas; os mais largos são atravessados a nado, às vezes com o auxílio de grandes flutuadores, constituídos por caules de palmeira buriti amarrados em feixes. Os bebês são carregados sobre a anca da mãe, sustentados por uma larga faixa de casca de árvore ou de tecido de algodão.

> Técnicas

Fiação. As mulheres fiam usando um fuso grosseiro feito de um caule vegetal. A fusaiola é formada por um fruto silvestre, um caco de cerâmica ou um cone de argila seca ao sol. O algodão fiado é enrolado em forma de bola e embalado em folhas, como todos os artigos da vida doméstica nhambiquara.

Tecelagem. A tecelagem limita-se a cintos e tiras de algodão que os homens fabricam em pequenos teares rudimentares de tipo "aruaque" (fig. 11).

Cestaria. Os homens fabricam cestos cilíndricos altos, com abertura superior, usando tiras de bambu interligadas num trançado hexagonal aberto. Os abanos para fogo são feitos de folhas de palmeira trançadas. Os nhambiquaras setentrionais usam folhas de palmeira para fabricar cestos quadrados e pouco profundos, destinados à farinha de milho e de mandioca.

Cerâmica. Os nhambiquaras orientais não conhecem a cerâmica. As mulheres dos outros grupos fabricam vasilhas grosseiras, de tamanhos variados. Misturam cinzas com argila, queimam a vasilha ao ar livre e a mergulham ainda quente numa infusão de casca de arvore resinosa.

Ferramentas. As pedras dos machados antigamente eram fixadas com cera e barbante na alça de um cabo curvo. Lâminas e brocas são feitas de um fragmento grosseiro de sílex ou de um pedaço de ferro preso com cera e barbante à extremidade de um pau ou entre dois pedaços de madeira, que formam um cabo. As mulheres escavam pequenos pilões cilíndricos queimando o interior de troncos de árvore. O fogo é aceso com o uso de uma mecha, e a borracha natural serve de isca. Para a iluminação, os índios queimam resina de almecegueira (*Tetragastris balsamifera*). As facas são feitas de pedaços finos de madeira afiada.

Armas. Os arcos nhambiquaras medem entre 1,50 e 2 metros; sua seção é plana, semicircular ou côncava, segundo o grupo. A empunhadura é envolta em algodão. A flecha é retida entre o polegar e o indicador, enquanto os outros três dedos são colocados sobre a corda. Há quatro tipos de flecha em uso: (1) a flecha de pesca, sem penas e munida de três a cinco dentes; (2) a flecha de ponta romba, destinada à caça de pássaros; (3) a flecha de caça graúda, com ponta de bambu lanceolada; e (4) a flecha envenenada, utilizada essencialmente para a caça a macacos, munida de várias farpas presas à ponta por uma tira de algodão e que costumam ser protegidas por uma capa de bambu, pois se quebram facilmente. As três últimas combinam uma haste de bambu e um rêmige do tipo "Araras".[1] Os grupos setentrionais e centrais não ignoram o rêmige costurado, mas raramente o utilizam. Para a guerra, usam-se flechas de caça graúda com pontas denteadas de bambu.

O veneno de flecha usado pelos nhambiquaras é um curare obtido da raiz do arbusto *Strychnos*, que é ralada e posta em infusão (nhambiquaras orientais) ou fervida (nhambiquaras setentrionais e centrais), até que a água evapore e deixe uma substância amarronzada, que é aplicada sobre a ponta da flecha coberta de cera. Esse veneno pode ser conservado em pequenas vasilhas durante vários meses. Constitui um caso notável no conjunto dos venenos para flechas da América do Sul, por ser feito de uma única substância vegetal e preparado abertamente – em certos grupos, pelo chefe ou pelo xamã, e, em outros, por qualquer um –, sem cerimônia mágica nem tabu. Suas impressionantes propriedades tóxicas foram estudadas por Vellard (1939 b).

Outros venenos de composição desconhecida são utilizados para fins de desagravo político ou amoroso. Apresentam-se na forma de pó e são conservados em tubos feitos de penas, bambu ou outra madeira, decorados com pinturas ou peças de casca de árvore ou algodão.

As clavas são talhadas na forma de pá achatada ou cilíndrica; o cabo muitas vezes é ornamentado com um trançado preto e branco de tiras de casca de filodendro ou de bambu. Essas clavas são de uso principalmente cerimonial.

▶ Organização política e social

Os termos de parentesco identificam primos paralelos a irmãos e irmãs, e primos cruzados a cônjuges efetivos ou potenciais. Os tios cruzados e as tias cruzadas recebem as mesmas denominações de sogros

---

[1] Segundo a tipologia de Hermann Meyer, *Bows and Arrows in Central Brazil, op. cit.*, p. 549-590. *(Nota do editor francês.)*

e avós; os tios paralelos e as tias paralelas têm as mesmas designações dadas aos pais. Do mesmo modo, os sobrinhos paralelos e as sobrinhas paralelas têm a mesma classificação dos filhos, e os sobrinhos cruzados e as sobrinhas cruzadas, a dos genros e das noras. O casamento é feito entre primos cruzados ou entre o tio materno e sua sobrinha. A monogamia é regra, mas a poliginia é um privilégio concedido ao chefe e a outros homens importantes. A poliginia costuma ocorrer com várias irmãs ou com uma mulher e suas filhas nascidas de união anterior. A primeira mulher reina no lar, enquanto as mulheres seguintes são principalmente assistentes do marido. A penúria de mulheres disponíveis, provocada por essa poliginia, é compensada por práticas homossexuais entre adolescentes primos cruzados (Lévi-Strauss 1943a).

A aldeia é dirigida por um chefe, mas na seca o grupo se subdivide em bandos nômades, cada um conduzido por um chefe secundário. O cargo de chefe não é hereditário; quando fica velho ou doente, o chefe designa seu sucessor entre os homens mais capazes do grupo. A autoridade do chefe é frágil; depende inteiramente da boa vontade dos chefes de família.

As relações entre bandos vizinhos são inspiradas ao mesmo tempo pelo temor e pelo desejo de trocar bens. A guerra, portanto, está muito próxima do comércio. Os grupos que não se conhecem entram em contato por meio de discursos rituais quando se encontram.

Antes do início da expedição de guerra, realiza-se um rito divinatório com cantos e danças especiais. O xamã esconde uma flecha, e o resultado da expedição é prognosticado pelo seu aparecimento no dia seguinte.

> ▶ Ciclo de vida

Nascimento. Depois que uma criança nasce, a placenta é queimada no mato, e os pais são submetidos a rígidos interditos no que se refere à alimentação, ao uso de adornos e a relações sociais.

Puberdade. O ritual de iniciação dos rapazes consiste na perfuração do lábio e do nariz e na imposição do nome de adulto. A adolescente, quando tem as primeiras regras, é isolada durante vários meses num abrigo construído especialmente para isso fora da aldeia, onde a mãe lhe leva alimentação ritual. Terminado esse rito, ela toma um demorado banho no rio; é também a primeira etapa da cerimônia de casamento.

O casamento, avuncular ou entre primos cruzados, muitas vezes é previsto pelos pais já no nascimento. O casamento é celebrado com festas, banquetes e danças. A união é proferida pelo chefe. O peixe e a pesca desempenham papel importante antes da cerimônia e no seu transcurso.

São frequentes os divórcios, e sua causa principal é a busca de mulher mais jovem e bonita por parte do marido. Não existe condenação social ao adultério; os companheiros aconselham ao sedutor que desapareça durante certo tempo para evitar a vingança do marido. Em casos de assassinato, também, o culpado precisa fugir.

Morte. Alguns grupos nhambiquaras enterram seus mortos, de cócoras, em covas circulares. Outros grupos deixam o corpo decompor-se numa cova alongada, antes de lavar os ossos no rio, juntá-los num cesto e enterrá-los na aldeia, que em seguida é abandonada. Armas, utensílios, adornos e outros bens do defunto são destruídos, mas sua horta – se ele tiver – só é abandonada durante alguns meses. Mais tarde, poderá ser cultivada por outros.

> **Estética e divertimentos**

Arte. A maioria dos grupos nhambiquaras desconhecem completamente o desenho, embora alguns deles decorem as cabaças com pontos e linhas retas e sinuosas, que parecem reproduções convencionais de desenhos vistos em outras tribos.

Música e dança. A música é claramente tonal, e as estruturas melódicas são reconhecíveis com facilidade. O final de uma melodia costuma ser marcado por vários sons agudos, repetidos após cada coda. A música é instrumental e coral ao mesmo tempo, sendo em geral acompanhada de danças.

As danças são conduzidas pelo chefe. Os homens e as mulheres batem ritmicamente os pés no chão enquanto giram em círculo. Em geral, os dançarinos tapam uma narina com a mão esquerda para nasalizar o canto. Só os homens executam as danças de guerra, formando uma ou várias fileiras que avançam e recuam diante do chefe. Durante a segunda parte da dança, atacam um inimigo simbólico, representado por uma estaca, com arcos, flechas e clavas. Na maioria das vezes, os cantos e as danças estão associados à caça ou a cerimônias sazonais, mas também podem ocorrer em outros momentos, por simples divertimento.

Instrumentos musicais. As flautas têm quatro orifícios e um tubo de ar; são tocadas em uníssono por um grupo de três e acompanhadas por uma trombeta rítmica, constituída por um pedaço de bambu em cuja extremidade é fixada uma cabaça pouco funda. Flautas nasais são feitas de dois pedaços de cabaça colados com cera e perfurados em três pontos. Sopra-se num dos orifícios com uma narina, enquanto a outra é tapada com o polegar; os outros dois orifícios possibilitam variar a nota. As flautas nasais também são tocadas em uníssono. O conduto de ar dos apitos duplos e triplos é cortado no meio do tubo, de modo que se pode tocar numa ou noutra extremidade. As flautas de Pã são de duas espécies: um tipo comum, que tem cinco tubos, e outro tipo que consiste em dois ou três caniços cortados obliquamente na embocadura. Nesse segundo tipo, todos os tubos produzem mais ou menos a mesma nota.

Bebidas e narcóticos. As bebidas são preparadas com mandioca esmagada, milho misturado a água, ou frutos de palmeira, em especial das espécies *Mauritia*, *Acrocomia* e *Oenocarpus distichus*. Uma bebida levemente alcoólica é obtida com abacaxis silvestres misturados a água.

Os nhambiquaras são fumantes inveterados. Cultivam uma variedade de tabaco de folhas pequenas, que põem para secar entre dois pedaços de madeira, esmagam à mão e conservam em pequenas cabaças. Os cigarros são enrolados em folhas especiais e amarrados com ervas.

▸ **Magia e religião**

Os nhambiquaras creem na existência de um poder difuso ou de uma substância que pode se manifestar tanto nos objetos quanto nos seres vivos. Essa substância aparece sobretudo nos venenos, alguns dos quais reais (ver "Armas", acima), outros puramente mágicos. Entre estes últimos se encontra a resina da árvore barriguda (uma bombacácea), que é conservada em tubos, tal como os venenos verdadeiros. Acredita-se que, atirada de certo modo sobre um inimigo, ela o faz inchar como o tronco dessa árvore e morrer.

Há também espíritos perigosos associados à mata ou à água, que podem assumir forma de animal, especialmente a onça, ou uma forma original própria. A morte é identificada como um desses espíritos. Acredita-se que as almas dos homens reencarnam em onças, enquanto as das mulheres e das crianças são levadas pelo vento e nunca mais voltam.

O ser mais elevado da criação é o Trovão, com o qual qualquer homem, mas em geral o xamã, pode entrar em contato por meio de revelações e visões. No entanto, as crianças não têm esse privilégio; as mulheres tampouco, a não ser quando muito velhas. As mulheres também não podem – sob pena de morte – assistir às cerimônias sagradas em que os homens tocam flautas para marcar o início e o fim da estação seca.

▸ **Xamanismo e medicina**

O xamã às vezes não é o chefe político, mas na maioria das vezes uma mesma pessoa exerce as duas funções. É distinguido pelo privilégio da poliginia, pelo papel de diretor da vida ritual e por ser dotado de poderes sobrenaturais. Trata os pacientes aspirando a doença ou combatendo-a com pequenas flechas rituais chamadas "flechas-trovão".

Além da cura xamânica, os nhambiquaras tratam as doenças com numerosas plantas medicinais, de uso interno ou tópico, segundo os casos. Tratam a infecção oftálmica, muito frequente, com infusão de uma casca de árvore, que aplicam com um recipiente feito de folhas.

> Folclore, saberes e tradições

A única lenda coligida por Lévi-Strauss (s/d) é uma narrativa do dilúvio, que relata a destruição de toda vida humana e sua recriação a partir de várias uniões incestuosas entre os descendentes de uma mulher velha, única sobrevivente do desastre.

Os dois algarismos básicos empregados para contar são 1 e 2, mas os indígenas podem combiná-los para calcular números mais elevados.

As cores são classificadas de modos diferentes, segundo os dialetos. Os nhambiquaras orientais, centrais, meridionais e ocidentais concordam em classificar o verde e o amarelo na mesma categoria, enquanto o grupo setentrional só faz distinção entre o vermelho e o amarelo, e classifica juntos o verde, o azul e o preto.

Alguns grupos nhambiquaras utilizam a mesma palavra para designar as estrelas e os espíritos. O ano é dividido em duas estações e num número indeterminado de meses lunares. O dia é dividido em seis fases principais, de acordo com a posição do sol. O espaço é determinado segundo dois eixos perpendiculares: o primeiro corresponde ao movimento do sol; o segundo, à direção dos principais cursos de água.

BIBLIOGRAFIA

Comissão Rondon, *Publicações*, Rio de Janeiro, 1911 sg.

Claude Lévi-Strauss, "The Social Use of Kinship Terms Among Brazilian Indians", *American Anthropologist*, vol. 45 (3), 1943a.

_____, "Guerre et commerce chez les Indiens de l'Amérique du Sud", *Renaissance*, n. 1, Nova York, 1943b.

_____, *Tribes of the MachadoGuaporé Hinterland*, manuscrito, s/d.

Cândido Mariano da Silva Rondon, *Lectures Delivered by Colonel Cândido Mariano da Silva Rondon*, Rio de Janeiro, 1916.

Theodore Roosevelt, *Works...*, vol. 6, Londres, 1924.

Edgar Roquette-Pinto, *Rondonia*, Rio de Janeiro, 1912a. (Reimpressão, *Archivos do Museu Nacional*, vol. 12, 1917; São Paulo, 1935; *Biblioteca Pedagógica Brasileira*, vol. 39, 1938.)

_____, *Os Indios Nambikuara do Brasil Central*, A communication to the International Congress of Americanists held in London in 1912, 1912b.

_____, *Die Indianer Nhambiquara aus ZentralBrazilien*, Brasilianische Rundschau, Rio de Janeiro, 1912c.

_____, *Os Indios da Serra do Norte*, A communication to the Pan-American Congress of Washington in 1917, 1917.

Max Schmidt, "Ergebnisse meiner zweijährigen Forschungsreise in Matto Grosso, setembro de 1926 a agosto de 1928", *Zeitschrift für Ethnologie*, vol. 60, 1929, p. 85-124.

Rodolfo R. Schuller, "Die Bedeutung der Bezeichnung Njambiquara für südamerikanische Indianer", *Petermanns Geographische Mitteilungen*, vol. 58, part. 2, 1912, p. 207.

_____, "The Linguistic and Ethnographical Position of the Nambicuara Indians", *American Anthropologist*, vol. 23, 1921, p. 471-477.

Antonio Pyreneus de Souza, "Notas sobre os costumes dos indios Nhambiquaras", *Revista do Museu Paulista*, vol. 12, t. II, 1920, p. 389-410.

Jehan Vellard, "A preparação do curare pelos Nambikwaras", *Revista do Arquivo Municipal*, São Paulo, vol. 59, 1939, p. 5-16.

XVII
Tribos da margem direita do rio Guaporé

Introdução

A cultura indígena da região irrigada pelos afluentes da margem direita do rio Guaporé é uma das menos conhecidas do Brasil. Desde o século XVIII, viajantes, exploradores e missionários utilizaram o Guaporé como via de comunicação, e, mais recentemente, centenas de seringueiros trabalharam ao longo das margens desse rio e dos cursos inferiores de seus afluentes. Por isso, é bem provável que um estudo aprofundado das tribos do Guaporé mostre que elas sofreram severamente os efeitos desse tráfego contínuo, talvez quase a ponto de extinção.

Diferentemente da maioria dos cursos de água da América do Sul, o rio Guaporé não é eixo de uma área cultural homogênea; é uma fronteira, mais que um elo. A área cultural mojo-chiquito estende-se da margem esquerda até os Andes; as tribos heterogêneas encontradas na margem direita pertencem sem dúvida a uma cultura amazônica (ver mapa no encarte de fotos). Fatores geográficos podem explicar em parte essa assimetria. A paisagem plana dos Llanos funde-se às terras pantanosas da margem esquerda, enquanto a margem direita, ora pantanosa, ora firme, constitui a extensão mais avançada dos planaltos do Brasil ocidental. Os planaltos e a margem direita do rio Guaporé formam o limite de uma área cultural à qual provavelmente pertencem as tribos da parte sul da bacia superior do rio Madeira, tais como a kepikiriwat, descoberta em 1914 pela expedição Rondon (Missão Rondon, 1916).

Divisões tribais

Cumpre distinguir duas regiões. Uma é a margem direita do rio Guaporé inferior, entre o rio Branco e o rio Mamoré, ocupada pelas tribos xapacura. A segunda corresponde às bacias do rio Branco e dos rios Mequéns e Corumbiara, onde certas línguas parecem pertencer à família tupi. Os aruás (não confundir com os aruás da foz do Amazonas) e os macurapes vivem ao longo do rio Branco (lat. 13° S., long. 62° W.); os ajurus, às margens do rio Colorado (lat. 12°30' S., long. 62° W.); os amniapés, guarategajas (Snethlage, 1937) e cabixianas (Lévi-Strauss, s/d), às margens do rio Mequéns (lat. 13° S., long. 62° W.); e os tuparis (lat. 12° S., long. 62° W.) e os kepikiriwats (lat. 11° S., long. 63° W.), junto às nascentes dos afluentes sul do rio Machado (Ji-Paraná). Do ponto de vista linguístico, distinguem-se dos xapacuras e da família tupi:

- jabutis e aricapus, nas nascentes do rio Branco (lat. 12°30' S., long. 62° W.), cuja língua mostra afinidades com os dialetos jês (Snethlage, 1937), mas, do ponto de vista cultural, são fortemente influenciados por vizinhos;
- huaris (massacás), às margens do rio Corumbiara (lat. 14° S., long. 61° W.) (Nordenskjöld, 1924a), linguisticamente ligados aos puruborás (buruborás) das nascentes do rio São Miguel, na fronteira entre as duas regiões distinguidas acima, mas cuja cultura está bem próxima da de seus vizinhos do norte e do noroeste, os kepikiriwats (Lévi-Strauss, s/d), amniapés, guarategajas e tuparis (Snethlage, 1937);

- palmelas, na margem direita do rio Guaporé, entre a embocadura do rio Branco e a do rio Mequéns (lat. 13° S., long. 63° W.), que, até o final do século XIX, eram os representantes mais meridionais da família linguística caribe na América do Sul (Severiano da Fonseca, 1895). As tribos desconhecidas que vivem na margem direita do curso superior do Guaporé, na a região de Vila Bela, pertencem provavelmente ao grupo nhambiquara meridional (cabixi).

Cultura

▸ Subsistência e alimentação

As tribos do curso superior do rio Guaporé, especialmente a montante, alimentam-se sobretudo de milho e amendoim. Para os indígenas que vivem entre os rios Guaporé e Machado, a mandioca tem importância secundária. Eles cultivam amplamente taioba, pimentão, mamão, abóbora, urucum, algodão e tabaco. O feijão preto é cultivado pelos guarategajas e ajurus. As hortas são lavradas com o uso de paus cavoucadores e capinadas com facões feitos de coqueiro-chonta. Uma característica excepcional da região é a cultura de larvas no resíduo da cerveja de milho, que é conservada em longos recipientes de bambu (Snethlage, 1937). Às margens do rio Guaporé, assim como no rio Pimenta Bueno, as larvas são cultivadas nos troncos de palmeiras selvagens, que são poupadas para esse uso, quando se abrem clareiras na floresta para fazer hortas (Lévi-Strauss, s/d). O desbravamento e a lavra são atividades feitas em mutirão, e os homens que vêm ajudar são recompensados com cerveja, rapé e danças. As colheitas às vezes são armazenadas em grandes plataformas cobertas. Algumas tribos conservam amendoins em grandes tubos de bambu.

Os peixes são caçados com flechas de várias pontas ou são envenenados. Os indígenas atraem os pássaros com apitos e atiram neles a partir de pequenos postos de vigia. Em toda a região, caçam com armadilhas ou com flechas simples. Os amniapés, kepikiriwats e uananas também usam flechas envenenadas; os uananas usam zarabatanas.

Tortas achatadas de milho e de mandioca são cozidas em placas de argila. Em vez de ralar as raízes de mandioca, os guarategajas as esmagam com um pequeno pilador de pedra. Os pilões dos ajurus são feitos de pedaços de casca de árvore. Os amniapés consideram que cogumelos fervidos são uma iguaria, especialidade culinária que, além deles, só se encontra entre os nhambiquaras. A carne de caça é assada com pele em *babracots* piramidais.

> Animais domésticos

As tribos do rio Guaporé criam cães, galinhas e patos.

> Habitações

A choça em forma de colmeia, construída em torno de um pilar central, parece ser o uso mais comum na região. Cada casa é dividida por esteiras em diferentes compartimentos familiares. As casas tuparis abrigam até 35 famílias; as dos ajurus podem conter até cem ocupantes. Ao longo do rio Pimenta Bueno, as casas são menores. Em algumas aldeias, Snethlage (1937) observou um biombo tecido e pintado, colocado no meio da cabana como uma espécie de altar. Essas tribos dormem em redes; as dos ajurus e macurapes são excepcionalmente grandes. Os homens amniapés e kepikiriwats usam banquinhos côncavos de madeira.

> Indumentária e adornos

Entre huaris, kepikiriwats e, provavelmente, em todas as tribos do Sudeste, homens e mulheres cortam os cabelos no alto da testa, depilam as têmporas e as sobrancelhas (fig. 12). Usam botoques de madeira ou de resina nos lábios inferior e superior e pinos de variados tipos no septo nasal. As mulheres andam completamente nuas, com exceção desses adornos e de alguns outros: contas de conchas, colares de algodão, cintos, braceletes e fitas de algodão, apertadas em torno dos braços e dos tornozelos. Os homens kepikiriwats, huaris e guarategajas usam pequenas capas penianas feitas de folhas. Os homens das outras tribos, com exceção dos tuparis, usam um saiote de fibra de palmeira buriti (fig. 13). Adornos de orelhas feitos de nozes da palmeira tucum enfiadas em fileira são de uso entre os huaris e os kepikiriwats. Em ocasiões festivas usam-se capuzes de pele de animal (ajurus) ou de fibra (amniapés) e diademas de plumas (huaris). Colares de discos de conchas (fig. 14) são encontrados em todas as tribos, exceto entre os tuparis.

A pintura corporal com sumo de jenipapo é especialmente desenvolvida entre os amniapés, que, usando espigas de milho, desenham motivos elaborados, feitos de cruzes, pontos, círculos e hachuras.

> Meios de transporte

Redes fabricadas com fibras de tucum servem de cestos. Todas as tribos, exceto talvez os huaris, têm canoas.

> Técnicas

Fiação e tecelagem. Os índios conhecem o fuso rolado ("bororo") e o fuso suspenso ("andino"). Faixas franjadas são tecidas em teares semelhantes aos dos itenes (morés). As redes de dormir, que, parece, batem recorde de comprimento em certas tribos do Guaporé superior, são fabricadas com uma única urdidura estendida entre duas traves perpendiculares e torcida com trama dupla. As fitas de braços são tricotadas em torno de um pedaço de madeira circular com o uso de uma agulha de osso ou de madeira (macurapes e aricapus).

Cerâmica. No geral, a cerâmica é rudimentar, e a argila utilizada não é enriquecida. Os recipientes de cabaça são muito disseminados.

Armas. Para fabricar machados, os ajurus inserem uma lâmina de pedra num cabo de madeira, amarram-na à ponta com barbante e a untam de cera; os huaris usam cipó ou um galho fendido em duas partes, dobrado em torno da ponta e fixado com fibra e cera.

Os rêmiges de flecha são de tipo "Xingu" (plumas inseridas diretamente na haste e costuradas) (tupari, aruá), ou de tipo "Arara" (penas recurvadas) (huari, kepikiriwat).[1] As pontas das flechas são feitas de lascas de bambu simples ou denteadas, de ossos afiados ou de espinhos de arraia. Os tuparis pintam as penas das flechas. Uma tribo da região do Pimenta Bueno, conhecida apenas por intermédio dos objetos encontrados com os kepikiriwats, pinta de vermelho, preto e branco os interstícios entre as penas de rêmige. Os amniapés usam flechas de três pontas para caçar pássaros; os kepikiriwats usam flechas semelhantes, mas com menos penas, para a pesca. Flechas envenenadas com curare e ponta protegida por uma capa de bambu são atribuídas aos kepikiriwats, amniapés e uananas.

Os uananas usam zarabatanas.

As clavas são usadas apenas como acessórios durante as danças, exceto entre os huaris, que combatem com longos porretes de dois gumes, de 1,20 a 1,50 metros e empunhadura envolta em fibra trançada de maneira decorativa.

> ▶ Organização social

Há clãs com nomes de animais, mas sem proibição alimentar correspondente entre os macurapes e os jabutis (patrilineares e exogâmicos) e entre os aruás (matrilineares). Não é indubitável que existam tais clãs entre os kepikiriwats, que têm metades que funcionam durante jogos cerimoniais de bola e provavelmente em outras ocasiões. Os prisioneiros originários de outras tribos são incorporados ao clã de seu capturador, ao qual devem um pequeno tributo, mas gozam de grande liberdade. Nada sabemos sobre os princípios do cargo de chefe, a não

---

1 Segundo a tipologia de Hermann Meyer, *Bows and Arrows in Central Brazil, op. cit.*, p. 549-590. *(Nota do editor francês.)*

ser que os chefes guarategajas distribuem caça entre os homens da comunidade.

O comércio intertribal parece desenvolvido. Entre os amniapés, uma cerimônia que ocorre quando da recepção de uma tribo vizinha inclui uma simulação de batalha, a oferta de bancos e uma saudação de cócoras, acompanhada de lamentações cerimoniais.

▸ Ciclo de vida

Atribui-se aos macurapes o uso da *couvade*, acompanhada da abstenção de peixe. Os mesmos macurapes exigem que os pais deem consentimento para o casamento da filha. A residência pós-nupcial é matrilocal durante as primeiras semanas, patrilocal em seguida. As viúvas só podem casar-se de novo mediante permissão do chefe de clã.

Os tuparis enterram seus mortos deitados, fora da aldeia; os amniapés enterram os seus de cócoras, dentro da cabana que lhes pertenceu em vida. Entre os macurapes, a inumação é análoga, mas deposita-se um vaso de cerâmica sobre o túmulo. Os ajurus praticam o enterro em urnas funerárias, pelo menos quando se trata de crianças, e pintam de vermelho o corpo dos defuntos. Os guarategajas queimam a casa do defunto; e os cabixianas, os seus bens.

▸ Canibalismo

Segundo Snethlage (1937), os amniapés e os guarategajas praticam o canibalismo e comem não só o corpo do inimigo, assado, como também os de homens ou mulheres da própria tribo que tenham sido condenados à morte por motivo de crime.

▸ Estética e divertimento

Arte. Em numerosas tribos, especialmente na kepikiriwat, cada família possui várias cabaças adornadas que servem de recipientes para a cerveja durante as festas; são decoradas pelas mulheres com motivos geométricos, por meio de entalhe ou pirogravura.

Jogos. Praticam-se jogos, em que a bola é impelida com a cabeça, entre metades (kepikiriwats) ou entre aldeias e tribos (amniapés). Os amniapés marcam a pontuação com grãos de milho; os kepikiriwats jogam para ganhar flechas.

Danças e máscaras. A dança e o canto são praticados pelos homens em geral e pelas mulheres às vezes, por exemplo entre os aruás, na forma de desafios amorosos ritualizados. Os macurapes e os amniapés dançam diante de um altar ou em torno de uma árvore cerimonial erigida especialmente para isso. Os amniapés usam máscaras de cabaça, pintadas ou adornadas. As máscaras são guardadas no topo das cabanas, mas não parecem ser objeto de proibições ou de cultos especiais. Os dançarinos mascarados usam uma veste de fibras trançadas e seguram uma clava coroada por uma imagem de pássaro feita de cera.

Instrumentos musicais. As maracas sagradas, utilizadas apenas pelos xamãs aruás, jabutis e aricapus, são ignoradas por tuparis e guarategajas, que empregam cintos ressoantes munidos de cascas de frutos. Jabutis, amniapés e guarategajas usam trombetas de ritmo, dotadas de um ressoador de cabaça ou bambu (fig. 15a). Os amniapés e os guarategajas denominam suas trombetas e suas máscaras de "deuses". As clarinetas são usadas aos pares, e um único músico toca os dois instrumentos simultaneamente (macurapes, aruás). As flautas de Pã verdadeiras são constituídas por quatro tubos abertos e quatro tubos fechados, dispostos em duas fileiras (aruás) (fig. 15c). Uma única espécie de falsa flauta de Pã é usada nas cerimônias das outras tribos; compõe-se de uma série de dois a oito apitos (quando oito, formam duas fileiras), cada um com um bisel de cera e um orifício para o som (fig. 16).

Nesses instrumentos é possível tocar duas notas ao mesmo tempo. Flautas com embocadura terminal do tipo mataco (fig. 18), com quatro orifícios de notas e um apito, são utilizadas por tuparis, guarategajas e amniapés. Snethlage (1939) menciona uma música instrumental tocada por "orquestras disciplinadas"

Drogas e bebidas. Durante as festas, o xamã emprega um rapé narcótico, mistura de madeira de angico triturada, folhas de tabaco e cinzas de certa casca de árvore. Para fins terapêuticos, ele o insufla nas narinas do paciente por meio de um ou dois tubos em cuja extremidade há uma noz oca, frequentemente em forma de cabeça de pássaro. Essa mistura é preparada com grande aplicação, usando-se pequenos almofarizes, pilões e pincéis, e conservada em tubos de bambu.

A cerveja é feita com mandioca, milho e batatas-doces. Os guarategajas utilizam certa folha especial para provocar a fermentação.

> Religião, folclore, mitologia

Os índios da região do rio Guaporé parecem acreditar na existência de um fluido invisível que pode ser bom ou ruim. Com gesticulações apropriadas, o xamã o captura, manipula e incorpora aos alimentos, ao doente ou ao corpo dos inimigos. Às margens do rio Branco, o equipamento do xamã compreende um tubo de aspirar, uma tábua mágica com cabo e um bastão adornado com penas. A tábua é usada como bandeja para preparar a mistura que vai ser aspirada; o bastão com penas parece ganhar um peso místico depois de carregado com fluido mágico, o que dificulta o seu transporte até o altar. O xamã ajoelha-se diante de um biombo trançado, que forma o altar e fica no centro da maioria das cerimônias. Dirige palavras ao biombo e deixa alimentos e cerveja em sua proximidade. As cerimônias ajurus são proibidas para mulheres e crianças.

As curas xamânicas seguem o modelo disseminado, que consiste em aspirar, soprar e cuspir sobre o paciente.

Os espíritos desempenham papel considerável nas crenças dos índios do rio Guaporé. Segundo os aruás, os espíritos são as almas dos mortos que voltam do reino de Minoiri para fazer mal aos inimigos e proteger os amigos, principalmente os xamãs. Snethlage (1937, p. 141) afirma ter ouvido com nitidez os ruídos que os espíritos supostamente produziram.

Os amniapés e os guarategajas atribuem a criação do mundo a Arikuagnon, casado com Pananmekoza e pai do herói cultural Arikapua. Outro herói é Konanopo, senhor da agricultura. O ser mítico Berebaça é considerado responsável pela grande inundação à qual só sobreviveu um casal que repovoou o mundo. Entre os seres míticos, também se incluem Ssuawakwak, senhor dos ventos que causam o trovão, e Kipapua, mestre dos espíritos que tocam instrumentos sobrenaturais. Sol e Lua foram os primeiros homens; juntos, lavraram uma horta; Sol queimou seu irmão e, como castigo, foi mandado para o céu por seu pai, Sahi. Para os aruás, dois irmãos míticos deram origem ao mundo e trouxeram o fogo e a escuridão. Disfarçados de pássaros, roubaram o fogo do velho que o vigiava. Quando os irmãos envelheceram, uma enchente ameaçou destruir a humanidade, mas a irmã deles salvou dois casais de crianças das melhores famílias e as colocou numa jangada de madeira.

Em três contos aruás registrados por Snethlage (1937), uma sogra apaixona-se pelo marido da filha, um casal vive alternadamente na forma de sapos e de seres humanos, e um veado traz a agricultura (o que também está presente entre os bacairis do Xingu superior).

Bibliografia

Roger Courteville, *Le MattoGrosso*, Paris, 1938.

P. H. Fawcett, "Bolivian Exploration, 1913-1914", *The Geographical Journal*, vol. 45, 1915, p. 219-228.

Gonçalves da Fonseca, "Navegação feita da cidade do Gram-Pará até a boca do Rio de Madeira...", *Collecção de noticias para a historia e geografia das nações ultramarinas, que vivem nos dominios portuguezes, ou lhe são vizinhas*, Lisboa, vol. 4, n. 1, 1826.

J. D. Haseman, "Some Notes on the Pawumwa Indians of South America", *American Anthropologist*, new series, vol. 14, 1912, p. 333-349.

Claude Lévi-Strauss, *Tribes of the MachadoGuaporé Hinterland*, manuscrito, s/d.

Missão Rondon, *Apontamentos sobre os trabalhos realizados pela Comissão de Linhas Telegráficas*, Rio de Janeiro, 1916.

Erland Nordenskjold, *Forschungen und Abenteuer in Südamerika*, Stuttgart, 1924a.

_____, *The Ethnography of SouthAmerica seen from Mojos in Bolivia*, Elanders Boktryckeri Aktiebolag, Comparative ethnographical studies, Gotteborg, 1924b.

Cândido Mariano da Silva Rondon, *Lectures Delivered by Colonel Cândido Mariano da Silva Rondon*, Rio de Janeiro, 1916.

João Severiano da Fonseca, *Viagem ao redor do Brasil, 18751878*, 2 vols., Rio de Janeiro, 1880-1881. (Nova edição, 1895, Rio de Janeiro.)

Emil Heinrich Snethlage, *Atiko y: Meine Erlebnisse bei den Indianern des Guaporé*, Berlim, 1937.

_____, *Musikinstrumente der Indianer des GuaporéGebietes*, Berlin, Baesslerarchiv, vol. 1, 1939.

Fontes

1. "French Sociology", *in* Georges Gurvitch et Wilbert E. Moore (org.), *Twentieth Century Sociology*, Nova York, Philosophical library, 1945, p. 503-537.
   A versão francesa é publicada em 1947: "La sociologie française", in Georges Gurvitch e Wilbert E. Moore (orgs.), *La Sociologie au XXe siècle*, Paris, PUF, p. 513-545.

2. "Souvenir of Malinowski", *VVV*, 1942, n. 1, p. 45.

3. "L'œuvre d'Edward Westermarck", *Revue de l'histoire des religions*, 1945, n. 129, p. 84-100.

4. "The Name of the Nambikuara", *American Anthropologist*, 1946, vol. 48 (1), p. 139-140.

5. Resenhas, *L'Année sociologique*, troisième série, t. I (1940-1948), p. 329-336, p. 353-354.
   Duas dessas resenhas foram publicadas primeiramente em inglês, numa versão ligeiramente diferente: a de "The Cheyenne Way" no *Journal of Legal and Political Sociology* em 1942 (vol. 1, p. 155-157) e a de "Sun Chief" em *Social Research* em 1943 (vol. 10, n. 4), p. 515-517.

6. "La technique du bonheur", *Esprit*, novembro de 1946, n. 127, p. 643-652.
   Publicado inicialmente em *L'Âge d'or*, Paris, Calmann-Lévy, 1945, n. 1, p. 75-83.

7. "Guerre et commerce chez les Indiens de l'Amérique du Sud", *Renaissance*, revista trimestral publicada pela École libre des hautes études, 1943, t. 1 (1-2), p. 122-139.
Publicado também em português, em 1942, na *Revista do arquivo municipal de São Paulo* (vol. 87, p. 131-146).

8. "The Social and Psychological Aspects of Chieftainship in a Primitive Tribe: the Nambikuara of Northwestern Mato Grosso", *Transactions of the Nova York Academy of Sciences*, vol. 7 (1), p. 16-32.
A versão francesa é publicada em 1947 com o título "La théorie du pouvoir dans une société primitive", *in* Boris Mirkine-Guetzévitch (org.), *Les Doctrines politiques modernes*, Nova York, Brentano's, p. 41-63.

9. "Reciprocity and Hierarchy", *American Anthropologist*, 1944, vol. 46 (2), p. 266-268.

10. "La politique étrangère d'une société primitive", *Politique étrangère*, maio de 1949, n. 14 (2), p. 139-152.

11. *"Indian Cosmetics"*, *VVV*, 1942, n. 1, p. 33-35.

12. "The Art of the Northwest Coast at the American Museum of Natural History", *Gazette des beauxarts*, setembro de 1943, n. 24, p. 175-182.
O texto original francês foi publicado em 2004, sem ilustrações e notas, em *Cahiers de l'Herne*, "Claude Lévi-Strauss", Michel Izard (dir.), Paris, 2004, p. 145-148.

13. "The Social Use of Kinship Terms Among Brazilian Indians", *American Anthropologist*, 1943, vol. 45 (3), p. 398-409.

14. "On Dual Organization in South America", *América Indígena*, Mexico, 1944, IV, p. 37-47.

15. "The Tupi-Cawahib", *in* Julian Steward (org.), *Handbook of South American Indians*, vol. III, Washington, Bureau of American Ethnology, Smithsonian Institution, 1948, p. 299-305.

16. "The Nambicuara", *in* Julian Steward (org.), *Handbook of South American Indians*, *op. cit.*, vol. III, p. 361-369.

17. "The Tribes of the Right Bank of the Guaporé River", *in* Julian Steward (org.), *Handbook of South American Indians*, *op. cit.*, vol. III, p. 371-379.

Claude Lévi-Strauss

Claude Lévi-Strauss nasceu em 28 de novembro de 1908 em Bruxelas. Ocupou a cadeira de antropologia social no Collège de France de 1959 a 1982 e foi eleito membro da Academia Francesa em 1973. Faleceu em Paris no dia 30 de outubro de 2009.

Entre suas obras:
La Vie familiale et sociale des Indiens nambikwara, Paris, Société des américanistes, 1948.
Les Structures élémentaires de la parenté, Paris, PUF, 1949; reed. Paris-La Haye, Mouton & Co, 1967; reed. Paris, Éditions de l'École des hautes études en sciences sociales, 2017. [Ed. bras.: *As estruturas elementares de parentesco*, Vozes, Petrópolis, 1982, trad. Mariano Ferreira.]
Race et histoire, Paris, Unesco, 1952; Paris, Denoël, 1967; Paris, Gallimard, "Folio Essais", n. 58, e "Folioplus", n. 104, 2007. ["Raça e história", texto lido na Unesco em 1952, constitui um dos capítulos de *Antropologia estrutural dois*. Posteriormente, em 2003, esse texto foi publicado em Portugal na forma de livro pela Editorial Presença.]
Tristes tropiques, Paris, Plon, 1955; Pocket, "Terre humaine", n. 3009, 1984. [Ed. bras.: *Tristes trópicos*, Companhia das Letras, São Paulo, 1996, trad. Rosa Freire Aguiar.]

Anthropologie structurale, Paris, Plon, 1958; Pocket, "Agora", n. 7, 1985. [Ed. bras.: *Antropologia estrutural*, Ubu editora, São Paulo, 2017, trad. Beatriz Perrone-Moisés.]

Le Totémisme aujourd'hui, Paris, PUF, 1962. [Ed. bras.: *O Totemismo Hoje*, Edições 70, São Paulo, 1987, trad. J. A. B. F. Dias].

La Pensée sauvage, Paris, Plon, 1962; Pocket, "Agora", n. 2, 1985. [Ed. bras.: *O pensamento selvagem*, Papirus Editora, Campinas, 1989, trad. Tânia Pellegrini]

Mythologiques, 1. *Le Cru et le Cuit*, 1964; 2. *Du miel aux cendres*, 1967; 3. *L'Origine des manières de table*, 1968; 4. *L'Homme nu*, Paris, Plon, 1971. [Ed. bras.: 1. *O cru e o cozido*, Zahar, 2021, trad. Beatriz Perrone-Moisés; 2. *Do mel às cinzas*, Cosac-Naify, 2005, trad. Carlos Eugênio Marcondes de Moura, coord. Beatriz Perrone-Moisés; 3. *A origem dos modos à mesa*, CosacNaify, São Paulo, 2006, trad. Beatriz Perrone-Moisés; 4. *O homem nu*, CosacNaify, São Paulo, 2011, trad. Beatriz Perrone-Moisés.]

Anthropologie structurale deux, Paris, Plon, 1973; Pocket, "Agora", n. 189, 1997. [Ed. bras.: *Antropologia estrutural dois*, Ubu Editora, São Paulo, 2017, trad. Beatriz Perrone-Moisés.]

La Voie des masques, Genebra, Skira, 2 vol., 1975, ed. revista, aumentada e seguida de *Trois excursions*, Paris, Plon, 1979; Pocket, "Agora", n. 25, 1988. [Ed. port.: *A via das máscaras*, edição revista, aumentada e acompanhada de *Três excursões*, Editorial Presença, Lisboa, 1981, trad. Manuel Ruas.]

Le Regard éloigné, Paris, Plon, 1983. [Ed. port.: *O olhar distanciado*, Edições 70, Lisboa, s/d, trad. Carmen de Carvalho.]

Paroles données, Paris, Plon, 1984.

La Potière jalouse, Paris, Plon, 1985; Pocket, "Agora", n. 28, 1991. [Trad. bras.: *A oleira ciumenta*, Edit. Brasiliense, São Paulo, 1986, Trad. Beatriz Perrone-Moisés.]

De près e de loin, entrevista com Didier Eribon, Paris, Odile Jacob, 1988. [Ed. bras.: *De perto e de longe*, Cosac-Naify, São Paulo, 2005, trad. Lea Mello e Julieta Leite.]

Histoire de lynx, Paris, Plon, 1991; Pocket, "Agora", n. 156, 1993. [Ed. bras.: *História de Lince*, Companhia das Letras, São Paulo, 1993, trad. Beatriz Perrone-Moisés.]

Regarder écouter lire, Paris, Plon, 1993. [Ed. bras.: *Olhar escutar ler*, Companhia das Letras, São Paulo, 1997, Trad. de Beatriz Perrone-Moisés.]

Saudades do Brasil, Paris, Plon, 1994. [Ed. bras.: *Saudades do Brasil*, Companhia das Letras, São Paulo, 1994, trad. Paulo Neves.]

Œuvres, Paris, Gallimard, "Bibliothèque de la Pléiade", 2008.

L'Anthropologie face aux problèmes du monde moderne, Paris, Seuil, "La Librairie du XXIe siècle", 2011. [Ed. bras.: *A antropologia diante dos problemas do mundo moderno*, Companhia das Letras, São Paulo, 2012, trad. Rosa Freire d'Aguiar.]

L'Autre Face de la lune. Écrits sur le Japon, Paris, Seuil, "La Librairie du XXIe siècle", 2011. [Ed. bras.: *A outra face da lua. Escritos sobre o Japão*, Companhia das Letras, São Paulo, 2012, trad. Rosa Freire d'Aguiar.]

Nous sommes tous des cannibales, Paris, Seuil, "La Librairie du XXIe siècle", 2013. [Ed. bras.: "Somos todos canibais". In *Verve*, v. 9. Núcleo de Sociabilidade Libertária – PEPG em Ciências Sociais, PUC-SP, São Paulo, p. 13-21, trad. Dorothea Voegeli Passetti.]

"Chers tous deux". Lettres à ses parents (1931-1942), Paris, Seuil, "La Librairie du XXIe siècle", *2015*.

Le Père Noël supplicié, Paris, Seuil, "La Librairie du xxie siècle", 2016. [Ed. bras.: *O suplício do Papai Noel*, Cosac Naify, São Paulo, 2008, trad. Denise Bottmann.]

Roman Jakobson e Claude Lévi-Strauss, *Correspondance*. 1942-1982, Paris, Seuil, "La Librairie du XXIe siècle", 2018.

Vincent Debaene
autor do prefácio

Vincent Debaene é professor no Departamento de Língua e Literatura Francesa Moderna da Universidade de Genebra.

Coordenou e prefaciou a edição das *Obras* de Claude Lévi-Strauss na "Bibliothèque de la Pléiade" (Gallimard, 2008), para cujo volume ficou encarregado da edição crítica de *Tristes tropiques*.

É autor de: Nadja *d'André Breton*, Paris, Hatier, "Profil d'une œuvre", 2002.
Claude Lévi-Strauss. L'homme au regard éloigné (com Frédéric Keck), Paris, Gallimard, "Découvertes", 2009.
L'Adieu au voyage. L'ethnologie française entre science et littérature, Paris, Gallimard, "Bibliothèque des sciences humaines", 2010.

Codirigiu:
L'Histoire littéraire des écrivains (com Jean-Louis Jeannelle, Marielle Macé et Michel Murat), Paris, PUPS, 2013.

FOTOS E ILUSTRAÇÕES

As fotografias contidas neste encarte são de Claude Lévi-Strauss, salvo menção contrária.

Fig. 1. Criança cadiuéu de rosto pintado.

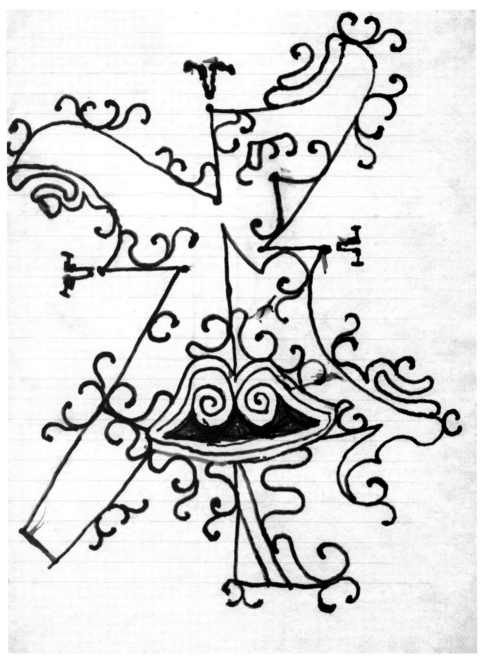

Fig. 2. Desenho de mulher cadiuéu.

Fig. 3. Desenho de mulher cadiuéu.

Fig. 4. Vida na aldeia tupi-cauaíbe: um macaco está sendo escorchado.

Fig. 5. Vida na aldeia tupi-cauaíbe: fabricação da cerveja de milho.

Fig. 6. Vida na aldeia tupi-cauaíbe: uma mãe tupi-cauaíbe e seu bebê.

Fig. 7. Vida na aldeia tupi-cauaíbe: faixa de transporte de criança.

Fig. 8. Abrigo familiar nhambiquara.

Fig. 9. Mulher nhambiquara furando um brinco de madrepérola.

Fig. 10. Homem nhambiquara com capuz de pele de onça.

Fig. 11. Homem nhambiquara tecendo um bracelete.

Fig. 12. Índios do rio Pimenta Bueno.

Fig. 13. Índios do Pimenta Bueno.

Fig. 14. Índios do Pimenta Bueno.

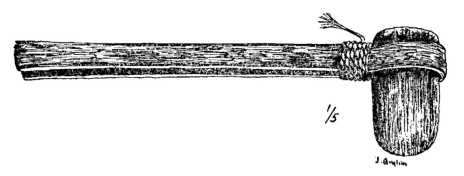

Fig. 15. Machado huari (redesenhado a partir de Nordenskjöld, 1924 b, fig. 26).

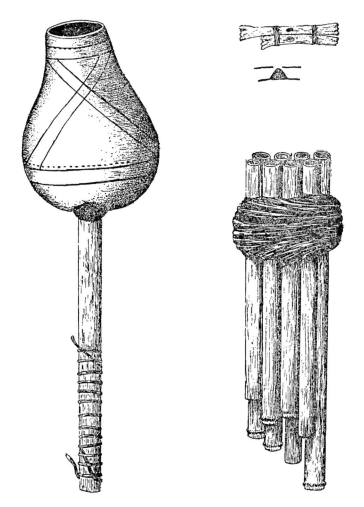

Fig. 16. Instrumentos musicais guaporés: à esquerda, trombeta amniapé; no alto, à direita, assobio guarategaja que imita pássaro; abaixo, à direita, flauta de Pã dupla aruá (redesenhada a partir de Snethlage, 1939).

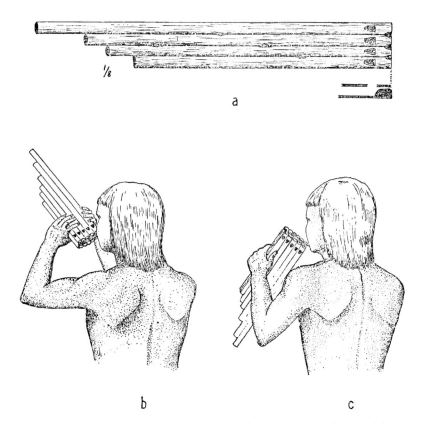

Fig. 17. Falsa flauta de Pã macurape (redesenhada a partir de Snethlage, 1939).

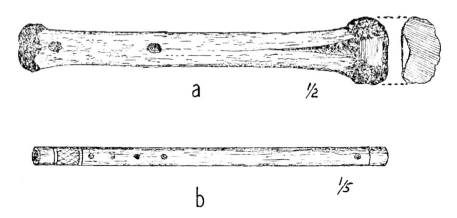

Fig. 18. Flautas dos huaris (redesenhada a partir de Nordenskjöld, 1924 b, fig. 43).

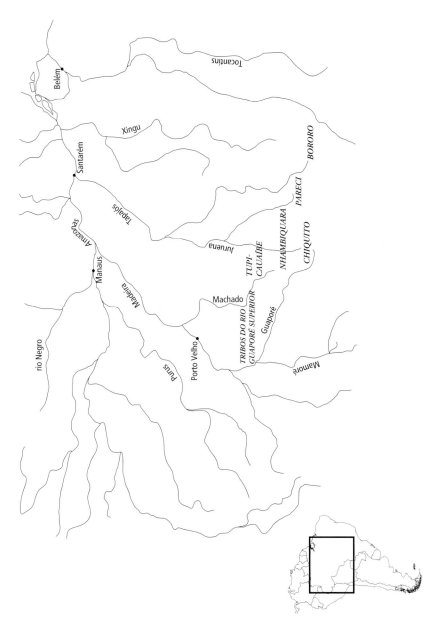

De acordo com Julian Steward, org., *Handbook of South American Indians*, vol. III, 1948, Washington, Bureau of American Ethnology, Smithsonian Institution, p. XXVI, p. 150, p. 382.

Impresso no Brasil pelo
Sistema Cameron da Divisão Gráfica da
DISTRIBUIDORA RECORD DE SERVIÇOS DE IMPRENSA S.A.
Rua Argentina, 171 – Rio de Janeiro, RJ – 20921-380 – Tel.: (21) 2585-2000